전략의 문장들

전략의 문장들

STRATEGIC
SIMPLE
SINCERE

설득력 있는
메시지는 어떻게
설계되는가

김지은 지음

whale books

프롤로그
전략적으로 쓰인
한 문장이 모든 것을 바꾼다

    2019년 유엔(UN) 기후행동정상회의에서 열여섯 살의 환경운동가, 그레타 툰베리(Greta Thunberg)가 각국 정상들 앞에서 이렇게 말했다.

    "How dare you?"(어떻게 감히 그럴 수 있습니까?)

    기후변화를 방치한 기성세대를 향해 던진 '단 세 단어로 구성된' 질책이었다. 이 짧지만 강렬한 메시지는 삽시간에 전 세계 언론과 대중의 의제를 바꿨다. 가령, 비행기가 기차보다 탄소를 더 배출해 환경에 해가 되니 비행기를 탈 때 죄책감이나 수치심을 느껴야 한다는 것을 골자로 하는 '플라이트 셰임(Flight Shame) 운동', 즉 '부끄러운 비행 운동'이 확산되고, 항공사들은 앞다투어 탄소중립을 선언했다.

또 다른 한 장면. 모든 스타트업이 '유니콘(기업 가치가 10억 달러 이상인 비상장 스타트업)'을 외칠 때, 한 창업가가 이렇게 말했다.

"우리는 유니콘이 되지 않겠습니다. 가치 평가보다 고객 문제 해결이 목표입니다."

대세에 반하는 이 역설적인 선언은 오히려 시장의 신뢰를 끌어냈고, 그 기업은 결국 유니콘 기업을 넘어섰다.

이 문장들의 공통점은 무엇일까? 의도했든 아니든, 모두 '왜'라는 질문에 대한 답을 가장 적절한 순간과 형식에 담아냈다는 점이다. 메시지 설계의 본질은 바로 여기에 있다. '왜 지금, 왜 이 방식으로, 왜 이 말이어야 하는가'에 대한 해답을 효과적인 언어 구조로 전달하는 것.

이처럼 강력한 메시지는 우연이 아니라 '설계의 결과'다. 설계란 메시지의 목적을 분명히 하고, 전달 대상을 명확히 정하며, 그 맥락에 맞는 구조와 어조를 선택하는 일이다. PR 메시지가 설계돼야 하는 이유다. 잘 설계된 메시지는 단지 들리는 것을 넘어, 사람들로 하여금 믿게 만들고, 행동하게 만든다.

내가 전략 커뮤니케이터로서 25년 동안 PR(Public Relations) 현장에서 일하며 깨달은 바를 딱 하나 꼽으라면 바로 이것이다. 메시지의 힘은 문장이 아니라 설계에서 나온다는 사실. PR 메시지를 작성할 때 가장 먼저 신경 써야 할 것은 '이 메시지를 왜 지금, 누구에게, 어떤 맥락에서 전달해야 하는가'다. 문장을 쓰는 것은 그다음에 할 일이다.

AI가 3초 만에 보도자료를 완성하는 시대다. 챗GPT는 완벽한 5W1H 구조로 문장을 만든다. 하지만 위기의 순간, 우리에게 필요한 것은 정확한 문법이 아니라 "우리는 지금부터 다르게 행동하겠습니다"라는 결의다. AI는 '무엇을' 쓸지 제안할 수는 있어도, '왜 지금' 써야 하는지는 판단하지 못한다. 도구가 발달할수록 설계자의 감각이 더 중요해진다. 누구나 문장을 만들 수 있는 시대, 글의 진정성과 설득력은 '어떻게 글의 구조를 설계했는가'에서 결정된다.

이 책은 '문장을 잘 쓰는 방법'이 아니라 '글의 구조를 설계하는 전략'을 다룬다. 문체를 가다듬거나 매력적인 표현을 찾는 기법이 아니라 메시지를 만들기 전에 꼭 선행돼야 할 '전략적 사고 과정'을 탐구한다. PR의 본질은 신뢰를 구축하는 것이다. 결국 사람들은 세련된 문장이 아니라 글 속에 담긴 일관된 태도와 명확한 의도에 설득된다.

이 책에는 현장과 강단에서 부딪히며 얻은 교훈들, 나를 포함해 많은 사람이 고민했던 질문들과 그 답을 찾아가는 과정을 담았다. 정답을 제시하기보다 각자의 길을 찾아가는 데 필요한 나침반을 건네고 싶었다. PR 현장에서 방향을 잡아가고 싶은 실무자들에게 이 책이 작은 길잡이가 되기를 바란다. 꼭 PR 실무자가 아니더라도 설득력을 지닌 글을 쓰고 싶은 모든 이들에게 도움이 됐으면 하는 마음이다.

이제, '전략의 문장들'을 설계하는 여정을 시작하자.

차례

프롤로그 전략적으로 쓰인 한 문장이 모든 것을 바꾼다   4

1장 목표가 분명해야 하는 PR 글쓰기

"PR 글쓰기는 전략적으로 메시지를 설계하는 것이다."

PR 글쓰기는 '전략의 문장' 쓰기다   17
PR 글쓰기는 광고도, 기사도 아니다   21
PR 글쓰기의 황금률, '3S' 원칙   29
성공적인 PR 글쓰기를 위한 4단계   41
[Quick Tips] 효과적인 PR 글쓰기, 이것만 기억하자   50

2장 맥락을 설계하는 브랜드 언어 전략

"탁월한 브랜드 언어에는 조직의 철학이 반드시 담겨 있다."

세계가 기억하는 브랜드 언어는 무엇이 다른가?   57
브랜드 언어를 구축하는 두 가지 길:
'기획형' 글쓰기와 '반응형' 글쓰기   67
브랜드 언어는 곧 조직 문화 그 자체다   74
영향력 있는 브랜드 언어는 '맥락'을 읽는다   81
[Quick Tips] 브랜드 언어 설계, 이것만 기억하자   88

3장 위기를 극복하는 커뮤니케이션 전략

"위기의 순간, 말의 구조가 신뢰 회복 여부를 결정한다."

위기의 시작은 달라도 첫 메시지는 같은 원칙으로 만들어진다	97
제대로 쓴 사과문은 신뢰로 도약하는 발판	105
위기 대응 메시지도 '맞춤형' 전략이 필수다	114
SNS 시대, 빠른 위기 대응보다 중요한 '태도'	121
회복은 '다짐'이 아니라 '변화가 담긴 말'에서 시작한다	129
[Quick Tips] 위기 대응 메시지, 이것만 기억하자	135

4장 읽고 싶어지는 글을 만드는 구조화 전략

"정보는 재료일 뿐, 뉴스는 구조로 완성된다."

뉴스가 되는 메시지의 조건	145
헤드라인은 클릭을, 리드는 기사화를 결정한다	153
'기자의 눈'으로 구조를 장악하라	158
좋은 인용구는 브랜드의 태도를 말한다	164
[Quick Tips] 기사화 되는 보도자료, 이것만 기억하자	171

5장 다양한 버전의 뉴스를 생산하는 실전 전략

"뉴스가 되는 글 뒤에는 배포 전략과 맥락 설계가 있다."

배포 타이밍과 확산 경로를 정교히 설계하라	179
기획 기사, 보도자료를 넘어서 메시지를 확장하는 방법	195
설득력 있는 인터뷰 제안의 기술	204
브랜드의 태도가 전해지는 인터뷰 구성 전략	211
[Quick Tips] 기획 기사와 인터뷰, 이것만 기억하자	217

6장 디지털 환경에 최적화된 메시지 설계 전략

"발견되고 검색되는 메시지만이 살아남는다."

같은 메시지도 '담기는 그릇'에 따라 바뀌어야 한다	225
검색되는 콘텐츠 제작을 위한 실전 SEO 가이드	237
데이터 기반 스토리텔링, 숫자를 메시지로 바꾸는 전략	249
피할 수 없다면 전략적으로! AI와 공존하고 협업하는 법	259
[Quick Tips] 디지털 시대의 PR 글쓰기, 이것만 기억하자	272

7장 구성원들을 결속하는 내부 메시지 전략
"잘 설계된 메시지 하나가 조직의 공기를 바꾼다."

'정보만 보내는' 메시지에서 '행동까지 설계한' 메시지로	281
침묵을 깨우고 참여를 이끄는 메시지 전략	292
리더의 메시지가 조직의 신뢰를 만든다	303
직원은 위기 대응 메시지의 첫 번째 수신자	314
[Quick Tips] 내부 메시지, 이것만 기억하자	327

8장 PR 글쓰기의 윤리와 책임
"진실하지 않은 메시지는 기억되지 않는다."

과장된 표현의 유혹에서 당장 벗어나라	337
진정성과 투명성, 브랜드 언어가 반드시 지켜야 할 원칙	346
AI가 쓰고 사람이 책임진다	356
팩트의 나열이 곧 진실은 아니다	365
[Quick Tips] 윤리적 PR 글쓰기, 이것만 기억하자	373

참고 문헌	376

1장

목표가 분명해야 하는 PR 글쓰기

"PR 글쓰기는 전략적으로
메시지를 설계하는 것이다."

많은 사람이 착각한다. PR 글쓰기는 '그냥 글 잘 쓰기'라고.

처음으로 보도자료를 썼을 때, 내 나름대로 공을 들였다. 문장은 매끄럽고, 단어 하나하나 공들여 선택했고, 회사의 메시지를 효과적으로 담아냈다고 생각했다. 헤드라인까지 감각적으로 넣었으니 독자의 시선을 끌기에 충분했다. 윗사람에게 "잘 썼다"라는 말을 들을 줄 알았다. 하지만 팀장의 피드백은 냉정했다. "문장은 괜찮은데… 이게 뉴스가 되나? 그냥 자화자찬 아냐? 솔직히 내가 기자라면 이거 보고 '흠… 다음' 하고 넘길 것 같아. 뉴스 밸류가 뭔지 모르겠네."

팀장의 말이 끝나자, 내가 쓴 보도자료가 완전히 다르게 보였다. 그 순간 깨달았다. 나는 광고도 아니고 기사도 아닌, 그 애매한 중간 지대에서 방향을 잃고 있었다는 것을. 나는 기자를 위해 설계된 보도자료를 쓴 것이 아니라, 그저 회사가 하고 싶은 말만 정리했을 뿐이었다.

내가 실패한 이유는 명확했다. PR 글쓰기가 지켜야 할 전략을 담은 문장을 쓴 것이 아니라, 목적도 방향도 없이 나의 이야기만 일방적으로 정리한 글을 만들었기 때문이다. 누구를 향한 글인지, 왜 지금 이 말을 해야 하는지와 같은 기본적인 질문조차 없이, 내가 하고 싶은 말만 써놓았던 것이다. 결과적으로, 정보는 있었지만 전략이 없었고, 문장은 있었지만 메시지가 도달하지 않았다. 그 글은 도착하지 않은 메시지였다.

그런데 이런 실패는 나만의 것이 아니었다. "PR 글쓰기? 그냥 회사 소식 정리해서 매끄럽게 쓰면 되는 거 아닌가?" 많은 사람이 PR 글쓰기를 단순한 문장 작성 정도로 여긴다. 마케팅팀도, 영업팀도, 심지어 경영진도 "글 좀 써봤으니까" 하며 쉽게 접근한다. 그 결과는? 기자들이 읽지 않는 보도자료 더미와 고객들이 신뢰하지 않는 브랜드 메시지들. 더 큰 문제는 이런 글들이 쌓일 때다. 기자들은 "또 그 회사 보도자료네"라며 읽지도 않게 되고, 고객들은 "진짜 중요한 얘기인지, 광고인지 모르겠다"라며 신뢰를 잃어버린 반응을 보인다.

AI(Artificial Intelligence)가 문장을 써내는 지금, 진짜 문제는 더 심각해졌다. 누구나 그럴듯한 글을 만들 수 있게 됐지만, '정보 나열'과 '전략적 메시지'의 차이는 오히려 더 벌어지고 있다. 그럴수록 '전략 없는 글'과 '전략적 메시지'의 차이는 더 명확해진다.

그렇다면 PR 글쓰기는 무엇이 달라야 할까? 답은 명확하다. PR 글쓰기는 단순히 잘 쓴 문장이 아니라, 정확한 방향으로, 신뢰를 남기기 위해 정교하게 구성된 메시지여야 한다. '왜 이 글이 필요한가?', '누가 이 메시지를 받아야 하는가?', '지금 이 순간, 이 문장은 무엇을 위해 존재하는가?' 이러한 질문들 없이 쓰인 PR 글은 아무리 세련된 문장이라고 해도 기자에게 외면당하고, 아무리 감각적이어도 독자의 행동을 이끌지 못한다.

이번 장에서는 '좋은 문장을 쓰는 법'을 말하지 않는다. 메시지를 제대로 전달하는 법, 언론에 보도되는 문장을 쓰는 법, 고객에게 신뢰를 남기는 언어를 쓰는 법을 이야기한다. PR 글쓰기는 단순한 문장 기술이 아니라, 전략적 메시지를 설계하는 일이다. 단어를 고르기 전에 방향을 세우는 일이다. 이제 전략 없는 글쓰기를 멈추고 전략의 문장을 시작할 시간이다.

PR 글쓰기는 '전략의 문장' 쓰기다

PR 글쓰기는 단순한 문장 기술이 아니다. 브랜드의 정체성을 구축하고, 관계를 조율하며, 조직이 나아갈 방향을 세우는 전략적 행위다. 하지만 여전히 많은 이가 PR 글쓰기를 '뉴스레터 쓰기' 혹은 '보도자료 작성' 정도로 이해한다. 즉, 정보를 정리해서 전달하면 된다고 생각한다.

그러나 PR 글쓰기는 정보 정리가 아니라, 방향을 설계하는 일이다. 눈에 보이는 단어보다 중요한 것은 '그 글이 왜 지금 쓰이는가', '누구에게 도달해야 하는가', '어떤 신뢰를 남길 것인가'다.

PR 글쓰기는 '왜'에서 시작된다

전략적 PR 글쓰기의 출발점은 단순하다. '이 글은 왜 존재하는가?'라는 질문에 명확히 답할 수 있는지 살펴보는 것에서 시작해야 한다. 많은 글이 '정보 전달'에만 머문다. 그러나 정보는 맥락 없이 의미를 갖지 못한다. 브랜드의 존재 이유와 연결된 메시지일 때, 그것은 단순한 설명을 넘어 공감과 설득으로 확장된다.

한번은 내부 임직원을 대상으로 사회공헌 캠페인 콘텐츠를 기획한 적이 있다. 너무 의미 있는 프로젝트라 자랑하고 싶은 내용이 많았다. 캠페인의 의미, 수치, 기대 효과, 미디어 반응까지 다 넣었다. 하지만 사내 커뮤니케이션 채널을 담당하던 담당자의 피드백은 단 한 줄이었다. "그래서 직원들에게 무슨 말을 하고 싶은 거죠?" 그 질문은 지금도 PR 메시지를 쓸 때마다 나를 멈춰 세운다.

사람들은 '무엇을 했는가'보다 '왜 그 일을 하는가'에 더 깊이 반응한다.

타깃 독자를 중심에 두고 말하라

효과적인 PR 글쓰기는 '내가 하고 싶은 말'이 아니라 '상대가 듣고 싶어 할 이야기'를 구조화하는 과정이다. 그렇기에 PR 글쓰기는 곧 메시지의 구조를 세우는 일이다. 단어를 나열하는 것이 아니라, 독자의 시선에서 '질문-맥락-공감-행동'으로 이어지는 흐름을 만드는 것이다. 쉽게 말해 '우리는 이런 일을 했습니다'가 아니라, '당신에게 이런 의미가 있습니다'라고 말할 수 있어야 한다.

좋은 메시지는 질문을 끌어낸다. 만일 당신의 글을 읽은 독자가 '그래서 여러분은 왜 이 일을 하나요?'라는 질문을 한다면, 이것은 당신이 던진 메시지가 단순한 정보 전달을 넘어서 독자의 인식을 자극하고 다음 행동을 하게 만들었다는 뜻이다. 즉, 방향을 구조적으로 잘 설계했다는 증거다. 요컨대, 당신의 PR 글쓰기 전략이 성공했다는 신호다.

PR 글쓰기는 결국 신뢰를 구축하는 일이다

PR 글쓰기의 목적은 단기적 주목을 끄는 것이 아니다. 브랜드와 독자 사이에 신뢰를 구축하는 것이다. 진정성은 단순히 말투의 문제가 아니다. 단어를 잘 고른다고, 감정을 덧붙인다고 진심이 전해지지 않는다. 사람들은 표현보다 태도를 믿고, 단발적인 어필보다 일관된 메시지와 행동에서 신뢰를 느낀다.

그래서 PR 글쓰기에서 진정성은 감성적 수사가 아니라, 축적된 책임감에서 비롯된다. 신뢰는 '무엇을 말했는가'보다 '어떻게 말해왔는가'에 달렸다.

메시지는 전략적 목적지가 분명할 때 비로소 독자들에게 도착한다. 지금 글을 쓰기 전에 스스로에게 물어보라. '누구를 위한 글인가?', '무엇을 바꾸고 싶은가?', '왜 지금인가?' 이 질문들이 당신의 나침반이다. 전략 없이 쏟아낸 백 마디보다, 정확히 조준된 한 마디가 독자를 움직인다.

PR 글쓰기는 결국 '왜'에서 출발해 '신뢰'라는 목적지로 향하는 여정이다. 나침반이 가리키는 방향은 문장이 아닌 생각에서 시작된다.

> [한 줄 정리]
> PR 글쓰기는 '왜'에서 출발해, '누구에게' 도달하고, '무엇을 남길 것인가'를 설계하는 전략의 문장이다.

PR 글쓰기는 광고도, 기사도 아니다

　광고처럼 감성적이지도 않고, 기사처럼 중립적이지도 않다. 하지만 브랜드의 철학과 방향을 정리하고, 관계를 구축하는 데 반드시 필요한 글쓰기. 그게 바로 PR 글쓰기다. PR 글쓰기는 단순한 문장 작성이 아니다. 브랜드의 정체성을 언어로 구축하고, 신뢰를 축적하며, 다양한 이해관계자(고객, 언론, 투자자, 직원, 정부 등)와 전략적으로 소통하는 커뮤니케이션의 도구다. 그럼에도 여전히 PR 글쓰기는 종종 광고 글쓰기나 기사 글쓰기와 혼동된다.

　이들 글쓰기와의 차이를 분명히 이해하는 것, 그리고 그 중간 지점에서 PR 글쓰기만이 할 수 있는 전략적 소통의 역할을 자각하는 것, 그것이 PR 실무자에게 주어지는 첫 번째 과제다.

광고 글쓰기와 PR 글쓰기의 차이: 감정 자극 vs. 신뢰 구축

요즘은 PR과 광고의 경계가 흐려진 시대다. 네이티브 광고, 인플루언서 마케팅, 브랜디드 콘텐츠 등이 등장하면서 '광고인지 정보인지' 구분이 어려워졌다. 실제로 많은 PR 실무자가 이런 고민을 한다. "신제품 론칭 보도자료에 '혁신적', '최고'라는 표현을 써도 될까?", "고객 혜택을 강조하면 광고가 되는 건 아닐까?"

그럴수록 두 글쓰기의 차이가 더욱 분명해져야 한다. 광고는 구매의 이유를 만들고, PR은 신뢰의 근거를 쌓는다. 광고가 "왜 사야 하는지"를 말한다면, PR은 "왜 믿을 수 있는지"를 보여준다. 이 근본적 차이를 놓치면 PR이 신뢰를 잃은 판촉물이 되거나, 광고가 매력을 잃은 기업 소개서가 된다. 전략적 PR 실무자라면 이 두 언어의 경계선을 정확히 그을 수 있어야 한다. 같은 내용이라도 언론 대상 보도자료와 고객 대상 광고는 전혀 다른 톤과 구조로 써야 함을 아는 것이다.

(1) 목적의 차이: 즉각적 행동 vs. 장기적 신뢰

광고 글쓰기는 구매, 클릭, 공유, 구독 등 소비자의 즉각적인 반응을 유도하는 데 목적이 있다. 이벤트 중심, 혜택 중심, 자극적 문장 등 짧고 강한 표현이 주를 이룬다.

PR 글쓰기는 이와 다르다. 단기적 성과보다 장기적 신뢰를 만들고자 한다. 한 번의 반응보다, 브랜드에 대한 이해와 태도를 형성하는 데 초점을 둔다.

- **광고 카피:** "가볍게 녹아 드는 지속 가능함, ○○의 친환경 패키지로 바꿔보세요."

- **PR 보도자료:** "○○기업은 100% 재활용 가능한 친환경 패키지를 출시했다. 해당 패키지를 통해 연간 약 30%의 탄소 배출 감축 효과가 기대되며, 이는 환경부의 '2030 온실가스 감축 목표' 기준에도 부합하는 수치다."

(2) 접근 방식의 차이: 창의적 자극 vs. 정보 기반 구성

광고 글쓰기는 감정적, 시각적, 청각적 자극을 극대화한다. 기억에 남는 한 줄이나 한 장면을 소비자들의 뇌에 남기기 위해 문맥보다 임팩트를 우선한다. PR 글쓰기는 그 반대다. 단어 하나에도 의도가 담긴다. 맥락, 근거, 표현의 균형이 고려되며, 감성보다 구조를 중시하고, 수사적 표현보다 신뢰를 쌓는 글쓰기다.

- **광고 카피:** "매일 버리는 플라스틱, 이제 바꿀 수 있어요. ○○의 친환경 용기, 당신의 일상을 지구의 내일로 바꿉니다."

• **PR 보도자료:** "○○기업은 플라스틱 사용량을 50% 줄이는 친환경 용기를 개발했습니다. 매일 30톤의 플라스틱을 줄이는 이 제품은, 소비자의 일상 속 실천을 가능하게 합니다."

(3) 미디어 구조의 차이: 통제된 페이드(Paid) vs. 검증된 언드(Earned)

• **광고:** 통제할 수 있으나 신뢰의 밀도는 낮다. 광고는 페이드 미디어(Paid Media, 유료 미디어)를 통해 브랜드가 원하는 타이밍에, 원하는 방식으로 통제된 메시지를 내보낼 수 있다. 그러나 독자도 그것이 광고임을 안다. 따라서 신뢰의 밀도는 낮다.

• **PR:** 통제할 수 없으나 신뢰의 밀도는 높다. PR은 보도자료, 인터뷰, 기고문 등 언론을 통한 언드 미디어(Earned Media, 획득 미디어)가 중심이다. 브랜드가 통제할 수 없는 환경 속에서 기자의 판단과 독자의 시선이라는 사회적 필터를 거친다. 따라서 이를 통과해 검증된 메시지는 비로소 신뢰라는 무게를 얻는다.

최근에는 애드버토리얼(Advertorial, 기사형 광고), 페이드 아티클(Paid Article, 유료 기사) 등 유료 PR도 실무 현장에서 다양하게 활용되고 있다. 하지만 방식이 무엇이든, PR 글쓰기의 핵심은 변하지 않는다. 뉴스 가치와 공익성, 그리고 객관적 검토를 통과할 수 있는 메시지 설계가 바로 그것이다. 그 기준을 갖추지 못한 글은 일시적 노출은 가능할지라도, 신뢰를 얻을 수는 없다.

PR 글쓰기를 시작하기 전, 한 가지만 기억하자. 모든 PR 메시지는 신뢰의 저울 위에 놓인다. 광고가 '순간의 설득'이라면, PR은 '지속의 신뢰'다. 이 차이를 아는 것이 전략적 PR 글쓰기의 시작이다.

기자 글쓰기와 PR 글쓰기의 차이: 사실 중심 vs. 관점 구축

기자와 PR 실무자는 같은 사실을 보고도 전혀 다른 글을 쓴다. 기자는 "무슨 일이 일어났는가"를 객관적으로 전달하는 것이 목표다. 한편, PR 실무자는 "이 일이 우리에게 왜 중요한가"를 브랜드의 관점에서 해석하는 것이 목표다.

기자가 사회 전체의 균형을 고려한다면, PR은 브랜드와 이해관계자 간의 관계를 고려한다. 같은 친환경 포장재에 대한 뉴스라도 기자는 업계 전반의 동향과 문제점을 다루고, PR은 자사의 구체적 계획과 성과를 부각한다. 이 시선의 차이를 이해해야만 진정한 PR 글쓰기가 가능하다.

(1) 목적의 차이: 독자 중심 vs. 브랜드 중심

기자 글쓰기는 독자의 알 권리, 사회적 감시, 객관적 균형을 중시한다. 사실 그 자체를 정확하고 공정하게 보여주는 것이 목적이다. PR 글쓰기는 브랜드의 관점에서 메시지를 구성한다. 중요한 것은 무엇이 사실이냐보다, 그 사실을 어떻게 해석하고 어떤 방향으로 전달할 것인가다.

- **기자 기사:** "국내 기업들의 친환경 포장재 도입이 가속화되고 있다. 다만 일부 기업의 경우, '100% 재활용 가능' 등의 표현이 실제 내용과 차이가 있다는 지적도 나오며, '그린워싱' 논란이 재점화되고 있다. 전문가들은 실질적 감축 수치와 투명한 정보 공개가 중요하다고 강조한다."

- **PR 보도자료:** "○○기업은 플라스틱 사용량을 2030년까지 70% 감축하는 것을 목표로, 전 제품에 친환경 포장재를 단계적으로 도입하고 있다. 연간 기준으로는 1800톤의 플라스틱을 줄일 수 있으며, 감축 수치는 외부 전문기관의 검증을 통해 매년 공개할 계획이다."

(2) 시선의 차이: 정보 전달 vs. 의미 설계

기자는 공익의 시선으로 사실과 그것의 영향을 전하고, PR은 브랜드의 시선으로 의미와 가치를 전달한다. 기자 글쓰기는 사실을 바탕으로 사회적 의미를 구성하고, 공익적 시선에서 독자의 이해를 돕는 글쓰기다. 따라서 사건과 맥락, 다양한 관점을 종합해 공론의 균형을 만드는 데 초점이 있다.

한편, PR 글쓰기는 브랜드의 관점에서 다양한 이해관계자와의 관계를 전략적으로 조율하고, 신뢰를 구축하는 글쓰기다. 무엇을 말하느냐 만큼이나 '누구에게', '어떻게 말하느냐', 그리고 '그 말이 관계 안에서 어떤 태도를 보여주느냐'가 중요하다.

기자는 공공의 시선으로 세상의 맥락을 해석하고, PR은 브랜드의 시선으로 관계와 의미를 설계한다. 그래서 PR 실무자는 메시지를 쓰기 전 스스로에게 이렇게 물어야 한다.

"이 문장을 읽은 독자는 어떤 질문을 떠올릴까?"
"이 메시지가 브랜드의 철학과 독자의 맥락을 연결하고 있는가?"

이 질문에 답하는 방식이 곧, 전략적 PR 글쓰기다.

PR 글쓰기는 감정을 자극하는 한 줄 광고도 아니고, 공정한 보도를 위한 기사도 아니다. 그 중간에서, 브랜드의 철학을 언어로 구조화하고, 맥락과 신뢰 위에서 관계를 구축하는 전략적 글쓰기다.

그렇기 때문에 때로는 광고보다 덜 자극적이고, 기사보다 더

절제된 문장이 필요하다. 그래서 쓰기가 더 어렵지만, 그래서 더 중요하다. PR 글쓰기는, 궁극적으로 조직의 신뢰를 설계하는 도구다.

> [한 줄 정리]
>
> PR 글쓰기는 광고도 기사도 아닌, 브랜드와 독자 사이에 신뢰의 다리를 놓는 전략적 언어다.

PR 글쓰기의 황금률, '3S' 원칙

많은 PR 실무자가 같은 고민을 한다. "분명히 좋은 내용인데 왜 반응이 없을까?", "어떤 메시지가 사람들에게 진짜 와닿을까?" 성공한 PR 메시지들을 분석해보면 흥미로운 공통점이 발견된다. 메시지가 전략적으로(Strategic), 명확하게(Simple), 그리고 진정성 있게(Sincere) 전달된다는 점이다.

이 세 가지가 중요한 이유는 확실하다. PR 글쓰기의 실패는 대부분 이 중 하나가 빠져 있기 때문이다. 아무리 진정성이 있어도 전략이 없으면 방향을 잃고, 아무리 전략적이어도 복잡하면 전달되지 않으며, 아무리 명확해도 진정성이 없으면 신뢰받지 못한다.

이 세 가지 요소는 단지 이상적인 원칙이 아니라, 실제 현장에서 작동하는 PR 메시지 설계의 기준이 된다. PR 글쓰기가 단순한 문장 작성이 아니라 관계를 조율하고 신뢰를 구축하는 전략적 커뮤니케이션이라면, 우리는 이 3S 원칙을 메시지의 구조적 나침반으로 삼아야 한다.

지금부터, 이 원칙이 실제 PR 메시지에 어떻게 적용되는지 살펴보자.

Strategic(전략성) : 메시지는 수신자와 맥락을 고려해야 한다

전략적 메시지란 단지 하고 싶은 말을 정리하는 것이 아니라, 수신자의 관점에서 메시지를 재구성하는 것이다. 같은 정보라도 수신자의 현재 상황, 관심 우선순위, 업무 맥락에 따라 전혀 다르게 전달돼야 한다.

- 수신자가 '지금 가장 알고 싶어 하는 것'부터 시작하기
- 수신자의 의사결정 단계에 맞춰 정보의 깊이 조절하기
- 수신자의 언어와 사고 체계로 메시지 번역하기

- **투자자 대상**

"한국 스타트업이 글로벌 진출을 시작했습니다."

"매출 증가 30% 기대되는 AI 스타트업, 18개월 내 IPO 가능성 75%"

· **소비자 대상**

"AI 기술을 적용한 신제품이 출시됐습니다."

"이제, 당신의 목소리만으로 내일 아침 알람과 커피가 준비됩니다 - ○○의 AI 서비스"

Simple(명확성): 메시지는 '한 번에' 이해돼야 한다

'심플하다'는 것은 '쉽게' 전달하는 것이 아니라, 수신자의 정보 처리 방식에 맞춰 '명확하게' 구조화하는 것이다. 즉, 수신자가 가장 빠르게 이해할 수 있는 순서와 방식으로 정보를 배열해야 한다.

- 수신자가 먼저 확인하고 싶어 하는 정보 순서로 배열하기
- 수신자의 전문성 수준에 맞춰 설명의 깊이가 조절하기
- 메시지의 중심을 분명히 드러내는 설계하기

· **B2B 관리자 대상**

"당사의 AI 자동화 솔루션은 비즈니스 퍼포먼스를 향상시킵니다."

"유사 규모 제조업체 기준, 월 운영비 1500만 원 → 1275만 원 (225만 원 절약)"

Sincere(진정성): 진심은 행동으로 증명돼야 한다

진정성은 감정 표현이 아니라, 수신자에게 실질적으로 도움이 되는 구체적 행동으로 구현돼야 한다. 수신자가 직접 확인하고 체감할 수 있는 조치를 통해 신뢰를 구축한다.

- 수신자의 실제 불편함에 대한 구체적 해결책 제시하기
- 수신자가 직접 확인할 수 있는 조치 방법과 경로 제시하기
- 감정적 언어보다 구조적 대응으로 신뢰 구축하기

· 고객 서비스 개선 안내

"더 나은 서비스를 위해 최선을 다하겠습니다."

"고객님들이 지적해주신 배송 지연 문제를 해결하기 위해 다음과 같이 개선합니다:

- 당일 배송 지역을 기존 3개 구에서 15개 구로 확대
- 배송 현황을 실시간으로 확인할 수 있는 알림 서비스 도입
- 지연 시 자동 보상 시스템 구축

위 예시들처럼 3S 원칙이 실제 상황에서도 작동할까? 브랜드의 생존이 걸린 위기 상황에서도 이 원칙들이 유효할까? 다음 두 사례는 이 질문에 대한 명확한 답을 보여준다.

케이스 스터디 ① 타이레놀 독극물 사건:
신뢰를 회복한 위기 대응 커뮤니케이션

1982년 9월 29일, 미국 시카고 인근에서 발생한 '타이레놀 독극물 사건'은 현대 기업 위기 커뮤니케이션 역사에서 가장 중요한 사례로 꼽힌다. 당시 12세 소녀 메리 켈러만(Mary Kellerman)이 감기 치료를 위해 복용한 타이레놀 캡슐로 사망한 것을 시작으로, 48시간 동안 일곱 명이 청산가리가 주입된 타이레놀을 복용하고 목숨을 잃었다.

범인은 약국과 슈퍼마켓에서 타이레놀 캡슐을 구매한 뒤, 독극물을 주입하고 다시 진열대에 놓는 방식으로 범행을 저질렀다. 당시 타이레놀은 미국 진통제 시장의 약 35퍼센트를 점유한 '국민 의약품'이었으며, 이 사건은 존슨앤존슨과 타이레놀 브랜드를 단숨에 신뢰 위기의 중심에 세웠다.

이 사건의 본질은, 제품 자체의 결함이나 제조상 문제가 아닌 범죄자의 의도적 개입으로 생긴 문제라는 점이다. 그러나 소비자의 생명과 직결되는 제품 특성상, 브랜드는 당장의 혐의에서 자유로울 수 없었다. 그럼에도 불구하고 존슨앤존슨은 책임 공방을 하는 대신 소비자 보호를 최우선에 두는 결정을 내렸다.

회사는 사건 직후 미국 전역에서 3100만 개에 달하는 타이레놀 제품을 전량 회수하는 전례 없는 조치에 나섰다. 제품 회수에만 당시 기준으로 1억 달러 이상의 비용이 들었지만, 기업은 그보다 중요한 가치를 선택했다. 바로 신뢰였다.

이후 존슨앤존슨은 단순한 브랜드 회복 캠페인이 아닌, 브랜드 신뢰를 구조적으로 회복하는 데 집중했다. 1983년 업계 최초로 3중 안전포장(Triple-seal packaging)을 도입했고, 이는 이후 미국 내 법제화로 이어졌다. 타이레놀은 불과 1년 만에 시장점유율을 완전히 회복하며, 위기관리 커뮤니케이션의 모범 사례로 자리를 잡았다.

타이레놀 브랜드는 단순한 위기 대응을 넘어, 신뢰를 회복하는 구조적 메시지를 만들어냈다. 그 안에는 PR 글쓰기의 핵심 원칙인 '3S'가 고스란히 녹아 있다.

타이레놀 사례에 담긴 3S 원칙

(1) Strategic(전략성): 장기적 신뢰를 위해 과감한 판단을 내림

1982년 타이레놀 독극물 사건이 발생했을 당시, 존슨앤존슨은 FBI(미국 연방수사국)와 FDA(미국 식품의약국)의 반대에도 불구하고 전면적인 제품 회수를 결정했다. 당시 회장 겸 CEO였던 제임스 E. 버크(James E. Burke)는 사건 발생 당시 전면적인 제품 회수가 사업적으로 큰 위험을 감수하는 결정임을 인지했으나, 결국 소비자 신뢰를 지키기 위해 약 1억 달러에 달하는 손실을 감내하며 리콜

을 단행했다. 그 결정은 단기적 손해를 감수하고도 장기적 신뢰를 선택한 전략적 판단이었다.

(2) Simple(명확성) : 핵심을 명확하게 전달함

사건 직후, 존슨앤존슨은 "타이레놀 제품을 복용하지 마십시오"라는 명확한 경고 메시지를 발표하고, 전국적으로 소비자 핫라인을 운영했다. 복잡한 설명이나 변명보다 가장 중요한 안전 정보를 가장 먼저, 가장 이해하기 쉬운 언어로 전달하는 데 집중했다.

(3) Sincere(진정성) : 변명 없는 책임과 실행을 보여줌

버크 회장은 내부의 부정적 전망에도 불구하고 대중이 올바른 대응에 반응할 것이라고 믿으며 위기를 이끌었다고 평가된다. 그는 법적 책임을 넘어 도덕적 책임을 인식하며, 제약업계 최초로 3중 안전포장을 도입하고 재발 방지 시스템을 구축하는 등 실질적 조치로 진정성을 증명했다. 이와 같은 실질적 조치의 배경에는 존슨앤존슨의 기업 신념문(Our Credo, 우리의 신조)이 있었다. 이 문서는 "우리는 제품과 서비스를 사용하는 의사, 간호사, 환자, 부모를 비롯한 모든 사람에게 가장 먼저 책임이 있다"라고 명시하고 있다.

타이레놀의 사례는 위기 상황에서 커뮤니케이션이 단순한 대응을 넘어 기업의 신뢰를 좌우하는 결정적 요소임을 보여준다. 핑계를 대기보다 문제를 정확히 인식하고, 명확한 정보와 실질적인 조치로 응답하는 것. 그것이 진정성 있는 PR 메시지의 출발점이다. 기업이 위기를 극복하는 과정에서 가장 강력한 무기는, 바로 '진정성(Sincere)'이다.

케이스 스터디 ② 삼성전자 갤럭시노트7 리콜 사태: 신뢰를 회복한 위기 대응 커뮤니케이션

타이레놀 독극물 사건이 1980년대 위기관리 커뮤니케이션의 전형을 보여주었다면, 갤럭시노트7 리콜 사태는 30여 년 후 디지털 시대에도 같은 원칙이 여전히 유효함을 증명한 대표적인 사례다.

2016년, 삼성전자의 스마트폰 갤럭시노트7은 배터리 발화 문제로 전 세계적인 리콜 사태를 맞이하며 신뢰 위기의 중심에 섰다. 제품 출시 직후부터 배터리 발화 보고가 이어졌고, 이는 소비자 안전에 대한 심각한 우려로 이어졌다. 당시 갤럭시노트7은 삼성전자의 전략 스마트폰 라인업 중 하나로, 아이폰과 프리미엄 시장 경쟁에서 핵심적인 제품이었다.

이 사건의 본질은 배터리에서 비롯된 결함이었지만, 보다 정확히는 배터리 설계상의 문제와 교체된 배터리의 제조 공정 결함까지 더해진 복합적인 원인에서 기인한 것이었다. 초기에는 원인 규명이 지연되고, 일부 정보 혼선으로 인해 소비자 불안이 가중됐지만, 삼성전자는 단계적으로 소비자 안전을 최우선에 두는 결정을 내리게 된다.

삼성전자는 8월 말에서 9월 초 사이 초기 발화 사례가 집중적으로 보고되자 9월 2일 '자발적 리콜'을 발표하며 제품 판매를 일시 정지시켰다. 이후 미국 소비자제품안전위원회(CPSC)가 9월 15일 공식 리콜 명령을 발표함에 따라 글로벌 리콜 대응이 본격화됐다. 그러나 이 초기 조치 이후에도 교체 제품에서 발화 사고가 재차 발생했으며, 결국 삼성전자는 10월 11일 갤럭시노트7의 생산과 판매를 전면 중단하는 결정을 내렸다. 즉, '전량 리콜'은 한 번의 조치가 아닌 여러 단계를 거쳐 도달한 최종 결단이었다.

삼성전자는 제품 회수에 그치지 않고 문제의 본질을 투명하게 공개한 뒤, 제품 품질과 신뢰성 강화를 위한 구조적 대책을 병행했다. 이를 위해 자체 조사와 더불어 UL, 엑스포넌트, TUV 라인란드 등 외부 전문기관과 협력하여 발화 원인을 정밀 분석했고, 공식 발표를 통해 사용자와 투자자에게 결과를 투명하게 공유했다. 이후 삼성전자는 신제품 출시 전 반드시 적용하는 '8포인트 배터리 안전성 검사'를 도입하며 재발 방지 시스템을 구축했다. 같은 과정을 통해 삼성전자는 단기적인 위기를 넘어 장기적인 브랜드 신뢰 회복에 성공했으며, 이후 출시된 갤럭시 S8, 갤럭시노트8 등 제품의 흥행을 통해 신뢰 회복 효과가 입증됐다. 갤럭시노트7 리콜 사태는 단기적 위기 대응을 넘어, 장기적 신뢰 회복의 구조를 설계한 사례다. 그 안에는 PR 글쓰기의 핵심 원칙인 '3S'가 고스란히 녹아 있다.

갤럭시노트7 사례에 보여준 3S 원칙

(1) Strategic(전략성) : 장기적 신뢰를 위해 과감한 판단을 내림

갤럭시노트7 발화 사건 당시 삼성전자는 수차례 리콜과 대응을 거친 끝에 약 250만 대의 제품 전량을 회수하는 전례 없는 조치를 택했다. 고동진 무선사업부장(사장)은 "소비자 안전을 최우선으로 생각했다"라는 발언과 함께 약 53억 달러의 손실을 감수하고도 생산 및 판매의 전면 중단을 선언했다. 또한 외부 전문기관들과 협업해 원인을 철저히 규명하는 동시에, '8포인트 배터리 안전성 검사'라는 새 기준을 도입하며 품질 신뢰를 구조적으로 강화했다. 이는 단기적 손실보다 장기적 브랜드 신뢰를 선택한 전략적 판단이었다.

(2) Simple(명확성) : 복잡한 기술 대신 핵심을 명확하게 전달함

사건 직후 삼성전자는 "갤럭시노트7 사용을 즉시 중단하고 전원을 끄십시오"라는 명확한 메시지를 전 세계에 발표했다. 사

용자에게 혼란을 주는 복잡한 기술적 설명 대신 "교환 또는 환불"이라는 간결한 선택지를 제시했고, 24시간 고객센터와 온라인 채널을 구비해 소비자가 즉각 대응할 수 있도록 안내했다.

(3) Sincere(진정성): 변명 없는 책임과 실행을 보여줌

고동진 사장은 국내외 공식 기자회견을 통해 "고객 여러분께 큰 심려를 끼쳐드려 진심으로 사과드린다"라고 밝히며 책임 있는 자세를 보였다. 또한, 삼성전자 미국 법인 COO 팀 백스터(Tim Baxter)가 2016년 9월 발표한 공식 사과 영상과 안전조치 계획 발표를 통해 글로벌 소비자에게 사과와 대응 의지를 전달했다. 삼성전자는 법적 의무를 넘어 교환 고객에게 추가 보상을 제공하고, 경쟁사 제품으로 교환하는 고객에게도 보상금을 지급하는 파격적인 조치를 취했다. 이러한 실질적 행동은 '고객을 최우선으로 한다'라는 기업 가치를 구현한 것이었다.

타이레놀과 갤럭시노트7, 두 사례는 약 30여 년의 시간차가 있음에도 불구하고, 위기 상황에서 브랜드가 취해야 할 커뮤니케이션의 본질은 동일하다는 점을 보여준다.

무엇보다 두 사례 모두 '변명 없는 인정', '구체적 조치', '시스템의 구조적 개선'을 통해 위기를 신뢰 회복의 기회로 전환시켰다. 이는 위기 메시지가 단순한 해명이나 사과를 넘어 브랜드의 미래를 그려가는 전략적 커뮤니케이션이어야 함을 보여주는 대표적 사례들이다.

> **[한 줄 정리]**
>
> 3S는 PR 글쓰기의 황금률이다. 전략성(Strategic)이 방향을 정하고, 명확성(Simple)이 메시지를 전달하며, 진정성(Sincere)이 관계를 만든다.

성공적인
PR 글쓰기를 위한 4단계

"이건 좋은 일이긴 한데, 뉴스는 아니네요."

외국계 항공사를 홍보하던 시절이었다. 새로운 비즈니스 좌석 론칭과 아시아 퍼시픽 CEO의 방한이라는 굵직한 뉴스들이 이어진 직후, 우리는 연장선상에서 비즈니스 클래스 프로모션 보도자료를 준비했다. 타깃 독자는 명확했고, 브랜드 입장에서 소비자 혜택도 포함돼 있었기에 의미 있는 소식이라고 판단했다. 그런데 자료를 전달받은 한 기자가 조용히 이렇게 말했다. "지난번 론칭에서 발표했던 내용이랑 거의 유사하잖아요? 이번엔 프로모션 조금 더 할인되는 거 말고는 뉴스가 없네…. 이미 다 우려먹었어요."

그 순간 PR 담당자로서 느껴야 할 모든 것, 이를테면 민망함과 감사함이 동시에 밀려들었다. 친한 기자였기에 이런 말이라도 해준 것이다. 다른 기자들은 그저 속으로 '또 이거야?' 하며 지나쳤을 테니. 또 다른 장면. 직원 인터뷰를 소개하는 사내 메일을 보낸 뒤, 반응이 궁금했다. 평소 회사 소식에 관심이 많은 동료에게 넌지시 물었다. "이번 사내 인터뷰 봤어?" 이어서 답이 돌아왔다. "네, 봤죠." 잠깐의 침묵 후, 그가 덧붙였다. "근데… 솔직히 말해도 돼요? 사실 그런 기사 다 짜고 만드는 거 아니에요? 홍보팀에서 적당한 사람 골라서, 좋은 말만 모아놓은 거잖아요."

두 사례가 보여주는 공통점은 무엇일까? 외부든 내부든, '정보 전달'에만 집중하고 '메시지 설계'는 놓쳤다는 점이다. 브랜드 입장에서는 전할 가치가 있는 내용이었지만, 독자 입장에서는 '왜 지금 이 얘기를 하는가?'에 대한 답이 없었다. 브랜드 입장에서는 자랑할 만한, 이전 뉴스와 연속성이 있는 뉴스였지만 기자가 궁금해할 질문도, 독자가 반응할 맥락도 빠져 있었다. 우리는 메시지를 담았다고 생각했지만, 상대는 그저 연출된 정보로 받아들였다.

더 심각한 문제는 이런 실패가 쌓일 때다. 기자들은 "또 그 회사 보도자료네" 하며 아예 읽지 않게 되고, 직원들은 "어차피 홍보용 멘트"라며 신뢰를 보내지 않는다. 한 번의 실패는 넘어갈 수 있지만, 반복되는 실패는 브랜드 자체를 훼손한다. 이처럼 메시지가 '전달되지 않는' 순간은 외부에서든 내부에서든, 예상보다 자주, 그리고 조용히 찾아온다.

이런 실패를 반복하지 않으려면 어떻게 해야 할까?

성공한 PR 메시지들을 분석해보니 공통점이 있었다. 모두 글을 쓰기 전에 네 가지 질문을 거쳤다는 점이다. 바로 '왜(목적)', '누구에게(대상)', '어떤 흐름으로(구조)', '어떤 감정을 담아(감정)' 써야 하는지 묻는 것이다.

PR 글쓰기에서 중요한 것은 '무엇을 쓸까'가 아니다. '왜 지금, 누구에게, 어떤 구조와 감정으로 전달할 것인가'를 설계하는 일이다. 지금부터 소개하는 네 가지 질문은 모든 PR 메시지에 적용 가능한 전략 구성의 기본 도구다.

실패 사례로 보는 PR 글쓰기 4단계 분석

앞서 이야기한 항공사 프로모션 사례를 다음의 4단계로 분석해보면 실패 원인이 명확해진다.

- **[1단계] 목적:** 불분명했다. (단순 정보 전달인가, 매출 증대인가?)
- **[2단계] 대상:** 기자의 니즈를 무시했다. (새로운 뉴스를 원하는 기자에게 기존 정보를 반복함)
- **[3단계] 구조:** 새로운 맥락이 부재했다. ('왜 지금?'에 대한 답이 없음)
- **[4단계] 감정:** 독자 관점이 부족했다. (브랜드 자랑만 있고, 독자 혜택이 부족함)

예시로 들었던 항공사 프로모션의 경우에 '목적, 대상, 구조, 감정', 이 네 가지에 대한 질문만 제대로 점검했어도 다른 결과를 만들 수 있었을 것이다.

'목적, 대상, 구조, 감정', 이 네 가지에 대한 질문은 각각 독립된 것이 아니라 연결된 사고 과정이다. 1단계 질문의 답이 2단계 질문의 방향을 결정하고, 2단계와 3단계의 답이 4단계 질문의 감정 설계를 좌우한다. 이를 구체적인 예시를 들어 설명하면 다음과 같다.

- **고객 정보 유출 사건 직후:** 목적이 '신뢰 회복'이라면 → 대상은 '피해 고객'이 우선순위 → 구조는 '사과-조치-예방' 순서로 → 감정은 '안전감 회복'에 집중한다.

- **혁신 기술 탑재 신제품 출시를 앞두고:** 목적이 '시장 선점'이라면 → 대상은 '얼리어답터'가 중심 → 구조는 '혜택-차별점-행동 유도' 순서로 → 감정은 '기대감 조성'에 집중한다.

전략적인 메시지를 위한 4가지 핵심 질문

(1) 이 메시지는 무엇을 위해 존재하는가?

전략적인 메시지의 시작은 '의미 있는 목적' 또는 '명확한 방향성'이다. 의도(Intention)는 단순한 계획이 아니다. 이 메시지를 통해 무엇을 기대하는지를 명확히 설정하는 출발점이다.

"이 메시지를 통해 독자에게 무엇을 기대하는가?"
- 브랜드 인식을 바꾸고 싶은가?
- 행동을 유도하려고 하는가?
- 위기 상황에서 신뢰를 회복하려고 하는가?
- 조직의 태도를 보여주고 싶은가?

위의 질문들에 대한 답이 내려졌다면, 이제 다음의 작업으로 넘어가자.

- **목적을 한 문장으로 정의하자:** '이 메시지를 통해 독자가 ○○ 하기를 원한다.'
- **타이밍을 점검하자:** '왜 하필 지금인가? 일주일 후에 보내면 안 되는 이유는?'
- **성공 기준을 설정하자:** '이 메시지가 성공했다면 독자는 어떤 반응을 보일까?'

(2) 이 메시지는 누구를 향하고 있는가?

PR 글쓰기에서는 잘 쓴 글이기보다 '읽고 싶어지는 글'을 쓰는 것이 중요하다. 누구를 위한 메시지인지 명확하지 않으면, 그 글은 누구에게도 닿지 않는다.

- 글의 대상은 기자인가, 고객인가, 직원인가?
- 1차 독자와 2차 독자를 구분하고 있는가?
- 독자의 언어로 쓰였는가?
- 그들이 궁금해할 질문에 답하고 있는가?

위의 질문들에 대한 답이 내려졌다면, 이제 다음의 작업으로 넘어가자.

- 기자가 궁금해할 첫 문장을 제목으로 만들자.
- 직원이 알고 싶어 할 정보를 앞에 배치하자.
- 독자의 시선으로 문장을 시작하자.
- 독자의 하루 일과를 상상하자: '이 사람은 언제, 어떤 상황에서 내 메시지를 볼까?'
- 독자의 우선순위를 파악하자: '지금 이 독자가 가장 관심 있어 할 정보는 무엇일까?'
- 2차 독자를 고려하자: '1차 독자(기자)가 2차 독자(독자)에게 전달할 때 어떤 각도를 택할까?'

(3) 이 메시지는 어떤 흐름으로 구성돼야 하는가?

좋은 메시지는 정보의 양이 아니라 흐름에서 결정된다. 나열된 정보가 아니라, 의도된 구조가 설득력을 만든다. 전략 메시지를 구성하는 단계는 다음의 3단계를 따른다.

- **[1단계]** 핵심 메시지를 생각하자: '이 글의 중심 문장은 무엇인가?'
- **[2단계]** 맥락과 이유를 생각하자: '왜 지금, 이 메시지인가?'
- **[3단계]** 행동으로 유도하거나 감정으로 연결시키자: '독자가 무엇을 하게 될 것인가?'

위의 질문들에 대한 답이 내려졌다면, 이제 다음의 작업으로 넘어가자.

- 내 메시지를 한 줄로 요약할 수 있는가?
- "왜 지금?"이라는 질문에 설득력 있게 답하고 있는가?

(4) 이 메시지는 어떻게 사람을 움직이는가?

논리는 이해를 이끌지만, 감정은 공감과 동기를 만든다. 행동을 유도하는 메시지에는 반드시 감정의 층위가 작동한다.

- 메시지가 독자의 현실과 연결되는가?
- '당신을 위한 이야기'처럼 들리는가?
- 공감에서 행동으로 이어질 후킹(Hooking) 포인트는 있는가?

"우리는 환경을 생각합니다." → 막연하고 추상적이다.

"오늘 내가 줄인 플라스틱 하나, 내일 우리 아이가 더 맑은 바다에서 놀 수 있습니다." → 구체적이고 나와 연결된다.

이때 감정 연결의 핵심은 '거리감 줄이기'다. 다음은 독자와 거리감을 줄이는 세 가지 실전 노하우다.

- **시간적 거리 줄이기:** '언젠가' 같이 추상적인 시점 대신 '오늘, 내일' 같은 구체적 시점의 단어를 사용한다.

- **공간적 거리 줄이기:** '지구 전체' 같이 넓고 먼 공간 대신 '우리 동네, 내 아이' 같은 가까운 공간감의 단어를 사용한다.

- **관계적 거리 줄이기:** '모든 사람' 같이 광범위한 관계 대신 '당신, 우리 가족' 같은 개인적 연결감을 담은 단어를 사용한다.

이와 같이 시간적, 공간적, 관계적 거리를 줄인 단어를 사용하면 메시지가 '남의 일'이 아닌 '내 일'로 인식된다.

앞에서 소개한 항공사 프로모션과 사내 인터뷰 사례를 기억하는가? 두 사례 모두 이 네 가지 질문의 단계를 거치지 않았기에 실패했다. 이는 외부에서든 내부에서든, 모든 PR 메시지가 반드시 거쳐야 할 전략 메시지 설계 과정이다. PR 글쓰기를 하려는 사람이라면 누구나 문장을 쓰기 전, 반드시 이 네 가지 질문을 떠올려야 한다.

'왜, 누구에게, 어떤 구조로, 어떤 감정을 담아 쓸 것인가?'

[한 줄 정리]
PR 글쓰기의 성패는 첫 문장을 쓰기 전에 결정된다. 네 가지 질문(목적-대상-구조-감정)으로 전략을 세운 메시지만이 독자에게 도착한다.

[Quick Tips]

효과적인 PR 글쓰기, 이것만 기억하자

자가 점검 체크리스트

PR 글쓰기를 시작하기 전, 다음 질문에 스스로 답해보자.

- 내가 쓰려는 글의 목적과 의도가 분명한가?
- 첫 문단만 읽어도 핵심 메시지가 파악되는가?
- 브랜드의 가치와 독자의 관심사를 효과적으로 연결했는가?
- 뉴스 가치가 담긴 정보 요소가 포함됐는가?
- 객관적 사실, 데이터, 구체 사례로 신뢰를 확보했는가?

기억해야 할 PR 글쓰기 3S 원칙

1. Strategic(전략성)
→ 브랜드의 목표와 독자의 니즈가 만나는 지점을 찾아라.

2. Simple (명확성)
→ 불필요한 수식어를 제거하고 핵심에 집중하라.

3. Sincere (진정성)
→ 과장이 아닌, 사실에 기반한 신뢰를 설계하라.

PR 메시지를 설계하는 5단계

[1단계] 목적 정의: 이 메시지를 통해 달성하려는 구체적인 목표는 무엇인가?

[2단계] 독자 중심: 타깃 독자의 관심사와 필요한 정보는 무엇인가?

[3단계] 핵심 가치: 브랜드가 말하고자 하는 본질은 무엇인가?

[4단계] 맥락 제공: 왜 지금, 이 메시지를 전해야 하는가?

[5단계] 행동 유도: 독자가 무엇을 느끼고, 어떤 행동을 하게 되는가?

2장

맥락을 설계하는 브랜드 언어 전략

"탁월한 브랜드 언어에는
조직의 철학이 반드시 담겨 있다."

브랜드의 목소리를 만드는 일은 문장을 잘 쓰는 것만으로는 충분하지 않다. 브랜드의 정체성을 구축하고, 조직의 태도를 드러내며, 조직의 언어로 세상과 관계 맺는 전략적 행위이기 때문이다. 그 전략의 핵심은 수신자 관점에서 메시지를 설계하는 것이다. PR 글쓰기에서 중요한 것은 '무엇을 말했는가'보다 그 말이 '어떻게 받아들여지는가'다.

같은 메시지라고 해도 모든 시장에서 똑같이 이해되고, 공감되고, 신뢰받을 수는 없다. 서울에서 통했던 표현이 뉴욕에서는 과장처럼 느껴질 수 있고, 도쿄에서는 지나치게 직설적으로 받아들여질 수 있다. 문화적 배경과 정서에 따른 기대와 해석의 간극은 생각보다 깊다. 때로는 예상과는 전혀 반대되는 결과를 만들기도 한다.

넷플릭스 오리지널 시리즈는 한국어 제목과 영문 제목이 종종 다르다. 이는 번역이 단순히 언어를 바꿔 설명하는 것이 아니라 해당 언어 사용자들에 맞춰 맥락과 정서를 재구성하는 일임을 잘 보여준다. 가령, 넷플릭스 오리지널 드라마 제목인 '폭싹 속았수다'는 제주 방언으로 '무척 수고했습니다', '정말 수고 많으

셨습니다'라는 뜻이다. 이 문장은 삶의 고단함을 다정하게 어루만져주는 위로의 문장이자 제주 특유의 정서와 말투, 여운이 담긴 인사말이다. 그러나 '폭삭 속았수다'에 담긴 정서를 영어로 전달하기란 쉽지 않다. 'You worked so hard'나 'Thank you for your hard work' 같은 직역은 제주 방언이 가진 특유의 따뜻함과 토속적 정감을 담아내지 못한다.

넷플릭스는 영어권 시청자들에게 더 직관적이고 익숙한 방식으로 이 감각을 재구성했다. 'When Life Gives You Tangerines'라는 제목은, 삶의 고단함을 유머로 받아치는 영어식 표현인 'When life gives you lemons'를 변주해 보편적인 삶의 정서를 불러일으키는 동시에, 제주라는 배경을 상징하는 과일인 '귤(Tangerine)'을 넣어 지역성과 문화적 연결 고리를 살려냈다.

즉, 원래 제목이 가진 정서적 의미를 문화적으로 통용 가능한 표현으로 치환하고, 동시에 작품의 배경이 되는 공간의 상징을 반영해 공감의 수준을 높였을 뿐만 아니라 문화적 연결성까지 전략적으로 구성해냈다. 이 사례는 단지 콘텐츠의 제목을 새롭게 짓는 것을 넘어서 수신자의 감각과 문화 안에서 '어떻게 이해될 것인가'를 치열하게 고민한 결과다. 요컨대 우리가 쓰는 '한 문장'이 언어 그 자체를 넘어, 브랜드의 태도와 세계관을 구현하는 일임을 보여준다.

PR 글쓰기 역시 '무엇을 말할까'보다 '어떻게 받아들여질까'

를 먼저 고려해야 하는 글쓰기라는 점에서 이와 다르지 않다. PR 글쓰기는 궁극적으로 '누구에게, 어디에서, 어떤 방식으로 말할 것인가'를 결정하는 작업이다. 따라서 PR 글쓰기에서는 메시지 수신자의 문화적 배경, 미디어 환경, 기대에 따라 문장 하나, 어조 하나도 달라져야 한다.

 이번 장에서는 실무자가 PR 글쓰기를 넘어 브랜드의 언어를 만들고, 조직과 세계 사이의 관계를 디자인하는 감각을 길러주는 정보들을 담았다. 메시지 하나하나가 쌓여 브랜드의 톤과 성격을 만들고, 그것이 수신자와의 관계 방식을 결정한다. 전략적 커뮤니케이션은 '무엇을 말할 것인가'에서 시작해, 결국 '어떤 브랜드로 기억될 것인가'라는 질문에 답하는 과정이다.

세계가 기억하는
브랜드 언어는 무엇이 다른가?

브랜드 언어는 단지 슬로건이나 광고 문구의 문제가 아니다. 조직이 어떤 단어를 선택하고, 어떤 어조로 말하며, 어떤 메시지를 강조하는지와 같은 모든 커뮤니케이션 방식이 브랜드의 태도를 보여주고, 메시지가 신뢰로 이어질 수 있는지를 결정한다.

예를 들어보자.

"우리는 혁신적인 기업입니다."
"최고의 서비스를 약속드립니다."
"고객을 최우선으로 생각합니다."

수많은 브랜드가 스스로를 설명하려 할 때, 이런 비슷한 말을 거듭한다. 관성적으로 반복하는 이런 문장 안에는 차별성도, 맥락도 담기지 않는다. 혁신의 기준이 무엇인지, 고객을 '어떻게' 먼저 생각하는지를 구체적으로 보여주는 언어의 자리는 대부분 비어 있다.

브랜드의 첫 문장이 남과 다르지 않다면, 사람들에게 특별히 기억될 이유를 잃는다. 브랜드 언어는 감각의 문제가 아니다. 기억되는 브랜드 언어는 기교나 말맛이 아니라, 의도적인 기획과 실행 전략에서 나온다. 이제 브랜드 언어는 '느낌'이 아니라 '전략'이 돼야 한다.

브랜드 언어, 어떻게 구축할 것인가?

브랜드 언어는 추상적인 철학이 아니라 실제로 쓰이는 문장에서 드러난다. 말투, 표현, 어조, 강조하는 단어와 같은 모든 요소가 브랜드의 태도를 보여준다. 그러므로 실무자는 문장을 들여다보기 전에, 브랜드 언어가 어떤 의도와 목적을 지녔는지부터 확인해야 한다. 다음에 제시하는 두 가지 사례는 뚜렷한 의도와 목적을 세련된 방식의 브랜드 언어로 설계해낸 기업들의 이야기다.

(1) 넷플릭스: 플랫폼별 관계 거리까지 언어로 구현하다
넷플릭스는 콘텐츠 기업이지만, 브랜드로서도 일관된 언어 체계를 갖고 있다. 이를테면, 공식 리포트나 글로벌 발표에서는

정제된 어조를 유지하지만, 소셜 미디어상에서는 "오늘 밤, 우리랑 넷플릭스 어때요?"처럼 친근하고 유쾌한 어조로 사용자들에게 접근한다.

이는 단지 말투의 변화가 아니라 브랜드가 사용자와의 관계 거리, 수신자 맥락, 콘텐츠 사용 상황까지 고려해 플랫폼별로 어휘, 어조, 메시지 속도를 다르게 조율하는 전략이다. 아직 어떤 영화나 드라마를 볼지 정하지 않은 시청자라고 해도 넷플릭스의 위와 같은 제안을 듣고 나면 마치 친한 친구가 자연스럽게 건네는 말처럼 느껴져 '오늘 밤은 넷플릭스나 볼까?' 하고 고민하게 된다. 이러한 접근은 잠재적 시청자에게 친근한 친구가 자연스럽게 건네는 제안처럼 느껴져, 넷플릭스를 일상의 일부로 받아들이고 친근감을 쌓게 만든다. 이처럼 브랜드는 자신이 제공하는 콘텐츠(제품이나 서비스)뿐만 아니라 사용자에게 건네는 언어를 통해 신뢰를 쌓는다.

(2) 파타고니아: 철학과 행동으로 먼저 말하다

"이 재킷을 사지 마세요(Don't buy this jacket)." "우리는 지구를 구하기 위해 존재합니다(We're in business to save our home planet)." 이 문장들은 미국의 친환경 패션 브랜드인 파타고니아(Patagonia)의 광고 캠페인, 연례 보고서, 공식 웹사이트 곳곳에서 반복되는 메시지다. 파타고니아는 제품을 판매하기 전에 먼저 브랜드가 중요시하는 가치를 고객들에게 말한다.

이들의 철학은 말뿐만이 아니다. 파타고니아는 적자가 나는 해도 거르지 않고 매년 회사 매출의 1퍼센트를 환경 단체에 기부하며 '지구세(Earth tax)'라고 부른다. 2022년에는 창업자 이본 쉬나드가 '지구가 유일한 주주'가 되도록 4조 원에 달하는 회사 지분 전체를 환경 보호를 위한 비영리단체와 신탁 기관에 넘겼다. 이로써 회사의 모든 이익은 지구를 보호하는 데 쓰이게 됐다.

또한, 파타고니아는 'Worn Wear' 캠페인을 통해 고객들이 낡은 제품을 가져오면 무상으로 수선해주거나 중고 제품을 거래할 수 있는 플랫폼을 운영하며 제품의 수명을 연장하고 불필요한 소비를 줄이도록 적극적으로 독려한다. 이러한 노력은 단순히 새 제품을 파는 것을 넘어, 지속 가능한 소비와 생산을 위한 브랜드의 깊은 의지를 보여준다.

멋진 말보다 진짜 행동이, 보여주기식 퍼포먼스보다 책임감 있는 지속적 실행이 브랜드 언어의 기반이 된다. 말과 행동의 간극이 없는 태도는 이 브랜드가 신뢰받는 이유이자, 언어가 전략이 되는 방식이다.

글로벌 시대, 브랜드 언어 구축 전략

디지털과 글로벌 시대의 커뮤니케이션은 '잘 쓰는 능력'보다 '다르게 구성하는 능력'을 요구한다. 같은 문장이라도 문화, 상황, 맥락에 따라 전혀 다른 의미로 해석될 수 있기 때문이다.

전략 커뮤니케이터는 하나의 메시지가 다양한 시장과 문화권에서 일관성과 수용성을 모두 확보할 수 있도록 조율하는 사람이다. 이를 위해서는 다음에 제시하는 세 가지 감각이 필요하다.

- **맥락 감각(Contextual Intelligence)**: 어떤 문장이 언제, 누구에게, 어떤 방식으로 들릴지를 감지하는 능력

- **문화적 리터러시(Cultural Fluency)**: 언어가 놓이는 사회적 맥락과 기대를 이해하고 해석하는 능력

- **번역이 아닌 재창조(Transcreation)**: 단어만 옮기는 것이 아닌, 같은 의미와 감정을 대상에 맞게 새롭게 구축하는 능력

예를 들어, 나이키의 "Just Do It"은 전 세계적으로 "망설이지 말고 행동하라"는 보편적 메시지를 담고 있지만 그 캠페인의 구

현 방식이나 수용자 반응을 보면 도전, 참여, 절제 등 문화별 가치에 따라 다르게 해석될 여지를 보여준다.

가령, 미국에서는 개인의 한계 극복과 자기 성취를 강조하며 개인주의적 가치를 반영한 반면, 영국에서는 축구 스타 웨인 루니를 내세운 캠페인에서 자조적이고 유머러스한 분위기를 통해 '그냥 즐기라'는 메시지를 전달했다. 인도에서는 도시의 교통 체증 속에서 즉흥적으로 크리켓을 즐기는 모습을 통해 일상 속 창의적 스포츠 문화를 강조했다. 이러한 지역별 맞춤 전략은 같은 슬로건이라도 문화적 리터러시를 고려하고, 번역이 아닌 재창조의 과정을 통해 어떻게 다르게 구현될 수 있는지 보여준다.

스타벅스의 브랜드 아이덴티티인 "Third Place" 역시 공식적으로는 '집과 직장 이외의 편안한 제3의 공간'을 의미하지만, 그 개념은 각 문화권에 따라 관계 중심의 공간, 가족과 함께하는 장소, 혼자만의 시간을 위한 공간 등으로 다르게 받아들여질 수 있다. 이러한 차이는 브랜드의 공식 입장이라기보다, 글로벌 브랜드가 각 시장에서 메시지를 어떻게 구현하고, 소비자가 그것을 어떻게 수용하는지를 관찰한 결과로 이해할 수 있다.

결국 같은 슬로건을 사용하더라도 그 언어는 맥락에 따라 의도적으로 조정돼야 한다. 다만, 시장별 조정 속에서도 브랜드 언어의 핵심 원칙은 반드시 일관되게 유지돼야 한다.

문화별 메시지 구성의 실제

같은 내용을 말하더라도, 수신자의 문화적 맥락에 따라 언어 접근법이 달라져야 한다. 예를 들어, 하나의 파트너십 발표도 국가와 문화에 따라 강조해야 할 포인트와 표현 방식이 달라진다.

- 미국에서는 기술 혁신이 가져올 사회적 기여에 주목한다.
→ "기술 혁신을 통한 인류 기여"

- 일본에서는 신뢰와 관계 중심의 조화로운 협력이 강조된다.
→ "파트너 간 신뢰와 조화 중심의 협력"

- 한국에서는 브랜드의 철학과 지향성이 신뢰 형성의 핵심이다.
→ "브랜드 철학에 기반한 가치 지향적 연대"

여기서 중요한 건 '같은 내용을 문화에 따라 달리 포장하는 것'이 아니다. 브랜드가 전달하고자 하는 동일한 핵심 가치와 의도를 수신자의 문화적 감수성과 해석 체계에 맞춰 다시 재구성하는 일이다.

이는 브랜드의 일관성을 흐리는 것이 아니라, 신뢰를 구축하는 방식이 달라져야 한다는 전략적 판단이다. 브랜드는 같은 사안을 설명하더라도, 수신자가 이해하고 공감할 수 있는 방식으로 메시지를 구성해야 한다.

영향력을 지닌 브랜드 언어의 3가지 기준

브랜드 언어는 한 줄의 문장이지만, 그 안에는 수많은 의식적 선택이 담겨 있다. PR 실무자는 그저 '잘 쓴 문장'을 지향하기보다 '올바른 기준'을 먼저 점검해야 한다. 브랜드 언어가 영향력을 가지려면, 반드시 다음의 세 가지 조건을 확인해야 한다.

(1) 일관성

어느 채널, 어떤 상황에서도 브랜드의 태도는 흔들리지 않아야 한다. 광고, 발표, 고객 응대에 이르기까지 브랜드는 언제나 같은 철학과 어조로 말해야 한다. '이 메시지를 CEO가 말해도 어색하지 않은가?'라는 질문은 일관성을 확인하는 중요한 점검 기준이다.

(2) 구체성

말만이 아닌, 실행 가능한 약속의 언어여야 한다. "우리는 고객 중심입니다"라는 말은 누구나 할 수 있다. 반면에, "30일 무료 체험, 불만족 시 전액 환불"이란 말은 구체적인 약속이 담겼다.

신뢰는 말의 명확함과 실현 가능성에서 시작된다.

(3) 공유 가능성

구성원 모두가 말하고 행동할 수 있는 언어여야 한다. 브랜드 언어는 카피 문장이 아니라, 조직 전체가 공감하고 체득하며 말할 수 있어야 하는 언어다. 가령, 파타고니아 직원들은 누구나 "우리는 지구를 구하기 위해 존재합니다"를 자기 신념처럼 이야기한다.

탁월한 전략 커뮤니케이터를 위한 3가지 질문

좋은 문장은 상대방에 대한 공감에서 시작된다. 브랜드를 대표하는 문장을 조직 전체가 반복할 수 없다면, 그것은 메시지가 아니라 독백이다. 탁월한 전략 커뮤니케이터는 이러한 사실을 염두에 두고 브랜드 언어를 쓰기 전에 질문한다.

다음의 세 가지 질문들은 '잘 쓰인 문장'이 아닌, '함께 말할 수 있는 언어'를 만들기 위한 출발점이다. 이 질문들에 대한 답을 충분히 고민한 뒤에 작성한 브랜드 언어만이 읽는 이의 마음을 움직일 수 있다.

- 우리 브랜드는 어떤 언어의 태도를 갖고 있는가?

- 반복적으로 사용하는 표현, 혹은 본능적으로 피하는 단어는 무엇인가?
- 이 메시지는 대표부터 신입 구성원까지 모두가 공감하고, 자기 말처럼 자연스럽게 전달할 수 있는가?

[한 줄 정리]
브랜드 언어는 말의 기교가 아니라 전략의 결과다. 브랜드 언어에는 조직의 태도가 드러나야 한다.

브랜드 언어를 구축하는 두 가지 길: '기획형' 글쓰기와 '반응형' 글쓰기

모든 PR 메시지는 두 갈래로 움직인다. 하나는 '브랜드를 세우는' 메시지(Promotion, 프로모션)이고, 다른 하나는 '브랜드를 지키는' 메시지(Protection, 프로텍션)다. 전략 커뮤니케이션은 항상 이 두 갈래의 언어 위에 서 있다.

PR 실무자는 이 두 가지 메시지의 구조와 리듬을 이해해야 한다. 그리하여 계획된 메시지를 사전에 기획하고 전달하는 기획형 글쓰기(Proactive)와, 예기치 못한 이슈에 대응하는 반응형 글쓰기(Reactive) 모두를 상황에 맞게 유연하게 구사할 수 있어야 한다.

브랜드의 존재 이유를 알리는 캠페인, ESG 콘텐츠, 신제품 발표 등은 프로모션의 영역이다. 반면, 예상치 못한 논란, 고객 불만, 사회적 반발, 정책 변화 등 브랜드가 외부 환경에 노출되는 상황에서는 프로텍션의 언어가 필요하다.

PR 실무자는 단순히 콘텐츠를 작성하는 사람이 아니라, 상황을 읽고, 메시지 구조와 타이밍을 결정하는 메시지 설계자다. 핵심은 '지금 어떤 방식으로 말할 것인가'를 판단하는 감각이다.

기획형 글쓰기: 브랜드가 먼저 말을 거는 전략

기획형 글쓰기는 브랜드가 자신의 철학과 비전을 주도적으로 제안하는 의도된 언어다. 단순히 제품 정보를 알리는 것을 넘어, 브랜드의 존재 이유와 사회적 가치를 외부에 먼저 구성하고 전달하는 방식이다. 기획형 글쓰기는 브랜드 철학을 드러내는 슬로건과 캠페인, 제품·서비스 론칭을 위한 가치 중심 콘텐츠, ESG 및 지속 가능성 등 기업의 사회적 책임 메시지 등에 주로 활용된다. 다음은 브랜드의 ESG 철학을 시장에 선제적으로 연결한 기획형 글쓰기의 사례다.

삼성전자 "Everyday Sustainability" 캠페인 및 IFA 2022 전시

삼성전자는 2022년 독일 베를린에서 열린 IFA 전시에서 'Everyday Sustainability(지속 가능한 일상)'을 주제로, 제품의 생애주기 전반에서의 친환경 실천 사례를 공개했다. 'Net Zero Home' 콘셉트, 재활용 소재 사용, 에너지 고효율 제품 등 소비자의 일상과 연결된 지속 가능성 실천이 구체적으로 제시되었으며, 글로벌 캠페인 '#Changes start from small steps'를 통해 작은 행동의 변화가 큰 전환을 만든다는 메시지를 전 세계 소비자에게 전달했다.

반응형 글쓰기: 예상 밖의 질문에 대응하는 기법

반응형 글쓰기는 예기치 못한 상황이나 외부 반응에 대해 브랜드가 전략적으로 대응하고 입장을 구성하는 글쓰기다. 위기, 논란, 클레임, 사회적 반향 등에 대한 실시간 대응이 필요하며, 단어보다 태도와 구조가 핵심이다. 반응형 글쓰기는 사건 발생 후의 공식 입장문, 고객 불만·사회적 반발에 대한 대응 메시지, 미디어 보도·오해에 대한 해명 및 사실 확인 등에 주로 활용된다.

2021년 쿠팡 덕평 물류센터 화재 대응 공식 입장문은 브랜드의 사건 발생 초기, 기업이 어떤 태도로 반응했는지를 보여주는 반응형 메시지의 사례다. 2021년 6월, 경기도 이천 덕평에 위치한 쿠팡 물류센터에서 대형 화재가 발생했고, 이 과정에서 소방관 한 명이 순직하는 안타까운 사고가 벌어졌다. 이 사건은 사회적 분노를 불러일으켰고, 기업의 안전 대책과 책임에 대한 논란이 확산됐다. 쿠팡은 사고 발생 직후, CEO 명의의 공식 입장문을 발표했다. 공식 입장문에는 다음과 같은 요소가 포함돼 있었다.

- 순직 소방관에 대한 애도와 미구조 소방관에 대한 구조 기원
- 화재 진압 관계자에 대한 감사 표현
- 사고 수습 및 정부 조사에 대한 전면 협조 의사

메시지는 감정적 수사를 자제한 채, 사실 관계 인식과 협조 의사 전달에 초점을 맞춘 구조로 구성됐다. 이 공식 입장문은 특히 기업이 책임 소재나 세부 계획을 논하기 이전, 최소한의 사실 전달과 공식적인 입장 표명을 통한 초기 위기 대응 메시지의 기본 구조를 명확히 보여준다.

이후 국회 청문회를 앞두고 유가족과 일정 수준의 합의가 이루어졌다는 언론 보도가 있었지만, 이는 기업이 직접 공표한 내용은 아니다. 이 사례에서 핵심적으로 주목할 점은 위기 발생 직후 기업이 어떤 메시지를, 어떤 톤과 구조로 공개했는지다.

이처럼 반응형 메시지는 신속성, 공식성, 그리고 사건에 대한 초기 입장 표명을 기본 구조로 갖추며, 구체적인 책임 소재 논의나 실행 계획은 이후 단계의 커뮤니케이션에서 다루어진다.

기획형 글쓰기와 반응형 글쓰기 비교

구분	기획형 글쓰기	반응형 글쓰기
전략 목적	브랜드 인지도 제고, 철학·가치 확산	위기 대응, 신뢰 유지
활용 예시	캠페인, 론칭 콘텐츠, 비전 선언	입장문, QA, 클레임 응대 메시지
전략 요소	사전 기획, 메시지 확산 전략, 타이밍 조정	신속한 판단, 핵심 정리, 톤 앤 매너 조율
필요한 역량	파급력·미디어 타이밍 감각	리스크 민감도를 파악하는 능력, 공감의 어조를 구현하는 능력

'하나의 메시지, 두 가지 전략' 실전 사례

하나의 상황을 기획형 메시지와 반응형 메시지로 각각 구성해보는 훈련은, PR 실무자에게 꼭 필요한 감각을 길러준다. 어떤 구조로 시작하고, 어떤 어조로 설득하며, 어떤 타이밍에 말할 것인지 등 이 모든 선택은 의도적 판단이다. 이제 동일한 상황을 두 가지 방식으로 메시지화하는 훈련을 통해, '무엇을 말할까'보다 '어떻게 말할까'를 계획하는 힘을 길러야 한다.

다음은 한 소비재 브랜드가 자사 플라스틱 용기를 재활용 가능한 친환경 포장재로 전면 교체한 상황에서 PR 실무자가 쓸 수 있는 두 가지 방식의 메시지를 예시로 정리한 것이다.

- **기획형 메시지**(브랜드 철학 중심, 선제적 메시지)

"환경은 선택이 아닌, 책임입니다. 우리 브랜드는 모든 제품 포장재를 재활용 가능 자원으로 전면 교체합니다. 작은 변화이지만, 소비자와 함께 만드는 지속 가능한 일상입니다."

- **채널:** 브랜드 캠페인 페이지, 보도자료, 공식 인스타그램 카드뉴스
- **목적:** ESG 실천 기업으로서의 이미지 구축 및 고객 행동 변화 유도

- **반응형 메시지**(이슈 대응 중심, 설명과 신뢰 회복 메시지)

"일부 고객님께서 새로운 포장재 사용 후 발생한 파손 사례에 대해 문의를 주셨습니다. 현재 유통 과정의 문제 여부를 점검 중이며, 모든 제품은 무료로 교환해드릴 예정입니다. 환경을 위한 변화가 불편함이 되지 않도록, 세심히 개선하겠습니다."

- **채널:** 고객센터 공지, 언론 질의 응답, 공식 입장문
- **목적:** 고객 불만 대응, 브랜드 진정성 유지, 위기 확산 방지

효과적인 메시지 구성을 위한 5가지 관점

기획형 메시지든 반응형 메시지든 말에는 언제나 의도가 있고, 말이나 글의 구조에는 화자의 태도가 담긴다. 따라서 PR 실무자는 다음의 다섯 가지 관점을 바탕으로 메시지를 기획해야 한다.

· 모든 메시지는 기획형 또는 반응형 구조를 갖는다. 사전에 준비하든, 즉각 반응하든 계획되지 않은 메시지는 없다.

· 기획형 글쓰기는 브랜드를 세우고, 반응형 글쓰기는 신뢰를 지킨다. 선제적 커뮤니케이션과 위기 대응의 균형이 브랜드의 전체 인상을 만든다.

· 상황의 본질을 먼저 읽고, 말의 구조와 어조를 구성하라. '무엇을 말할까'보다 '어떻게, 어떤 구조로 말할까'가 더 중요하다.

· 프로텍션에도 전략이 필요하다. 즉흥적인 대응이 아니라, 사전 시나리오와 언어 원칙이 있어야 한다.

· 글쓰기는 조직의 태도를 보여준다. 브랜드가 내보내는 메시지는 해당 브랜드가 세상을 어떻게 바라보고 대응하는지를 보여준다.

[한 줄 정리]
브랜드는 기획형 메시지로 존재를 만들고, 반응형 메시지로 신뢰를 지킨다. 전략 커뮤니케이터는 그 둘 사이를 연결하는 사람이다.

브랜드 언어는
곧 조직 문화 그 자체다

　브랜드 언어는 단지 보여주기 위한 문장이나 겉치레가 아니다. 그것은 조직의 철학이며, 리더십의 태도이며, 일하는 방식의 표현이다. 우리는 단 몇 줄의 보도자료나 인터뷰 문장만으로도 그 조직의 분위기와 태도를 감지한다. 정확한 표현인지, 어조가 경직되어 있는지, 책임을 회피하는 듯한 뉘앙스는 없는지 등 이런 작은 신호들이 조직의 내부 문화를 암시한다.

　그 이유는 무엇일까? 조직이 사용하는 언어에는 조직의 문화적 구조와 감수성이 반영되기 때문이다. 우리 조직이 자주 사용하는 표현은 무엇인가? 그 단어는 신뢰를 구축하는 언어인가, 통제하는 언어인가? 그 말들은 회의실에서 시작돼, 보도자료, 캠페인, CS, 채용 공고에 이르기까지 조직 전체로 확산된다. 그 말들의 일관성과 방향성은 결국 브랜드의 평판을 결정짓는다.

조직이 자주 사용하는 언어가 조직 문화를 만든다

　조직이 자주 사용하는 언어는 소통 방식뿐 아니라, 조직 문화와 의사결정 방식까지 형성한다. 조직의 커뮤니케이션 스타일은 겉으로 드러나는 언어 수준을 넘어, 조직 내 의사결정 구조와 리더십이 작동하는 방식, 내부 소통의 문화를 고스란히 드러낸다. 보도자료에서 "검토 후 발표하겠습니다"를 습관적으로 쓰는 조직과 "다음 주 화요일 오전 10시에 구체적인 계획을 공개하겠습니다"라고 명시하는 조직이 있다고 가정하자. 이 차이는 단순한 문장 기술에서 비롯된 것이 아니라 책임과 투명성에 대한 조직의 태도가 언어로 구현된 결과다. 무엇보다 리더의 언어는 조직의 말하는 방식과 소통의 태도를 결정한다. 모호한 표현을 선호하는 리더십 아래에서는 직원들도 명확한 커뮤니케이션보다 안전한 표현을 택하게 된다.

　한편, 메시지의 투명성은 곧 조직 운영의 투명성과도 연결된다. 자율적이고 포용적인 언어 환경은 내부의 창의성과 외부의 신뢰를 동시에 증폭시키는 순기능을 한다. 상향식 커뮤니케이션, 즉 아래(직원)에서 위(리더)로 향하는 커뮤니케이션이 활발한 조직일수록 메시지가 설득력을 갖는다. 화장품 기업 아모레퍼시픽은 '언어가 문화를 만든다'는 원칙을 보여주는 사례다.

　아모레퍼시픽은 모든 메시지에서 고유의 어조와 구조를 유지하는 브랜드다. 감정을 과장하지 않고, 화려한 수사를 피한 채 담담하고 단정한 문장을 일관되게 사용한다. 브랜드 철학, CSR 메시지, 지속 가능경영보고서, 비전 발표 등 다양한 공식 커뮤니케이션에서도 이러한 어조는 흔들림 없이 유지된다.

아모레퍼시픽의 미션인 "세상을 아름답게, 사람을 아름답게"처럼, 이 브랜드는 '아름다움'을 외면의 꾸밈이 아닌 존중과 배려의 태도로 확장해 정의한다. "고객의 일상과 지구의 내일을 위해, 우리는 지속 가능한 아름다움을 추구합니다"와 같은 문장은 단지 브랜드를 홍보하고자 하는 목적이 아니라, '우리는 이렇게 말하고, 이렇게 행동합니다'라는 문화적 태도를 표현한다.

한편, 배달 앱 '배달의민족'을 운영하는 우아한형제들은 아모레퍼시픽과는 또 다른 방식으로 언어가 조직 문화를 형성하는 사례를 보여준다. 배달의민족은 유머러스하고 재치 있으며, 때로는 파격적이기까지 한 'B급 감성'을 핵심 브랜드 언어로 사용한다.

"오늘 저녁은 치킨이닭!", "배고파서 현기증 난단 말이에요"와 같은 친근하고 공감 가는 문구는 소비자들에게 즐거움을 주며 브랜드에 대한 긍정적인 이미지를 심어준다. 이러한 언어는 단순한 마케팅 문구를 넘어, 내부 임직원 간의 수평적이고 자유로운 소통을 장려하고, 틀에 얽매이지 않는 창의성과 끊임없이 도전하는 역동적인 조직 문화를 형성하는 데 기여한다. "퇴사는 자유! 우리는 가족이 아니다!"와 같은 솔직하고 직설적인 표현은 권위적이지 않고 유연하며, 구성원들의 아이디어를 존중하는 배달의민족만의 '배민다움'을 언어로 구현한 결과다.

브랜드 언어의 일관성을 지킨다는 것은 단순히 말투를 유지하는 차원을 넘어선다. 조직이 지속적으로 같은 구조와 어조로 말할 때, 그 언어는 브랜드의 신뢰, 내부 실행력, 시장 내 존재감까지 만드는 자산으로 작용한다. 메시지의 일관성이 만들어내는 세 가지 핵심 효과는 다음과 같다.

메시지의 일관성을 만들어내는 3가지 핵심 효과

핵심 효과	설명
심리적 신뢰	예측 가능한 반응, 위기에서도 흔들리지 않는 원칙, 장기적인 관계가 형성됨
조직 내 효율성	커뮤니케이션의 기준점을 제공함, 의사결정 속도와 명확성이 향상됨
시장 차별화	브랜드의 개성이 강화됨, 명확한 포지셔닝, 충성 고객과의 정서적 연결이 강화됨

방향성을 잃지 않고 메시지를 구성하려면

브랜드 언어를 구성할 때는 일관성만으로는 충분하지 않다. 지속 가능한 브랜드 언어는 '방향'을 가진다. 그 방향은 단기 메시지의 정렬이 아닌, 조직의 핵심 가치와 비전 중심의 계획에서 비롯된다.

방향성을 잃지 않는 메시지를 구성하는 핵심 원칙은 크게 두 가지다.

첫째, 비전에 바탕을 둔 '메시지 매트릭스'를 구성하는 것이다. 메시지 매트릭스란 현재 우리가 전달하는 메시지가 조직의 장기적 지향점과 어떻게 연결되는지를 지속적으로 점검하는 시스템이다. 예를 들어, "지속 가능한 혁신"을 비전으로 하는 IT 기업이 분기별 실적 발표를 할 때를 생각해보자. 단순히 "매출 20% 증가"만 강조하면 성장 중심의 일회성 메시지가 된다.

하지만 "AI 기반 에너지 효율 솔루션으로 고객사의 전력 사용량 15% 감축과 동시에 매출 20% 증가를 달성했다"라고 구성하면, 같은 성과도 지속 가능성이라는 장기 비전과 연결된다. 핵심은 급변하는 시장 상황에 대응하면서도 핵심 가치의 일관성을 유지하는 것이다. 경쟁사가 단순 성장을 강조하는 트렌드를 따라가더라도, 자신들의 지향점에 맞는 방식으로 성과를 해석하고 전달해야 한다.

둘째는 '가치 필터링 시스템'을 운영하는 것이다. 이는 곧 모든 메시지 작성 과정에서 조직의 핵심 가치를 판단 기준으로 삼는 것이다. '신뢰와 투명성'을 핵심 가치로 하는 금융회사가 새로운 투자상품을 출시한다고 가정해보자. 시장에서는 "고수익 보장"이라는 자극적인 마케팅이 효과적일 수 있지만, 이는 조직의 가치와 충돌한다. 대신 "시장 변동성과 위험 요소를 충분히 검토한 후, 고객별 투자 성향에 맞는 포트폴리오를 제안합니다"라는 식으로 투명성을 우선하는 메시지를 구성하는 것이다.

이런 가치 기반 의사결정이 반복되다 보면 윤리적 일관성이 브랜드 전략의 자연스러운 DNA가 된다. 단기적 임팩트를 포기하더라도 장기적으로는 '이 회사는 과장하지 않고 정직하게 말한다'라는 신뢰 자산을 축적하게 된다.

전략 커뮤니케이터를 위한 4가지 질문

PR 실무자는 브랜드 언어 기획자이기도 하다. 문장을 정리하는 사람이 아니라, 조직의 태도와 방향을 언어로 구현하는 사람이다. 다음의 질문들은 PR 실무자가 메시지를 기획하는 과정에서 유효한 나침반이 될 만한 질문들이다.

- 우리 브랜드는 어떤 말투와 어조를 일관되게 사용하는가?
- 우리 브랜드가 절대 쓰지 않는 단어나 표현은 무엇인가?
- 이 메시지를 조직 구성원 누구나 자기 말처럼 전달할 수 있는가?
- 이 메시지는 우리가 지향하는 미래의 비전과 일치하는가?

브랜드 언어는 단순한 문체나 표현 기법이 아니라, 어떤 메시지를 누구에게 어떻게 전달할 것인지에 대한 '의도적 기획과 체계적 실행'의 결과다. 메시지 전문가는 문장을 다듬는 사람이 아니라, 조직이 말하는 방식을 설계하는 사람이다.

[한 줄 정리]
조직은 말하는 대로 일하고, 일하는 대로 평가받는다. 언어는 문화를 반영하고, 동시에 문화를 형성한다.

영향력 있는 브랜드 언어는 '맥락'을 읽는다

브랜드 메시지 기획자는 문장의 구조를 넘어 맥락을 만들고, 단어의 선택을 넘어 관계를 고민하며, 조직의 입장을 넘어 시장과 사회의 기대를 통합하는 사람이다. 효과적인 메시지는 단순히 잘 읽히는 문장이 아니라, 상황을 해석하고 관계를 조율하며, 브랜드의 태도를 구조화하는 결과물이다.

메시지 기획자는 '4가지 맥락'을 동시에 읽는 사람이다

영향력 있는 메시지는 어떻게 만들어질까? 그 답은 메시지를 쓰는 기법보다, 그 일을 담당하는 사람의 역할에서 찾을 수 있다. 브랜드 메시지 기획자의 역할은 쉽게 말해 '해석자'이자 '번역자'다. 브랜드 메시지 기획자는 다음에 제시하는 네 가지의 맥락을 파악해 브랜드 메시지를 조율한다.

(1) 조직 내부 맥락

브랜드 메시지 기획자는 메시지를 구성할 때 조직 내부에 대한 이해에서부터 출발해야 한다. 즉, 리더십의 진의와 조직 문화의 정서를 이해하고, 밖으로 내보낼 메시지가 내부의 그것들과 충돌하지 않도록 조율하는 역할을 해야 한다. 이는 메시지의 일관성과 방향성을 수호하는 첫걸음이기도 하다. 모든 것은 안에서부터 시작한다.

(2) 시장 맥락

조직 내부의 맥락을 잘 이해했다면, 그다음으로는 경쟁사의 메시지를 분석하고 고객 정서의 흐름을 파악할 차례다. 기업은 결국 이윤 창출을 목적으로 하는 집단이다. 따라서 시장 맥락에 대한 분석이 이어져야만 브랜드가 제공하는 콘텐츠에 대한 고객의 관심을 끌 수 있다. 이때 이슈, 규제, 언론 환경을 고려해 전략적으로 대응해야 한다.

(3) 사회적 맥락

브랜드 메시지 기획자는 사회적 담론의 흐름과 문화적 민감성에 대한 이해가 있어야 한다. 브랜드가 내보내는 메시지는 결국 조직 바깥의 사회를 향한다. 그러므로 브랜드 메시지가 사회적 기대와 어떻게 교차하는지 분석하는 과정은 필수적이다.

(4) 글로벌 맥락

브랜드 메시지는 이제 한 국가나 지역에만 머물지 않는다. 글로벌 시대의 브랜드 메시지 기획자의 시선은 국내를 넘어 세계로 뻗어나가야 한다. 이제는 브랜드 메시지를 구성할 때 문화별 감수성과 언어적 뉘앙스까지 고려해야 한다. 단순히 브랜드 메시지를 다른 언어로 번역하는 것이 아니라 해당 메시지가 도달할 국가나 문화권의 맥락을 고려해 의미를 재구성(Transcreation)할 줄 알아야 한다. 이때 표준화와 현지화 사이에서 전략적으로 균형을 맞춰야 한다.

영향력 있는 메시지의 3가지 조건

이처럼 복합적인 맥락을 파악하는 메시지 기획자가 만들어내는 영향력 있는 메시지는 어떤 조건을 갖추어야 할까?

현장에서 힘을 발휘하는 전략 메시지는 문장력보다 '관계 구축력'을 지닌다. 상황을 통찰하고, 구조를 수립하며, 수신자의 감각에 맞는 온도를 갖춘 메시지야말로 진짜 영향력을 발휘한다. 영향력 있는 메시지란 다음의 세 가지 조건을 갖춘 메시지다.

(1) 관점이 있는 문제의식

관점이 있는 문제의식이란 단순히 현상을 설명하는 것이 아니라, 복잡한 상황 속에서 '왜 이런 일이 일어나는가?'와 '우리는 이를 어떻게 해석하고 대응할 것인가?'라는 질문을 던질 수 있는 감각을 뜻한다. 남들이 놓치는 연결 고리를 발견하고, 조직만의 독특한 시각으로 사회적 이슈를 재해석하는 능력이다. 이러한 해석력이 있어야 단순한 정보 전달을 넘어, 세상에 영향력을 끼치는 의미 있는 메시지를 만들 수 있다.

(2) 구성력

구성력은 같은 메시지라도 수신자와 맥락에 따라 전략적으로 재구성할 수 있는 능력을 의미한다. 브랜드 언어 기획자는 하나의 핵심 가치를 내부 구성원에는 동기부여의 언어로, 고객에게는 신뢰의 언어로, 글로벌 시장에는 문화적 공감의 언어로 각각 다르게 구조화해야 한다. 이는 단순한 번역이 아닌, 맥락 위에서 의미를 재창조하는 전략적 설계 능력이다. 메시지의 구조 자체가 브랜드의 태도를 드러내며, 수신자와의 관계를 결정한다.

(3) 말의 온도

말의 온도는 브랜드가 일관되게 유지해야 할 고유한 어조와 태도를 의미한다. 같은 내용이라도 어떤 온도의 언어로 전달하느냐에 따라 브랜드에 대한 인상이 완전히 달라진다. 말의 온도는 브랜드의 문화적 정체성을 보여주며, 조직 내부와 외부 모두에 예측 가능한 신뢰감을 제공한다. 온도가 살아 있는 메시지는 정보를 전달을 넘어 관계를 만들고 기억을 남긴다.

맥락을 고려한 브랜드 메시지 재구성 사례

현대자동차의 글로벌 비전 "Progress for Humanity"는 세계 각지의 사회적 맥락과 시장 상황에 따라 브랜드 메시지가 전략적으로 재구성된 사례로 볼 수 있다. 다음은 각 지역별로 재구성된 브랜드 메시지와 그 배경이 된 사회적·문화적 맥락이다.

(1) 미국: 경제적 불안감과 자국 중심주의에 대응하는 "The Hyundai Way"

미국 시장에서 현대자동차는 당시 높아진 자국 중심주의적 정서와 경제적 불안감을 반영한 메시지 전략을 구사했다. 미국은 자국 산업 보호와 일자리 문제에 대한 사회적 관심이 높았으며, 특히 자동차 산업은 이러한 이슈의 중심에 있었다. 현대자동차는 "The Hyundai Way"를 통해 미국 내 생산 시설 확대와 현지 일자리 창출을 강조하고, 외부 변동 요인에도 불구하고 합리적인 가격 정책을 유지하겠다는 의지를 보여줌으로써 미국 소비자들에게 경제적 안정과 자국 경제 발전에 기여하는 기업이라는 인식을 구축했다.

(2) 유럽: 강력한 환경 의식에 부응하는 "Clean Mobility"

유럽 시장에서는 오랫동안 축적된 높은 환경 의식과 강력한 환경 규제 기조에 맞춰 "Clean Mobility"를 핵심 메시지로 내세웠다. 단순한 차량 판매를 넘어 깨끗한 이동성을 제공하고 지속 가능한 사회에 기여하는 브랜드임을 강조하며, 유럽 소비자들과 공감대를 형성해왔다. "Clean Mobility"는 단발성 캠페인이 아닌, 2020년대 초부터 유럽 친환경 기조에 맞춰 지속적으로 강조해온 브랜드 비전이며, 2021년 IAA 모빌리티 쇼에서 발표한 '2045년 탄소중립' 선언과 함께 더욱 구체화됐다.

(3) 한국: 공동체 의식과 상생 문화를 반영한 "더 나은 미래를 향한 동행"

한국 시장에서는 전통적으로 강한 공동체 의식과 기업의 사회적 책임에 대한 높은 기대를 반영해 "더 나은 미래를 향한 동행"이라는 메시지를 구성했다. 경제 성장 과정에서 발생한 사회적 문제들로 기업이 사회에 기여하고 동반 성장해야 한다는 인식이 확산된 상황에서, 현대자동차는 단순한 자동차 제조업체를 넘어 더 나은 미래를 함께 만들어가는 동반자로서의 이미지를 구축하고자 했다.

브랜드 메시지는 단순히 복사와 붙여넣기가 아니라, 맥락 위에 다시 구성돼야 한다. 같은 가치는 다른 언어로, 다른 세계 속에서 의미 있게 다시 태어나야 한다. 이것이 바로 맥락 위에 다시 구성되는 전략적 커뮤니케이션의 본질이다.

앞서 여러 차례 언급했지만 말은 언제, 어디서, 누구에게 전달되는가에 따라 완전히 다르게 작동한다. 브랜드 메시지 기획자는 콘텐츠의 내용뿐 아니라 해당 메시지를 수신하는 사람들의 문화적 감수성과 메시지 도달의 타이밍까지 고려해야 한다. 종교적으로나 정치적으로 민감한 이슈를 고려해야 하며, 포용적 언어를 사용해야 한다. 한편, 시차, 뉴스 사이클, 기념일 등을 고려해 브랜드 메시지를 공개하는 시점을 조율해야 한다.

[한 줄 정리]
같은 메시지도 맥락에 따라 다르게 구성할 때 진짜 영향력을 갖는다.

[Quick Tips]

브랜드 언어 설계,
이것만 기억하자

자가 점검 체크리스트

브랜드 언어를 설계한 뒤, 다음 질문에 스스로 답해보자.

- 이 메시지는 누구를 대상으로, 어떤 문화적 맥락과 상황을 고려해 기획됐는가?
- 단순 번역이 아닌, 의도와 감각에 맞춘 메시지로 재구성했는가?
- 문화적 오해나 해석의 차이를 불러일으킬 표현이 포함돼 있지는 않은가?
- 브랜드의 핵심 가치가 채널, 문화, 언어를 넘어 일관되게 반영됐는가?
- 현지 이해관계자와 미디어가 기대하는 어조와 표현 톤에 맞게 조정됐는가?
- 즉각적인 반응을 넘어, 장기적인 브랜드 전략과 연결돼 있는가?
- 현지화가 필요한 부분과 글로벌 일관성을 유지할 부분이 명확히 구분됐는가?

- 현재 상황에 적절한 기획형/반응형 메시지 전략이 선택됐는가?
- 이 메시지가 조직 내부와 외부에서 일관된 언어로 소통되고 있는가?
- 메시지의 영향력과 파급 효과를 측정할 방법이 마련돼 있는가?

기억해야 할 브랜드 언어 설계 원칙

1. 전략은 말의 선택이 아니라, 신뢰를 구축하는 구조다.
→ 신뢰는 표현의 기술보다 메시지 구조와 태도에서 비롯된다.

2. 조직의 언어는 문화를 만들고, 문화는 다시 브랜드의 말하기 방식을 결정한다.
→ 조직 안팎의 커뮤니케이션은 하나의 언어 감각으로 일관되어야 한다.

3. 같은 문장도 맥락에 따라 전혀 다른 의미로 해석된다.
→ 그러므로 전략 커뮤니케이터는 단어보다 먼저, 맥락을 만들어야 한다.

4. 글로벌 전략은 로컬의 문화와 감수성을 정교하게 통합하는 기획에서 시작된다.
→ 보편성과 특수성의 균형을 읽고 조율하는 것이 전략 메시지의 기본이다.

5. 진정성은 번역되지 않아도 전달된다.
→ 문화는 달라도 진심은 통한다는 믿음으로 메시지를 구성하라.

3장

위기를 극복하는
커뮤니케이션 전략

"위기의 순간, 말의 구조가
신뢰 회복 여부를 결정한다."

위기의 순간, 조직은 단지 '무슨 말을 했는가'로 평가받지 않는다. '어떤 시점에, 누구를 향해, 어떤 태도로 말했는가'로 더 오래 기억된다. 조직은 위기 앞에서 결국 '말'과 '행동'으로 판단받는다. 행동은 시간을 두고 누적되어 평가받지만, 말은 순간적으로 기록되어 즉각 확산된다.

사람들은 사건의 사실보다, 사건에 대해 조직이 어떻게 반응했는지를 먼저 인식하고 기억한다. 그 반응은 공식 입장문이나 보도자료 속 한 문장일 수도 있고, 리더의 발언이나 소셜 미디어에 올린 짧은 코멘트일 수도 있다. 형태와 길이를 막론하고, 그 말과 글들은 조직이 중요하게 여기는 가치와 기준을 드러내는 신호로 작용한다.

그래서 위기를 겪는 기업이나 브랜드의 말하기는 단순한 상황 설명에 그치지 않는다. 그보다는 위기의 순간에 '누구를 먼저 바라보았는가', '무엇에 책임을 느꼈는가', '어떤 변화로 이어질 것인가'를 드러내는 선언에 가깝다.

'처음 내보내는 말이 조직을 설명한다.' 기업이나 브랜드가 당면한 위기의 본질은 사건 그 자체가 아니라, 그 사건을 조직이 어떻게 인식하고 말했는가에 달려 있다. 실제로 여러 위기 대응의 사례들을 살펴보면 공식 입장문이나 보도자료 속 문장 하나로 그때까지 쌓아온 신뢰를 무너뜨리거나, 반대로 회복의 흐름을 열기도 한다.

가장 흔한 실수는 '책임이 빠진 문장'이다. "현재 확인 중입니다", "유감을 표합니다" 같은 표현은 사실 확인의 미흡함이나 책임 회피로 받아들여져 신뢰를 저해할 수 있다. 일례로 무신사의 경우 초기 입장문에서 "브랜드 파트너사로서 무거운 책임감을 느낀다", "입점 브랜드 관리 기준과 품질 검수 시스템을 점검하겠다"라는 책임 의지를 내비쳤으나, 구체적 책임 주체를 명확히 하지 않은 점에서 미흡하다는 비판이 있었다. 이는 '책임'을 분명히 밝히지 않아 소비자와 미디어의 신뢰 회복에 한계로 작용했다. 한편, 위기 상황을 수습하는 실무자의 보통의 생각은 '우선 입장문의 형식을 정리한 뒤 신중한 입장을 취하고, 상황 진전에 따라 대응을 조정하자'라는 것이다.

하지만 위기 상황에서 가장 먼저 내보내야 하는 메시지는 방향성이 중요하다. 이 조직이 어떤 기준으로 현 위기를 판단하며 무엇을 책임질 준비가 돼 있는지를 명확히 언어로 보여주어야 하기 때문이다.

2023~2024년에 걸친 기간 동안 패션 플랫폼 무신사의 주요 입점 브랜드였던 '라퍼지스토어'는 디자인 도용과 제품 정보 허

위 기재, 시험 성적서 조작 등의 심각한 의혹에 휘말렸다. 2025년 1월 보도된 〈연합뉴스〉, 〈매일경제〉, 〈파이낸셜뉴스〉 등의 기사에 따르면, 해당 브랜드가 "덕다운 충전재 80%"라고 광고한 제품에는 실제로 오리 솜털 함량이 매우 적었고, 판매 제품과 다른 샘플을 바탕으로 한 시험 성적서를 제출한 정황도 확인되며 소비자 불신이 크게 확산됐다.

이와 관련해 무신사는 해당 논란 직후 공식 입장문을 통해 "브랜드 파트너사로서 무거운 책임감을 느낀다. 입점 브랜드 관리 기준과 품질 검수 시스템을 다시 점검하겠다"라고 발표했다. 또한, "유통 플랫폼의 관리·감독의 책임을 한정하지 않고 더욱 신뢰받는 패션 플랫폼이 되도록 하겠다"라는 추가 입장도 발표했다.

그러나 실제 미디어와 소비자 다수는 공식 입장 발표가 논란 확산 이후 일정 시간이 지난 뒤에 이루어졌고, 구체적인 책임 주체·불공정 처분 논란에 대한 명확한 책임 인정이 미흡했다는 점에서 비판을 제기했다. 또한, 운영·지배구조상 이해관계에 따른 소극적 대응이라는 비판을 이어갔다.

즉, 소통 구조상 책임 의지는 일정 부분 언급됐으나, 신뢰 회복 효과는 제한적이었고, 후속 조치와 제도 개혁 및 근본적 구조 개선 요구가 더 커지는 상황이었다고 볼 수 있다. 이 사례는 위기 상황에서 공식 언어 안의 책임 구조가 매우 중요하며, 이후 실제 실행력, 일관성, 신속성이 신뢰 회복에 결정적 영향을 미친다는 점을 보여준다.

이번 글은 위기 상황에서 가장 중요한 한 가지 질문에 집중한다. '위기의 순간, 조직은 어떤 문장으로 첫 메시지를 내야 하는가?' 물론 기업이나 브랜드가 위기 상황에 직면했을 때 필요한 전략 매뉴얼이나 위기 단계별 대응법은 많다. 하지만 여기에서 우리가 집중하려는 질문은 단 하나다. PR 실무자라면 담당 기업이나 브랜드의 위기 상황 시 다음과 같은 질문과 마주하게 될 것이다.

- 지금 우리는, 무엇에 대해 먼저 책임을 자각하고 있는가?
- 이 말은 누구를 향하고 있으며, 어떤 변화를 약속할 수 있는가?
- 사과인가, 해명인가, 회복의 시작인가? 지금 필요한 것은 어떤 구조의 언어인가?

이어지는 글에서는 이 질문들에 응답할 수 있는 실전적 감각, 그리고 위기 메시지를 설계하는 전략적 사고 틀을 제시한다. 이 글쓰기의 목적은 단지 문장을 완성하는 것이 아니다. 위기를 통과하며 조직의 태도를 드러내는 구조를 세우는 것이다. 진정성 있는 메시지는 그 구조 안에서 시작된다.

위기의 시작은 달라도
첫 메시지는 같은 원칙으로 만들어진다

모든 위기는 저마다 다른 모습으로 찾아온다. 그래서 위기의 발단은 예측하기 어렵다. 예고 없이 터지기도 하고, 방치된 리스크가 현실화되기도 한다. 하지만 위기의 전개에는 일정한 흐름이 있다. 현장 사고, 내부 고발, 소비자 항의, 언론 제보, 커뮤니티 폭로 등으로 불거진 사건은 비영리단체(NGO)의 시위, 미디어, 소셜 네트워크를 타고 순식간에 확산된다. 그리고 곧 조직은 하나의 요구와 마주한다. "입장을 밝혀라."

그 순간, 현장은 혼란에 빠진다. 위기 대응 경험이 많은 커뮤니케이터조차 매번 새로운 위기 상황 앞에서 흔들린다. 무엇이 옳은 방향인지는 알고 있어도, 그 옳음을 현실에서 끝까지 밀어붙이는 것은 또 다른 문제다. 문제의 책임은 서로를 향해 미뤄지고, 사실 확인은 진행 중이며, 조직은 말보다 빠른 해결책을 찾으려 한다.

이때 PR 실무자들은 혼란 속에서도 실마리를 찾으려 한다. 팩트 정리조차 쉽지 않은 상황에서, "비슷한 이슈가 있었을 때 어떻게 대응했었지?"라며 과거 사례를 떠올리거나 찾아보게 된다. 조금이라도 참고할 만한 틀이 있다면 그것에 기대고 싶은 것이 현실이다. 하지만 안타깝게도 '복사-붙여넣기'를 한 메시지는 위기를 이겨내지 못한다. 물론 참고할 만한 과거의 사과문과 메시지 사례들을 분석할 수는 있다. 하지만 중요한 것은 '어떤 문장을 썼는가'가 아니라 '왜 그렇게 썼는가'다. 잘 구축된 메시지가 강력한 이유는 표현의 세련됨 덕분이 아니다. 그 안에 담긴 책임 인식의 정도와 조직의 판단 기준 때문이다.

결국 핵심은, 위기 메시지는 '작성'이 아니라 '구축'돼야 한다는 것이다. 상황과 대상, 책임의 무게에 따라 위기의 순간 조직이 내보내는 문장은 달라져야 한다. 위기 상황에서 조직은 침묵할 수 없다. 사실관계가 완전히 드러나지 않았더라도 그렇다. 그 시점에 조직이 가장 먼저 보여줘야 하는 것은 '해명'보다 '태도'다. 그럼에도 많은 메시지가 신뢰를 얻지 못하는 이유는 단 하나다. 중요한 것을 말하지 않았기 때문이다. 그렇다면 메시지가 실패했다기보다는 조직이 메시지의 중심에 무엇을 놓아야 했는지를 자각하지 못했을 가능성이 크다. 그래서 위기 직후의 커뮤니케이션 현장에서는 "사과 같지 않다", "책임은 말했지만, 태도는 보이지 않는다" 등의 피드백이 반복된다.

위기 상황에 대응하는 메시지 설계를 위한 4가지 질문

그렇다면 위기 상황에서 조직은 어떻게 메시지를 내보내야 할까? 서두에서도 언급했지만 모든 위기는 다르다. 하지만 어떠한 위기 상황이든 메시지를 발신하기에 앞서 반드시 던져야 할 네 가지 질문은 동일하다. 이 질문들이 곧 위기 대응 메시지를 구성하는 전략의 출발점이다.

(1) 목적(Purpose): 우리는 지금, 왜 말하려 하는가?

해명인가, 사과인가, 회복의 선언인가? 말의 목적이 '방어'인지, '책임'인지에 따라 메시지의 구조는 완전히 달라진다. 다음은 위기 대응 메시지의 목적에 따른 전략적 목표와 주요 메시지 키워드를 표로 정리한 것이다. 단, 이 표의 내용은 메시지의 방향을 잡는 실마리일 뿐이라는 점을 명심하길 바란다. 단순히 표에서 제시한 키워드를 넣는다고 해서 메시지에 진정성이 생기지는 않는다. 핵심은 '조직이 왜 이 말을 선택했는가'에 있다.

목적에 따른 전략적 목표와 메시지 키워드 예시

목적 유형	전략적 목표	메시지 키워드 (예시)
사과	책임 인정과 개선 약속	죄송합니다, 책임, 재발 방지, 변화
해명	오해 정정 및 사실 확인	사실은, 확인 결과, 왜곡, 정정
회복	신뢰 재구축과 기준 선언	변화, 약속, 기준 강화, 시스템 개선

(2) 수신자(Audience) : 우리는 지금, 누구에게 말하고 있는가?

위기 대응 메시지를 내보내기 전, 해당 메시지가 도달해야 할 '1차 독자'는 누구이며, 그들은 지금 무엇을 가장 궁금해하고 있는지를 고려해야 한다.

단, 실제 메시지는 1차 독자에게만 전달되지 않기 때문에 1차 수신자를 명확히 하되, 그 외의 수신자에 대한 파급 효과를 고려해 메시지 구조를 설계할 필요가 있다.

수신자에 따른 중심 질문과 기대 메시지

수신자	중심 질문	기대 메시지
피해자	"나의 피해를 인정하고 보상할 것인가?"	책임 인정, 사과, 조치 계획
고객	"앞으로도 이 제품/서비스를 믿을 수 있는가?"	신뢰 회복 조치, 기준 강화
직원	"우리 조직이 올바른 방향으로 가고 있는가?"	내부 공유 기준, 재발 방지 의지
사회	"이 조직이 사회적 책임을 다하고 있는가?"	공공성, 윤리성, 투명성의 언어

(3) 구조(Structure) : 무엇을 중심에 두고 말할 것인가?

위기 대응 메시지에서 개별 문장들의 순서는 조직의 우선순위를 보여주기 때문에 전략적으로 구성해야 한다. 이를테면, '공감 → 책임 → 조치'의 순서로 나아갈 수도 있고, '사실 → 해명 → 입장'의 순서로 나아갈 수도 있다. 단, 구조는 고정된 공식이 아님을 명심해야 한다. 위기의 본질과 수신자의 기대, 조직의 대응 철학을 반영해 유연하게 조합해야 한다.

위기 유형에 따른 글의 구조적 흐름과 전략적 강조점

위기 유형	구조의 흐름	전략적 강조점
신뢰 손상	공감 → 책임 인정 → 조치	감정적 공감 + 책임 구조화
오해/루머	사실 확인 → 정정 → 향후 계획	정보의 신뢰성 회복
시스템 오류	문제 인정 → 원인 설명 → 개선 방안	기술적 책임 + 실행 의지

(4) 어조(Tone) : 이 조직은 어떤 태도로 말하고 있는가?

어조는 메시지의 설득력을 좌우할 뿐 아니라, 조직의 태도와 진정성을 반영한다. 단, 대부분의 위기 대응 메시지는 단일한 어조가 아닌, 전략적으로 다양한 어조를 반영해 구성해야 한다. 예를 들어, 감정적 공감으로 시작하고, 사실 설명으로 이어진 뒤, 단호한 조치로 마무리하는 흐름이 효과적일 수 있다.

상황에 걸맞은 어조 유형과 그 예시

어조 유형	적합한 상황	예시 표현
공감적	피해자가 명확할 때	"고객님의 불편에 깊이 공감합니다."
객관적	사실관계가 복잡할 때	"확인된 사실은 다음과 같습니다."
단호한	원칙 위반이 명백할 때	"해당 행위는 결코 용납될 수 없습니다."

'메시지는 곧 태도'임을 기억하라

사람들은 위기 대응 메시지를 '문장' 그 자체로 읽지 않는다. 그 안에 담긴 태도, 관점, 우선순위, 책임의 흐름을 읽는다. 진심은 입장문에 쓰인 단어가 아니라 구조 안에 있다. 다음은 제품 문제로 고객 항의가 쏟아지는 동일한 상황에서 메시지의 방향과 구조에 따라 어떻게 다른 결과로 이어지는지를 보여주는 예시다.

"불편을 끼쳐드린 점에 대해 유감을 표하며, 관련 부서에서 원인 파악 중입니다."

"유감을 표하며" → 수동적 태도, 책임 주체가 모호함

"관련 부서에서" → 조직 전체가 아닌 일부의 문제로 축소함

"원인 파악 중" → 미래 시제 표현, 현재 진행 중인 행동이 없음

피해자를 특정하지 않음 → 누구에게 사과하는지 불명확함

"해당 제품 사용 중 불편을 겪으신 고객 여러분께 진심으로 사과드립니다. 본사는 원인 분석 결과를 기반으로 관련 품질 관리 프로세스를 즉시 개선하고 있으며, 피해 보상 절차에 대한 안내는 개별 연락을 통해 제공드릴 예정입니다."

"고객 여러분께" → 명확하게 대상을 지정함

"진심으로 사과드립니다" → 능동적으로 책임을 인정함

"본사는" → 조직 전체의 책임을 명시함

"즉시 개선하고 있으며" → 현재 진행형 표현, 즉각적으로 행동함

"개별 연락" → 구체적인 후속 조치를 명시함

위기 상황별 메시지 구성의 핵심

모든 위기는 '책임'이라는 공통된 핵을 가진다. 하지만 위기의 유형에 따라 위기 대응 메시지의 초점과 설계 방식은 달라져야 한다.

(1) 정보가 왜곡된 위기일 때

사실관계는 투명하고 신속하게 공유하되, 오해를 줄 수 있는 표현은 철저히 배제한다. 또한, 신뢰도 높은 데이터나 제3자의 검증 자료를 기반으로 메시지를 구성한다.

(2) 신뢰가 무너진 위기일 때

잘못을 분명히 인정하고, 빠르고 구체적인 시정 조치를 강조한다. 또한, 피해자의 관점에서 상황을 인식하고 있다는 점을 메시지의 중심에 둔다. 더불어 향후 개선 방안을 명확히 제시해 진정성을 뒷받침한다.

(3) 법적 리스크가 있는 위기일 때

법무팀의 의견을 반영하되, 지나치게 차가운 법적 표현은 조절해야 한다. 또한, 감정적 거리감을 줄이기 위해 공감의 언어를 병행해 사용한다.

(4) 내부 갈등 및 조직 이슈 위기일 때

구성원이 가장 궁금해하는 포인트를 중심에 두고, 입장을 명확히 전달한다. 또한, 외부 노출은 최소화하되, 내부 신뢰를 회복하는 메시지를 우선시한다.

[한 줄 정리]
모든 위기는 고유하다. 위기 대응 메시지는 네 가지 질문(목적-수신자-구조-어조)에 답하며 각 상황에 맞게 전략적으로 설계해야 한다.

제대로 쓴 사과문은
신뢰로 도약하는 발판

　사과는 단순한 해명이 아니라, 신뢰 회복을 위해 조직이 보여주는 첫 번째 행동이다. 따라서 말의 형식에 그치는 것이 아니라 책임을 어떻게 인식하고 누구를 향해 말하는지를 염두에 두고 메시지를 구성해야 한다. 요컨대 사과문은 위기를 마무리하는 문장이 아니라, 관계를 회복하고 책임을 자각하는 조직의 태도를 보여주는 글이다.

　하지만 많은 조직이 사과문을 작성할 때 자사의 억울함을 해명하고, 사실관계를 정리하고, 여론과 대중의 반응을 관리하려고만 한다. 그 결과, 사과문이 피해자에게는 닿지 못하고, 대중에게는 '진심 없는 형식적인 글'로 읽히곤 한다.

　사과는 입장을 명확히 하는 책임 행위다. 조금 더 구체적으로 표현하자면, 조직이 누구에게, 무엇에 대해 책임지는지를 명확히 밝히는 언어다. "불편을 드려 죄송합니다", "심려를 끼쳐 유감입니다" 같은 문장은 익숙한 구절이지만, 피해자가 명확히 드러나지 않으면 공허하게 들릴 수 있다.

케이스 스터디 ① 유타이티드항공 '강제 퇴거 사건': 사과의 시작은 '올바른 대상 인식'이다

2017년 4월, 미국 유나이티드항공은 시카고 오헤어 국제공항에서 오버부킹된 항공편의 탑승객을 무작위로 지목해 퇴거 조치했다. 이 과정에서 한 아시아계 승객이 하차를 거부하자, 공항 경찰이 물리력을 동원해 그를 강제로 끌어냈다. 이 장면은 다른 탑승객의 휴대폰으로 촬영돼 소셜 미디어를 통해 실시간으로 퍼져나가 전 세계적인 공분을 샀다.

그러나 사건 직후, 유나이티드항공 CEO는 "직원들이 절차에 따라 행동했다"라는 내용의 내부 이메일을 통해 피해자에 대한 직접적 언급 없이 조직의 절차와 입장만을 강조했다. 이 입장은 곧 언론에 노출됐고, "사과문이 아니라 내부 보고서를 본 것 같다"라는 비판과 함께 여론은 더욱 악화됐다. 유나이티드항공이 내보낸 첫 메시지에서 피해자가 사라졌다는 사실만으로도, 이 조직은 신뢰를 스스로 포기한 셈이었다. 뒤늦게 CEO가 공개 사과와 보상 조치, 재발 방지 대책을 발표했지만, 초기 대응 실패로 인해 브랜드 평판에 장기적인 타격을 입고 만다.

이 사건은 명백한 피해자가 존재함에도, 첫 메시지에서 그를 직접 언급하지 않았던 태도가 얼마나 심각한 불신을 야기할 수 있는지를 보여주는 대표적인 사례다. 사과 메시지는 감정의 표현이 아니라, 책임의 구조를 갖춘 '대상 지향적 언어'로 시작돼야 한다. 사과 메시지의 핵심은 '누구를 향한 언어인가'라는 질문에서 출발한다. 피해자를 특정하지 않고, 그 피해의 본질을 외면한 사과는 설명도, 해명도, 위로도 될 수 없다.

케이스 스터디 ② 서울우유 '밀크카우 캠페인' vs. 스타벅스 필라델피아 인종차별 사건: 사과는 피해자를 향해야 한다

많은 조직이 사과문을 '평판 회복의 수단'으로 접근한다. 하지만 사과가 가장 먼저 도달해야 할 대상은 직접적인 피해를 입은 사람이다. 피해자를 명시하지 않은 사과는 아무리 공손하고 정중해도 '자기 보호용' 언어로 인식될 뿐이다. 좋은 사과는 동정이 아닌, 명료한 대상 인식에서 시작된다.

2021년 11월, 서울우유는 유기농 우유 홍보를 위해 '밀크카우 캠페인'이라는 광고 영상을 자사 유튜브 채널에 게시했다. 이 영상은 숨어서 사람을 촬영하는 남성의 연출, 여성 인물 중심의 클로즈업, 그리고 젖소로의 전환이라는 설정이 결합되면서 '여성 대상화'와 '불법촬영 미화'라는 비판을 받았다.

논란이 커지자 서울우유는 영상을 비공개로 전환하고, 12월 8일 공식 홈페이지에 사과문을 게시한다. 사과문에는 "서울우유 공식 유튜브 채널에 업로드된 우유 광고 영상으로 불편함을 느끼셨을 모든 분께 진심으로 사과드린다"라고 적시돼 있었다. 하지만 이 사과문에는 논란의 본질도, 피해자도 구체적으로 언급되지 않았다. "모든 소비자"라는 포괄적 표현은 책임을 모호하게 만들고, 조직의 입장을 정리하는 데만 집중한 듯한 인상을 남겼다. 게다가 "광고에 남성도 등장했다"라는 서울우유 측의 내부 해명이 언론에 보도되면서 사과의 진정성은 더욱 의심을 받게 됐다. 이 해명은 피해자의 감정을 인정하기보다 조직의 억울함을 방어하려는 시도로 읽히면서, 오히려 사과의 진정성을 무너뜨리는 결정적 계기로 작용했다.

한편, 이와는 대조적인 대응 사례가 있다. 2018년 4월 미국 필라델피아 스타벅스 매장에서는 두 명의 흑인 남성이 체포되는 사건이 발생했다. 이들은 매장에서 지인을 기다리며 자리에 앉아 있었고, 직원에게 화장실 이용을 요청했으나 "구매 고객만 (화장실 이용이) 가능하다"라는 이유로 거절당했다. 이후 아무것도 주문하지 않은 채 자리에 머물러 있었다는 이유로 경찰에 신고돼 연행된 것이다.

이 장면은 다른 고객에 의해 촬영돼 소셜 미디어를 통해 급속히 퍼졌고, 스타벅스의 인종차별 논란으로 번졌다. 사건 직후 스타벅스는 트위터에 짧은 사과문을 게시했으나, 서울우유의 사례처럼 피해자에 대한 직접적인 언급이나 구체적인 책임 표현이 부족해 비판을 받았다.

하지만 여기서 두 기업의 대응이 확연히 갈렸다. 스타벅스 CEO 케빈 존슨은 이틀 뒤인 4월 14일 공식 성명을 통해 "이번 사건은 우리 조직이 추구하는 가치에 정면으로 반하는 일이며, 두 분께 진심으로 사과드린다"라고 밝히고, 직접 필라델피아를 찾아 피해자들을 만나 사과했다. 또한, 지역사회 지도자들과 대화를 통해 향후 재발 방지 방안을 모색하겠다고 약속했다.

스타벅스의 전략은 '말'로 시작해 '행동'으로 이어졌고, 사과가 단순한 리스크 관리가 아니라 관계 회복을 위한 실제적 행동이라는 메시지를 전달했다. 이후 스타벅스는 미국 내 모든 직영 매장을 하루 동안 폐쇄하고 약 17만 명의 직원들에게 인종 편견 및 차별에 관한 교육을 실시했다. 이와 함께 화장실 이용 정책도 변경해 구매 여부와 관계없이 누구나 매장 내 화장실을 이용할 수 있도록 방침을 바꾸었다.

한편, 사건 당시 상황에 관해 필라델피아 경찰국은 별도의 조사를 실시했으며, 경찰 책임자도 대응과 관련한 입장을 공식 발표했다. CNN 등 여러 언론 매체는 사건 경위, 스타벅스 CEO의 사과, 사건 합의 등의 내용을 보도했다.

두 사례를 비교해보면, 서울우유는 모호한 사과와 책임 회피성 해명으로 여론의 불신을 심화시킨 반면, 스타벅스는 초기의 미흡한 사과에도 불구하고 이후 피해자를 명확히 인식하고, CEO가 직접 책임을 지며 구체적인 후속 조치를 설계함으로써 기업의 신뢰를 회복하는 방향으로 전환할 수 있었다.

이는 사과가 단순히 표면적인 메시지를 넘어, 조직의 진정성 있는 태도와 구체적인 행동으로 이어질 때 비로소 의미를 가질 수 있음을 명확히 보여준다. 즉, 사과는 그저 말로 때우는 해명이 아니라, 실질적인 관계 회복과 책임의 시작임을 깨달아야 한다.

진심이 담긴 사과문을 위한 3가지 필수 요소

사과문을 쓸 때는 사실만 나열할 것이 아니라 핵심 구조를 갖춰 명확하게 말하는 것이 중요하다. 좋은 사과문에는 다음의 세 가지 요소가 반드시 포함돼야 한다.

- 무엇을 인정하는가?
- 누구에게 사과하는가?
- 어떻게 책임지겠는가?

다음은 실무자가 참고할 수 있는 두 가지 톤의 사과문 예시다.

공식적/전형적 사과문

- "이번 상황은 내부 검토 및 판단의 부족으로 인해 발생한 결과입니다."
- "불편을 겪으신 고객 여러분께 진심으로 사과드립니다."
- "관련 부서와 협의하여 후속 조치를 진행 중이며, 유사 사례가 발생하지 않도록 시스템을 개선하겠습니다."

공감과 실행 중심의 사과문

- "우리는 이 사건이 단순한 실수가 아니라, 누군가에게 상처가 되는 일이었다는 점을 인식하고 있습니다."
- "직접적인 피해를 입으신 ○○님께 가장 먼저 사과드립니다. 우리는 그 고통을 결코 가볍게 여기지 않습니다."
- "현재 내부 규정을 전면 재검토 중이며, 고객과 전문가 의견을 반영한 구체적인 변화를 실행에 옮기고 있습니다."

위의 세 가지 요소 중 하나라도 빠진다면, 아무리 정중한 문장이라도 책임이 없는 말, 구조가 없는 말로 읽힐 수 있다.

사과문은 관계 회복의 기술이자, 조직 신뢰를 구축하는 문장이다. 그러므로 단순한 유감 표명에서 그칠 것이 아니라 진정성 있는 책임 인식과 구체적 조치를 담아야 한다. 다음은 실무자가 사과문을 작성할 때 반드시 점검해야 할 네 가지 핵심 기준이다.

사과문 작성 시 반드시 점검해야 할 핵심 기준들

요소	설명
문제 인식	"논란"이 아닌 "문제"라고 명시할 것. 회피하지 말고 본질을 짚는다.
책임 명시	"유감"이 아닌 "책임"이라는 단어를 쓸 것. 사과 주체를 내부에 둔다.
대상 인식	대중 전체가 아닌, 직접적인 피해자를 지목해야 한다.
구체적 조치	"주의하겠다"가 아니라 "무엇을 어떻게 바꿀지" 구체적으로 제시한다.

사과는 정리가 아니라 회복의 시작이다

사과문은 조직이 어떤 책임을 감당할 준비가 돼 있는지를 보여주는 언어다. 사과문의 내용이 관계를 회복시킬 수도, 회복 불가능한 거리를 만들 수도 있다. 사과문은 말의 기술이 아니라, 조직의 철학이 응축된 글쓰기다. 다음은 당신이 쓴 사과문이 진심에 닿아 있는지 확인할 수 있는 체크리스트다. 사과문을 쓰기 전, 다음의 다섯 가지 질문에 '예'라고 답할 수 있는지 생각해보길 바란다.

- 지금 누구에게 사과하고 있는가?
→ 피해자 또는 신뢰를 잃은 당사자가 명확히 드러나는가?

- 조직이 책임을 회피하지 않고 있는가?
→ "유감"이 아닌 "책임"이라는 표현이 사용됐는가?

- 억울함이나 설명이 사과보다 앞서지 않는가?
→ 메시지의 중심이 '사과'에 맞춰져 있는가?

- 실행 가능한 재발 방지 계획이 포함돼 있는가?
→ 형식적인 다짐이 아닌, 구체적 조치가 언급됐는가?

- 이 메시지는 내부자, 피해자, 외부 모두에게 '우리의 말'처럼 들리는가?
→ 조직의 언어가 아니라, 상대방이 받아들일 수 있는 언어로 쓰였는가?

[한 줄 정리]
사과는 억울함을 푸는 글이 아니라, '책임의 언어'로 신뢰를 회복하는 전략적 메시지다.

위기 대응 메시지도
'맞춤형' 전략이 필수다

위기 상황이 발생하면, 조직은 가장 먼저 외부 언론이나 대중을 향한 메시지를 준비한다. 그리고 종종 이렇게 말한다. "일단 입장을 정리했으니, 이 내용 그대로 내부에도 공유하죠."

대응해야 할 일들이 넘쳐나는 위기 상황에서 하나의 메시지로 모두에게 말하고자 하는 유혹은 강하다. 하지만 이는 가장 중요한 순간에 가장 큰 오해를 부르는 커뮤니케이션 방식이기도 하다. 수신자가 다른데 같은 문장을 반복해 사용하면 메시지가 그 누구에게도 닿지 않는다. 전달은 했지만 설득에는 실패하는 커뮤니케이션이 되고 마는 이유다. 왜냐하면 조직 외부인과 조직 내부인은 질문의 방향도, 신뢰의 기준도 다르기 때문이다.

"이 상황에 대한 메시지를 하나로만 잘 정리하면 되지 않나요?" 위기 상황에서 자주 나오는 질문이다. 당연한 말이지만 위기 상황에 대응하는 핵심 메시지는 하나여야 한다. 책임의 주체도, 입장의 방향도 바뀌어서는 안 된다.

그러나 그 메시지를 어떤 방식으로 전달할 것인지는 메시지의 수신자에 따라 달라져야 한다. 말을 바꾸라는 것이 아니다. 같은 메시지라도 대상에 따라 전달 방식을 전략적으로 구성하라는 뜻이다. 동일한 입장이라도 수신자에 따라 말의 구조, 어조, 초점이 달라져야 한다.

동일한 메시지도 수신자에 따라 형식이 달라야 한다

많은 조직이 외부용 공식 입장문을 형식만 바꿔 임직원이나 고객에게 전달한다. 그러나 그렇게 작성된 메시지는 수신자의 질문과 기대를 고려하지 않기 때문에, 어느 누구에게도 제대로 가닿지 않는다. 예를 들어, 한 사안에 대한 입장문을 기자, 직원, 고객에게 동일하게 전달했을 때의 반응은 이렇다.

- **기자:** "왜 지금 이 메시지를 냈는지, 책임의 범위가 무엇인지, 쟁점은 어떻게 보고 있는지 알 수 없네."
→ 맥락, 쟁점, 향후 방향이 빠진 메시지는 기사화하기 어렵다.

- **직원:** "조직이 이 사안을 얼마나 심각하게 받아들이고 있는지, 우리는 앞으로 무엇을 해야 하는지 모르겠어."
→ 내부 구성원은 공감과 책임 공유, 변화의 방향을 요구한다.

- **고객:** "그럴듯한 사과는 했지만, 내게 어떤 변화가 오는지는 하나도 없군."
→ 사과, 보상, 개선 의지가 빠진 메시지는 고객 신뢰를 회복할 수 없다.

이처럼 수신자를 고려하지 않은 커뮤니케이션은 메시지는 전달됐지만 누구도 그 말을 들은 적 없는 상태를 만들고 만다.

대상에 따라 어떻게 전달 방식을 바꿔야 할까?

거듭 강조하지만, 이 글에서 말하는 바는 '대상에 따라 말을 바꾸라'는 것이 아니다. 전하려는 내용은 동일하되 그 내용을 담는 그릇을 달리하라는 의미다. 즉, 수신자가 던질 질문에 따라 말의 구조와 전달 방식에 변화를 주어야 한다는 것이다. 이때 전달 방식은 관계의 맥락에 따라 조정돼야 한다.

위기 상황 시 대상별 메시지 설계 전략

대상	핵심 질문	메시지 설계 관점
기자	"왜 지금 이 메시지가 나왔는가?" "쟁점은 무엇인가?"	맥락 설명, 책임 명료화
임직원	"조직은 이 문제를 어떻게 받아들이고 있는가?"	태도 공유, 변화 방향
고객	"내게 어떤 영향을 주는가?"	피해자 중심 설명, 회복 조치
투자자	"사업 리스크와 대응 계획은 있는가?"	재무 영향과 시스템 개선 설명

다음은 동일한 문제에 대해 사과를 하는 글이지만, 사과문의 수신자에 따라 각기 다른 구조를 적용한 예시로 브랜드 품질 이슈가 발생한 상황을 가정한 것이다.

· **외부 메시지: 보도자료**(언론용)

"○○ 제품의 품질 이슈는 내부 검수 과정에서 발생한 문제로 확인됐습니다. 이로 인해 불편을 겪으신 고객 여러분께 깊이 사과드리며, 전사적 원인 조사를 진행 중이며 결과는 투명하게 공유하겠습니다."

· **내부 메시지: 임직원 메일**(내부용)

"이번 품질 문제는 검수 과정 3단계에서 발생한 프로세스 누락에서 비롯됐습니다. 경영진이 직접 책임지고 대응하고 있으며, 현재까지 개별 직원에게 미치는 영향은 제한적입니다. 다음 주 화요일 오후 2시 타운홀에서 개선 방안을 함께 논의하겠습니다. 외부 문의 시 '조사 진행 중'으로 통일 응답 바랍니다."

· 외부 메시지: 고객 안내문
"이번 오류로 인해 불편을 겪으신 고객 여러분께 진심으로 사과드립니다. 현재 사용 기록 분석 및 복구 작업을 진행 중이며, 보상 방안은 개별 안내드릴 예정입니다."

· 외부 메시지: 투자자 보고
"현재까지 재무적 영향은 제한적이며, 전사 품질관리 체계를 재정비해 리스크를 차단하고 있습니다. 다음 분기 실적 발표 시 구체적 영향을 보고드릴 예정입니다."

한편, 조직에 문제가 발생했을 때 민첩한 외부 대응도 중요하지만, 내부 커뮤니케이션에도 신경을 써야 한다. 위기 상황에서 리더의 언어는 조직이 나아갈 방향을 가리키는 나침반이기 때문이다. 따라서 내부 메시지 역시 첫 문장은 관계 회복의 문장이어야 한다. 내부 커뮤니케이션에서도 물론 사실 전달이 중요하다. 하지만 그보다 먼저 구성원이 듣고 싶어 하는 말은 조직이 이 상황을 어떻게 받아들이고 있는지, 무엇을 책임지고 바꾸려 하는지에 대한 것이다. 쉽게 말해 구성원들은 문제를 대하는 리더의 태도를 가장 먼저 알고 싶어 한다. 이러한 태도는 주로 리더의 언어를 통해 전달되기 때문에, 조직에 문제가 생겼을 때 내부 구성원들을 향한 리더의 언어에는 다음의 세 가지가 담겨야 한다.

- 조직은 이 사안을 어떻게 인식하고 있는가?
- 어떤 책임을 어떻게 감당할 것인가?
- 앞으로 무엇을 함께 바꾸려고 할 것인가?

상황과 수신자에 맞춰 하나의 메시지를 맞춤형으로 변환하는 5단계 전략

하나의 일관된 형식으로 모든 이해관계자에게 효과적으로 전달할 수는 없다. 같은 입장이라도, 듣는 사람에 따라 글의 구조와 언어는 달라져야 한다. 즉, 상황과 수신자에 맞춰 메시지를 차별화하는 역량이 필요하다. 다음의 5단계는 실무자가 하나의 메시지를 대상별 맞춤형 버전으로 전환할 때 따라야 할 전략적 절차다.

- **[1단계] 핵심 메시지 명확화:** 책임, 입장, 조치 방향은 일관되게 정리한다.
- **[2단계] 대상별 질문 분석:** 기자, 고객, 직원, 투자자의 시선과 질문을 분리해 파악한다.

- **[3단계] 구조 설계:** 2단계에서 던져진 '대상별 질문'에 대한 응답으로 글의 구조를 설계한다.
- **[4단계] 언어 번역:** 조직의 입장을 수신자의 언어로 다시 말한다.
- **[5단계] 메시지 매트릭스 구성:** 전체 메시지의 일관성과 유연성을 확보하는 내부 도구를 마련한다.

다음은 상황과 수신자에 맞춰 하나의 메시지를 대상별로 맞춤화할 때 점검해야 할 체크리스트다.

- 모든 대상에게 일관된 핵심 메시지를 유지하고 있는가?
- 각 대상의 질문에 대해 명확히 응답하고 있는가?
- 외부 메시지는 객관성과 향후 조치 중심으로 구성돼 있는가?
- 내부 메시지에는 감정 공감, 책임 공유, 행동의 방향성이 담겨 있는가?
- 리더의 태도와 조직의 철학이 전체 메시지에 녹아 있는가?
- "이 상황을 조직은 어떻게 받아들이고 있는가?"라는 질문에 내부 메시지가 명확히 응답하고 있는가?

> **[한 줄 정리]**
> 동일한 입장이라도, 수신자의 질문에 따라 글의 구조가 달라져야 신뢰가 생긴다.

SNS 시대,
빠른 위기 대응보다 중요한 '태도'

"실시간 위기는 실시간 대응을 요구하지만, 신중함을 잃은 속도는 더 큰 위기를 부른다." 디지털 시대에 기업이나 브랜드가 맞이하는 위기의 양상은 이전과 달라졌다. 과거에는 위기 확산이 '며칠'이나 '몇 주'의 문제였다면, 지금은 문제가 생기자마자 온라인상에 업로드돼 '분'과 '초' 단위로 신뢰가 급속도로 무너진다. X(엑스, 이전의 트위터), 인스타그램, 유튜브 등에 달리는 한 줄 댓글이 수만 명에게 확산되고, 기업의 대응 여부와 방식은 실시간으로 평가된다. 이제 PR 실무자는 새로운 질문 앞에 서게 됐다.

- 얼마나 빨리 대응해야 하는가?
- 모든 댓글과 언급에 반응해야 하는가?
- 공식 계정과 개인 계정의 경계는 어디인가?

• 실시간 커뮤니케이션의 리스크 대응 전략을 어떻게 수립할 것인가?

위기 상황이 발생했을 때 대응 속도는 중요하다. 하지만 속도에만 집중하면, 신뢰를 구축할 수 있는 구조를 놓치기 쉽다. '빠르게 대처하는 것'이 중요하지만, 그것만 고집하면 다른 중요한 요소들을 간과하게 된다. 핵심은 '빠르게 신뢰를 구축하는 것'이다.

플랫폼별 위기 대응 메시지 구성 전략

소셜 미디어는 그 종류에 따라 위기가 확산되는 방식과 이용자의 기대가 다르다. 그러므로 하나의 메시지로 모든 채널에 대응할 수는 없다.

다음은 디지털 플랫폼들의 특징과 그에 걸맞은 메시지 설계 전략을 표로 정리한 것이다. 이처럼 디지털상에서의 위기 대응 메시지는 플랫폼별로 전략적 분화가 전제돼야 한다. 그러나 채널이 다르다고 해도 신뢰의 기준은 하나여야 한다.

플랫폼별 위기 대응 메시지 설계 전략

플랫폼	특징	메시지 설계 전략
X(엑스)	짧은 주목, 빠른 확산	핵심 중심의 간결한 문장 + 링크로 확장된 정보 제공
인스타그램	감성적 반응, 이미지 중심	비주얼 + 진정성 중심, 스토리 활용
유튜브	지속적 노출, 댓글 피드백	영상 기반 메시지(대표자의 직접 메시지 등) + 커뮤니티 모니터링
링크드인	전문가 네트워크	맥락과 배경 설명, 책임 중심의 전문 어조 사용
카카오톡 채널 고객센터	실시간 응대, 1:1 문의 채널	응답의 일관성 확보 + 공손한 톤의 FAQ 가이드 병행

타임 라인에 따른 위기 상황 대응 전략

앞서도 이야기했지만, 빠르게 조직의 입장을 말해야 하는 때일수록 명확한 구조가 필요하다.

- **초기 대응**(1시간 이내): '문제 인지'와 '대기'를 연결하는 브리지 메시지

"우리는 현재 상황을 인지하고 있으며, 사실을 확인 중입니다. 추가 정보는 곧 공유하겠습니다."

→ 방어적 언어, 과도한 단정은 금지

→ 시인도 부정도 아닌 중립적 언어를 사용할 것

→ '확인 중'이라는 메시지 뒤에는 소통 계획(언제, 어떻게)을 명시해야 함

- **중간 대응(당일 내): 확인된 사실 + 진행 중인 조치**

→ 불완전한 정보는 명확히 선을 그어야 함

→ 고객, 직원 등 이해관계자에 대한 지원 내용을 포함해야 함

→ 내부 의사결정의 배경이나 판단 기준에 대한 간단한 설명도 포함해야 함

- **후속 대응(24~48시간 이내): 책임 인식 + 구체적 조치 + 재발 방지 계획**

→ 이후 정보를 제공할 채널과 일정까지 안내할 것

→ 대중뿐 아니라 이해관계자와 언론의 후속 질문을 예측한 대응 구조도 포함해야 함

위기 대응 메시지의 설계에서 '내용'만큼 중요한 것은 '전달자'다. 해당 메시지를 PR 담당자의 명의로 전할 것인지, 대표이사 등 최고 책임자의 메시지로 전환할 것인지에 대한 상황 판단이 필요하다. 메시지의 권위는 말하는 사람에 따라 달라진다.

소셜 미디어 위기 대응, 이것만은 피하자

소셜 미디어 시대의 위기 관리는 기업의 생존과 직결된다. 정보는 실시간으로 확산되고, 대중의 감정은 순식간에 조직에 대한 평가로 이어진다. 위기 상황에서 잘못된 대응은 작은 불씨를 거대한 화재로 키우며, 수년간 쌓아온 브랜드 이미지를 무너뜨릴 수 있다.

(1) 감정적 반응: 불난 집에 부채질하는 격

비판 댓글에 즉각 반박하거나 감정적인 언어로 대응하는 경우가 여기에 속한다. 특히 "○○에 답변드립니다" 식의 과도한 해명 댓글이나 불편한 뉘앙스의 응수는 자칫 방어적 태도로 읽히기 쉽다. 소셜 미디어에서 위기 대응을 할 때는 감정보다 사실 중심의 커뮤니케이션이 핵심이다. 단, 공개적 해명이 필요한 사안과 개별 고객 문의를 구분해, 개인정보가 포함된 사안이나 복잡한 기술적 설명이 필요한 경우에만 DM이나 이메일 등 비공개 경로로 전환 것이 바람직하다

(2) 채널별 메시지의 일관성 부족: 혼란을 부추기는 자가당착

채널에 따라 서로 다른 내용으로 대응한다거나 일부 채널만 사용하는 방식의 대응은 오히려 혼란과 불신만 유발할 가능성이

크다. 따라서 '크로스 플랫폼 메시지 매트릭스'(각 소셜 미디어 채널별 특성에 맞춘 메시지 구조표)를 사전에 설계하고, 인스타그램은 비주얼 중심, 엑스는 간결한 텍스트, 페이스북은 상세한 설명 등 각 채널의 특성에 맞춰 형식은 조율하되, '핵심 메시지와 브랜드 입장'은 통일하는 편이 바람직하다.

(3) 삭제로 문제를 해결하려는 시도 : 투명성을 해치는 자충수

어떤 기업이나 브랜드의 경우 문제가 생겼을 때 논란이 되는 콘텐츠나 댓글을 삭제하는 대응을 하기도 한다. 그러나 이는 사건을 은폐하려 한다는 오해를 불러일으킬 소지가 있다. 스크린 캡처 및 아카이브가 일상화가 된 시대에 역풍을 초래하는 대응이다. 그러므로 위기 상황이 발생했을 시 어떤 부분을 수정했으며, 그렇게 한 사유를 투명하게 공지해야 한다. 또한, 문제로 제기된 사항을 '이슈 전환점'으로 삼아 개선의 의지를 구체적으로 전달할 필요가 있다.

디지털 플랫폼별 위기 대응 메시지 템플릿

디지털 플랫폼마다 해당 플랫폼의 사용자 특성에 따라 조직에 기대하는 말투와 소통 방식이 다르다. 같은 메시지라고 해도 플랫폼에 따라 '어떻게 말하느냐'는 완전히 달라진다. 위기 상황에서는 빠르게 반응하는 것 못지않게, 플랫폼별로 조율된 구조와 톤이 중요하다. 다음은 대표적인 디지털 플랫폼별 위기 대응 메시지 템플릿이다.

- **X(엑스):** "현재 [이슈] 상황을 인지하고 있습니다. 사실 확인 중이며, [시간] 내 공식 채널을 통해 공유하겠습니다. 고객님의 우려에 깊이 공감하며, 불편을 드린 점 사과드립니다."

- **인스타그램 스토리:** "[이슈]에 대한 여러분의 피드백을 듣고 있습니다. 프로필 링크의 공식 성명을 확인해주세요. 여러분의 신뢰에 책임으로 응답하겠습니다."

- **유튜브 커뮤니티:** "여러분의 의견을 경청하고 있습니다. 현재 [구체적 조치] 진행 중이며, 영상으로도 자세히 안내해드리겠습니다. 댓글은 모두 확인 중이며, 문의는 [채널]로 부탁드립니다."

디지털 위기의 본질은 '투명성 구축'

디지털 플랫폼은 기업이나 브랜드가 당면한 위기를 증폭시키지만, 이와 동시에 조직이 고객을 대상으로 직접 말할 수 있는 기회의 창구이기도 하다. 그러므로 문제는 '말을 했는가'가 아니라,

'어떻게 말했고, 얼마나 진실했는가'임을 염두에 두고 위기 대응 메시지를 설계해야 한다.

다음은 위기 대응 메시지를 디지털 플랫폼에 업로드하기 전 실무자가 꼭 확인해야 하는 체크리스트다.

- 정보의 누락 없이 투명하게 공개하고 있는가?
- 변화하는 상황을 적시에 업데이트하고 있는가?
- 이해관계자의 피드백을 반영하고 있는가?
- 플랫폼별 특성에 맞게 구조화했는가?
- 단순 대응을 넘어, 실행 가능한 조치로 연결되고 있는가?
- 메시지와 실제 행동이 일치하고 있는가?
- 대응 과정에서 실시간 피드백 및 모니터링이 이루어지고 있는가?

[한 줄 정리]
실시간 대응의 핵심은 속도가 아니라 구조다. 구조란 신뢰를 다시 세우는 말의 방식이다.

회복은 '다짐'이 아니라
'변화가 담긴 말'에서 시작한다

"다시는 이런 일이 없도록 하겠습니다." 너무 많은 조직이 이 말을 반복했다. 그래서 이 문장은 이제 진심보다 패턴으로 들린다. 위기의 순간에는 언론도, 대중도, 내부 구성원도 조직의 언어에 주목한다. 하지만 사건이 일단 '정리'되고 사과문이 발표된 뒤, 그 말에 담은 책임이 실제 행동으로 이어졌는지 끝까지 지켜보는 사람은 많지 않다.

위기가 발생하면 조직은 내부적으로 조치를 취하고 개선을 시도한다. 하지만 그 변화가 외부와 연결된 '회복의 메시지'로 이어지는 경우는 드물다. 많은 조직이 "우리는 바뀌고 있다"라고 믿지만, 그 변화는 눈에 보이지 않는다. 보고서나 회의록 안에만 머물 뿐, 사람들이 들을 수 있는 말로 번역되지 않았기 때문이다. 결국 조직은 사과는 했지만, 신뢰를 회복하는 언어는 만들지 못한 채 위기를 넘긴다. 이렇게 '사과 이후'의 언어가 신뢰를 좌우한다는 사실은 잊히고 만다.

다짐이 아닌 구조로: 회복의 언어는 달라져야 한다

사람들은 더 이상 "열심히 하겠다"라는 조직의 다짐을 신뢰하지 않는다. 대신에 그들은 이렇게 묻는다. "당신은 진짜 바뀌었는가?", "지금, 무엇이 달라졌는가?", "앞으로 무엇을 기준으로 말하고 행동할 것인가?"

회복 메시지는 수습의 언어가 아니다. 그것은 조직이 위기를 통해 새로운 기준을 세우고 있다는 증거의 언어다. 이 메시지에는 반드시 다음의 세 가지가 담겨야 한다.

- **무엇이 잘못되었는가:** 문제의 본질
- **무엇이 바뀌었는가:** 실행된 변화
- **무엇을 기준으로 말할 것인가:** 새로 설정한 조직 언어

위기로부터의 회복은 "우리는 이미 달라지기 시작했다"라는 것을 보여주는 문장 구조에서 시작된다.

갈림길에 선 조직, '말하지 않아도 되는 순간' 이후

뉴스는 다음 이슈로 넘어가고, 사람들은 일상으로 되돌아간다. 그 시점에 많은 조직은 이렇게 생각한다. "이제 말하지 않아도 된다." 그러나 바로 그 순간, 조직은 중대한 선택의 기로에 놓인다.

하나는 과거로 복귀하는 길이다. 한 번의 사과문 게시 이후 아무 일이 없었다는 듯 광고, SNS 게시물, 뉴스레터를 내보내는 것이다. 다른 하나는 기준을 바꾸는 길이다. 즉, 이번 위기를 통해 바뀐 태도와 책임감을 앞으로의 커뮤니케이션에 반영하겠다고 선언하는 것이다.

이때 많은 조직이 첫 번째 길을 택한다. 물론 그 선택이 항상 잘못된 것은 아니다. 하지만 신뢰 회복을 전략적으로 구상하는 조직이라면, 두 번째 길만이 유일한 길이다. 회복 메시지는 과거를 반복하지 않기 위해, 앞으로 다르게 말하고 행동하겠다는 기준을 공표하는 일이다. 그것은 위기를 변화의 언어로 전환하는 메시지 설계의 출발점이다.

회복 메시지, 이렇게 구성하자

회복 메시지는 단순한 사과문으로 끝나서는 안 된다. 조직이 무엇을 잘못했는지, 어떻게 바뀌었는지, 앞으로 동일한 사안을 어떻게 다룰지를 단계적으로 보여줘야 한다. 핵심은 수치나 사과 횟수가 아니다. 조직의 태도, 판단 기준, 언어 방식이 달라졌음을 구조적으로 보여줘야 한다.

· [1단계] '무엇이 잘못되었는가'를 감추지 말 것

→ 조직이 신뢰를 잃게 된 핵심 이유를 명확히 말한다.

예) "○○ 사건은 내부 판단 부족과 리더십의 감수성 결여에서 비롯된 결과였습니다."

· [2단계] '이미 바뀐 것'을 보여줄 것

→ '검토하겠다' 하는 의지가 아니라, '이미 실행 중인 변화'를 구체적으로 말해야 한다.

예) "의사결정 매뉴얼을 전면 개편했고, 고객 응대 체계도 새롭게 정비했습니다."

· [3단계] '앞으로의 기준'을 선포할 것

→ 이후 메시지의 방향성과 조직 언어의 기준을 명확히 설정해야 한다.

예) "이후의 메시지는 고객 보호 원칙에 따라 설계되며, 그 기준은 전사 시스템과 리더십 언어에 반영됩니다."

이와 같은 3단계 구성을 엿볼 수 있는 사례를 살펴보자. 글로벌 스포츠 브랜드 아디다스는 미국의 유명 래퍼이자 패션 디자이너인 칸예 웨스트(Kanye West)와의 협업 중단이라는 위기 상황에서, 단순 해명이나 계약 종료 통보에 그치지 않고 구조화된 메시지 전략을 택했다.

2022년, 칸예 웨스트는 공개 석상에서 반유대주의적 발언을 하며 전 세계적으로 큰 논란을 일으켰다. 아디다스는 이 일을 계기로 이지(Yeezy) 브랜드와의 파트너십을 전면 중단했다. 이후 아디다스가 보여준 메시지 구성은 다음과 같다.

· [1단계] 문제의 본질을 규정
"해당 발언은 아디다스가 추구하는 가치와 전혀 맞지 않는다."
→ 브랜드의 정체성과 직접 충돌되는 사안임을 명확히 밝혔다.

· [2단계] 행동으로 태도를 증명
이지 제품의 남은 수익 전액을 반유대주의 대응 단체에 기부하기로 결정함.
→ 단지 유감 표명에 그치지 않고, 경제적 조치를 통해 실천 의지를 드러냈다.

· [3단계] 미래 기준을 선포
브랜드 파트너 선정 기준을 포함한 내부 시스템 전반에 대한 재정비 필요성을 인지하고, 향후 이를 강화하겠다는 의지를 내비침.
→ 해당 사건을 계기로 내부 정책과 절차를 재검토하며 브랜드 가치 보호와 리스크 관리를 위한 변화 가능성을 시사했다.

이와 같은 단계를 거쳐 발표된 아디다스의 메시지는 브랜드의 가치 체계와 리더십 기준을 다시 세우는 선언으로 다가갔고, 사람들은 이 브랜드의 말에 다시 귀를 기울였다.

[한 줄 정리]
회복은 '다짐'이 아니라 '변화가 담긴 말'에서 시작된다.

[Quick Tips]

위기 대응 메시지, 이것만 기억하자

자가 점검 체크리스트

위기 대응 메시지를 작성한 후, 다음 질문에 답하며 당신의 메시지가 위기를 전략적으로 직면하고 있는지 살펴보자.

- 위기의 성격과 맥락에 따라 메시지의 목적과 구조를 구분했는가?
- 단순한 정보 전달이 아니라, 책임을 인식한 언어를 담고 있는가?
- 피해자, 직원, 고객 등 대상을 명확히 설정하고, 그들의 질문에 응답하고 있는가?
- 내부와 외부, 언론과 고객 등 수신자별 구조와 어조를 전략적으로 조정했는가?
- 회복 메시지에 실행 중인 변화와 새로운 기준이 포함돼 있는가?
- 이 메시지는 "우리는 지금부터 다르게 말하고 있다"라는 흐름을 만들고 있는가?

기억해야 할 위기 대응 메시지 설계 원칙

위기 메시지를 쓸 때, 반드시 다음의 다섯 가지 기준을 따라야 한다.

1. 같은 위기는 없다.
→ 위기의 본질, 영향 범위, 대상에 따라 메시지의 구조와 언어는 달라져야 한다.

2. 사과는 설명이 아니다.
→ 억울함보다 책임 인식, 일반 대중보다 구체적인 피해자를 향한 언어가 중요하다.

3. 같은 메시지도 대상에 따라 구조가 달라야 한다.
→ 기자, 직원, 고객, 투자자는 서로 다른 질문과 기대를 가진다. 메시지는 대상별로 다시 구성돼야 한다.

4. 회복은 행동을 보여주는 말에서 시작된다.
→ 그 말은 변화의 기준과 책임을 구조화한 언어여야 한다. "다시는 이런 일이 없도록 하겠습니다"가 아니라, "우리는 이미 변화하고 있다"라는 메시지를 전하라.

5. 진정성은 감정보다 구조에서 드러난다.
→ 책임과 변화가 담긴 문장이 진심을 만든다. 좋은 회복 메시지는 '책임의 언어'와 '변화의 구조'를 갖춘 문장이다.

위기 대응 메시지의 4가지 구성 요소(PAST Framework)

요소	전략 질문
목적(Purpose) 해명인가, 사과인가, 회복의 선언인가?	지금 우리는 무엇을 말하고자 하는가?
대상(Audience) 피해자, 직원, 고객, 언론, 투자자 중 누구인가?	이 메시지는 누구를 향하고 있는가?
구조(Structure) '사실 → 입장 → 조치' '공감 → 책임 → 다짐' 중 무엇인가?	어떤 논리 구조가 적절한가?
어조(Tone) 방어적인가, 공감적인가, 성찰적인가?	조직의 태도는 어조에 드러나 있는가?

4장

읽고 싶어지는 글을 만드는 구조화 전략

"정보는 재료일 뿐,
뉴스는 구조로 완성된다."

몇 해에 걸쳐 꾸준히 진행해온 기업 브랜드 캠페인이 있었다. 이 기업 브랜드 캠페인은 단순한 마케팅을 넘어, 사람들의 자발적인 참여를 이끌고, 사회적 메시지를 자연스럽게 담아내는 방식으로 매년 조금씩 진화해갔다. 외국계 은행으로서 국내에서 사회적 신뢰를 쌓고, 기업 브랜드를 우리 사회에 기여하는 친근한 브랜드로 각인시키기 위한 장기적 전략의 일환이었다.

캠페인은 일반 대중이 자신의 목소리를 기부해 오디오북을 제작하는 방식으로 진행됐다. 문화 체험 측면에서 소외된 시각장애인의 문화 접근성을 높이자는 취지에서 이루어진 사회공헌 캠페인이었다. 내부 반응도 좋았고, 캠페인팀의 자부심도 컸다. 그해 캠페인이 끝나고 몇 달 뒤, 수상 소식이 전해졌다. 업계 협회에서 매년 진행하는 정기 시상식에서 우리 캠페인이 우수 사례로 선정된 것이다. 크지 않은 규모였지만, 내부적으로는 의미 있는 인정이었다.

그 무렵 한 가지 고민이 있었다. 캠페인이 끝난 지 이미 몇 달의 시간이 지났고, 다음 캠페인까지는 아직 반년 넘게 시간이 남아 있었다. 쉽게 말해 기업 브랜드 홍보의 '공백기'였다. 그렇게 우리 캠페인을 다시 알릴 마땅한 계기가 없던 차에 수상 소식은 반가웠다. '이 정도면 언론에서도 관심을 가질 만하겠네'라는 기대가 생겼다.

이윽고 보도자료 쓰기에 돌입했다. 자료를 준비하며 약간의 망설임도 있었지만, 그간의 실무 경험과 익숙함이 불안감을 덮었다. "우리가 잘한 일이니 알리는 게 당연하지 않은가?"라며 임원도 한마디를 덧붙였다. "이럴 땐 자랑 좀 해도 되지." 그런데 예상과 달리 보도자료를 받은 기자의 반응은 단호했다. "이건 그냥 기업 자랑이죠. 참고는 할게요. 그런데 기사로 낼 만한 뉴스는 아닌 거 아시죠? 이런 자료는 너무 자주 보내지 마세요."

그 순간, 나는 본질을 직면했다. 우리가 한 일은 의미가 있었지만, 기자가 '기사'로 쓸 수 있는 구조는 없었다. 돌이켜보면 당연한 반응이었다. 해당 브랜드가 수상한 상은 업계 협회가 매년 여러 기업에 나눠주는 수십 개의 상 중 하나였고, 언론사 입장에서는 특별할 것 없는 '연례행사'에 불과했다. 우리에게는 특별했지만, 기자들이 매긴 뉴스 가치의 기준은 달랐던 것이다. 보도자료에는 수상 소식이 지닌 사회적 맥락도, 적절한 타이밍도, 타사와 비교할 만한 지점도 없었다. 그저 '우리는 이런 좋은 일을 했습니다'라는 흐름만 있었을 뿐이다. 그날 밤, 나는 기자들에게 보낸 보도자료를 다시 꺼내 읽었다.

- **제목:** "○○은행, 국내 최초 목소리 기부 캠페인으로 ○○ 어워드 수상"
- **리드:** "○○은행이 업계 최초로 시도한 혁신적인 목소리 기부 캠페인으로 권위 있는 ○○ 어워드에서 수상의 영예를 안았다고 15일 밝혔다."
- **본문:** "이번 수상은… (수상 의미 설명 40퍼센트) 캠페인은… (우리가 한 일 설명 40퍼센트) 향후에도… (자화자찬 20퍼센트)"
- **인용구:** "앞으로도 혁신적인 사회공헌 활동을 지속하겠습니다."(은행장의 말)

보도자료를 다시 읽고 나니 문제가 무엇이었는지 명확히 보였다. 크게 세 가지 문제가 있었다. 첫째, 뉴스 가치를 착각했다. "업계 최초", "혁신적", "권위 있는" 같은 화려한 수식어로 포장했지만, 정작 '왜 지금 이게 뉴스인가?'라는 핵심 질문에는 답하지 못했다. 매년 수십 개씩 나눠주는 협회 상을 마치 대단한 성과인 것처럼 포장한 셈이었다. 둘째, 독자가 없는 이야기였다. 이 캠페인의 실제 수혜자인 시각장애인들이 어떤 변화를 경험했는지는 찾아볼 수 없었다. 오직 '우리 은행이 무엇을 했고, 그 결과 상을 받았다'라는 일방적인 전달만 있었다. 기자들이 원하는 '사람의 이야기'가 아닌, '조직의 성과 보고'였던 것이다. 셋째, 관성적으로 작성된 보도자료였다. 협회로부터 수상 공문을 받고 늘 하던

대로 보도자료를 만들었다. 내부 보고용 문서를 언론 배포용으로 살짝 다듬는 수준이었다. 심지어 은행장 코멘트까지 늘 쓰던 "앞으로도 혁신적인 사회공헌을 지속하겠다"라는 템플릿을 그대로 썼다.

6개월 후, 기회가 다시 왔다. 이번엔 다른 기관에서 추가 수상 소식이 전해졌다. '새로운 뉴스'가 생긴 것이다. 하지만 이번엔 접근 방식을 완전히 바꿨다. 보도자료의 메인은 "시각장애인들의 문화 향유 범위가 예술, 영화, 여행까지 확대되고 있으며, 이런 혜택을 받는 이들이 급증하고 있다"라는 변화에 초점을 맞췄다. 여기에 그동안 축적된 구체적인 변화의 사례들을 더했다. 추가 수상 소식은 이런 성과를 객관적으로 입증하는 근거로만 활용했다. 본문 말미에 "이러한 성과를 인정받아 올해 ○○상과 △△상을 연이어 수상했다"라는 문장으로 신뢰도를 높이는 정도였다. 즉, '또 상을 받았다'가 아니라 '시각장애인 문화 향유 확대'를 뉴스로 만들고, 수상은 이를 뒷받침하는 근거로 재배치한 것이다. 같은 '어워드 수상'이라는 팩트를 전혀 다른 뉴스 구조 속에 녹여낸 셈이다.

이렇게 작성해서 배포된 보도자료에 대한 언론의 반응은 이전과 완전히 달랐다. 사실 두 보도자료는 엄밀히 말해 다른 목적으로 작성됐다. 첫 번째 보도자료는 캠페인 종료 후 수상 소식을 전하려는 단순한 목적이었고, 두 번째 보도자료는 다음 캠페인 시작 전에 공백기를 활용한 전략적 기획이었다. 하지만 이 차이가 오히려 보도자료 작성의 핵심을 더 명확히 보여준다.

이 경험에서 얻은 교훈은 세 가지였다. 첫째, 타이밍의 함정이다. 캠페인 직후가 아니어도, 아니 오히려 조용한 시기일수록 '성과'와 '영향력'을 차분히 정리한 기획된 보도자료나 기획 기사가 더 주목받을 수 있다. 기자들이 늘 속보에만 쫓기는 것은 아니다. 깊이 있는 기획 기사를 준비할 여유가 있을 때, 잘 정리된 데이터와 스토리는 더 큰 가치를 발휘한다. 둘째, 같은 소재도 관점에 따라 완전히 다른 뉴스가 된다는 것이다. '우리가 상을 받았다'라는 자기중심적 시각에서 벗어나 '누가 어떤 혜택을 받았는가'라는 사회적 시각으로 전환하는 순간, 진짜 뉴스가 탄생한다. 셋째, 뉴스 재구성의 중요성이다. 같은 '수상'이라는 팩트도 어떤 맥락에 놓이는지에 따라 무시되는 정보가 되기도, 신뢰를 높이는 근거가 되기도 한다. 중요한 것은 '무엇을 받았나'가 아니라 '그것이 증명하는 것이 무엇인가'다.

그때부터 나는 단순히 문장을 정리하는 작성자에서 벗어나, 정보를 전략적으로 구성하는 편집자의 시선으로 보도자료를 다루기 시작했다. 기자가 보도자료를 기사로 전환하기를 기다릴 것이 아니라, 우리가 보도자료를 '뉴스가 되도록' 설계해주어야 한다는 것이 본질이었다. 보도자료는 정보 전달의 도구가 아니라 뉴스 창조의 도구였던 것이다.

뉴스가 되는
메시지의 조건

많은 PR 실무자가 착각한다. "정보만 잘 정리하면 기자가 알아서 기사로 만들어줄 것"이라고. 하지만 현실은 다르다. 아무리 좋은 내용이라도 '뉴스의 조건'을 갖추지 못하면 그저 참고 자료로 끝날 뿐이다.

보도자료는 정보를 전달하는 문서가 아니라 뉴스가 되게 만드는 메시지를 설계하는 문서다. 문장이 아무리 많아도, 기자가 궁금해할 단 하나의 문장을 놓치면 뉴스는 만들어지지 않는다. 그래서 실무자가 보도자료를 쓸 때 가장 먼저 던져야 할 질문은 이것이다.

"이 보도자료의 핵심 문장을 단 한 줄로 요약할 수 있는가?"

기자는 보도자료에 담긴 정보를 일일이 해석하지 않는다. 하루에 수십 건의 보도자료를 받는 상황에서 첫 몇 줄만 보고 "이게 뉴스가 될까?"를 판단한다. 따라서 뉴스가 되는 메시지는 '읽혀야' 하는 것이 아니라, '한눈에 보이도록' 구성돼야 한다.

그렇다면 기자는 무엇을 보는가?

기자는 기사를 고를 때 세 가지 질문을 동시에 던진다. 이는 뉴스의 기본 조건인 '시의성', '파급력', '신뢰성'을 확인하는 과정이다. 이 세 가지 질문은 단순한 기사의 구성 요소가 아니라, 뉴스가 되는 메시지의 전략적 기준이다.

(1) 왜 지금 이 이야기인가?
시의성은 있는가? 사회적 흐름이나 정책 변화, 경쟁 이슈와 맞닿아 있는가?

(2) 누가 이 정보로 인해 영향을 받는가?
소비자, 산업, 지역사회 등 수신자가 구체적으로 설정됐는가?

(3) 이 브랜드가 이 이야기를 할 자격이 있는가?
과거의 행보, 전문성, 브랜드 철학, 지속 활동과 자연스럽게 연결되는가?

보도자료가 뉴스가 되려면, 이 질문들에 잘 설계된 메시지로 답해야 한다. 이것이 기사화의 출발점이다.

같은 내용도 구조에 따라 뉴스가 되거나 묻힌다

예를 들어보자.

- **광고형 표현:** "○○기업, 세계 최고 수준의 기술로 업계를 선도합니다."
- **기사형 표현:** "○○기업, AI 기반 물류 자동화 시스템 도입… 배송 효율 30% 향상"

기자는 해당 기업의 기술력에 집중하기보다는 그 기술력으로 인해 다가올 사회적 변화를 본다. '○○기업이 대단하다'라는 메시지보다 '○○기업 때문에 무엇이 달라졌다'라는 메시지가 뉴스가 되는 이유다. 즉, '무엇이 어떻게 달라졌는가?'가 구조적으로 드러나야 뉴스가 된다. 뉴스가 되는 문장은 말투보다 구성에서 갈린다. 단순한 홍보성 표현은 기자의 눈에 닿기 어렵다. 반면에 기사로 이어지는 문장은 한 줄 안에 기자의 눈을 사로잡을 만한 핵심 요소들이 포함된다. 산업 분야, 주제, 표현 방식이 달라도 '기사형 문장'에는 공통된 구조가 있다.

광고형 문장과 기사형 문장의 차이 예시

분야	광고형 문장	기사형 문장
CSR	"○○기업, ESG 실천 확대 중"	"○○기업, 1천 명 저소득층 아동에 무료 AI 교육 제공"
제품	"혁신적인 기술을 적용한 스마트워치 출시"	"○○기업, 1분 심전도 측정 가능한 AI 스마트워치 출시"
서비스	"고객 중심의 통합 서비스를 제공합니다."	"○○페이, 병원·미용실 결제 추가… 사용처 2배 확대"

핵심은 '말투'가 아니라 '짜임새(구조)'다. 누가, 무엇을, 언제, 얼마나, 어떻게 바꿨는지를 한 문장 안에 구성할 수 있어야 한다.

메시지 설계를 위한 실무 프레임

보도자료 초안을 쓰기 전, 다음의 다섯 가지 질문을 점검해보자. 이 다섯 가지 질문은 단순한 언어 점검이 아니다. 기자가 보도자료의 내용을 읽고 '기사로 쓸 이유'를 판단할 수 있도록 돕는 구성 기준이다.

보도자료 초안 설계를 위한 전략적 질문

전략적 질문	체크 포인트
무엇이 새로운가?	기존과의 차별성이나 새로운 소식을 포함하고 있는가?
누구에게?	변화의 수신자가 명확한가?
우리는 왜?	브랜드의 정체성과 연결되는가?
얼마나?	수치나 구체적 변화가 드러나는가?
왜 지금?	시의성, 사회 흐름과 연결되는가?

뉴스의 문법은 산업별로 다르다

뉴스가 되는 문장의 기본 구조는 동일하지만, 산업별로 '기사가 되는 포인트'는 다르다. 같은 '신제품 출시'라도 IT 기자와 금융 기자가 주목하는 지점은 전혀 다르기 때문이다.

(1) 독자가 다르면 프레임워크도 달라진다

B2B 보도자료는 전문가가 읽는다. 따라서 효과를 수치로 증명해야 한다.

- "혁신적인 클라우드 솔루션 출시"

- "○○社, 처리속도 40% 향상된 엣지 컴퓨팅 솔루션 출시… 제조업 특화"

한편, B2C 보도자료는 일반 소비자가 읽는다. 따라서 변화를 경험으로 보여줘야 한다.

- "최첨단 기술이 적용된 신제품"
- "○○, 5분 충전으로 하루 사용 가능한 무선 이어폰 출시… 2만 원대"

(2) 산업 분야에 따라 보도자료 핵심 전략이 달라진다

산업 분야에 따라서도 보도자료에 담기는 핵심 내용과 강조 포인트 등이 달라져야 한다.

주요 산업별 보도자료 핵심 전략

산업	강조 포인트	필수 요소	헤드라인 예시
IT/테크	사용자 경험의 변화	기술 스펙보다 실생활 영향	"○○앱, AI로 회의록 3분 요약… 정확도 97%"
금융	규제 준수 + 고객 혜택	금융 당국 승인 여부 명시	"○○은행, 금융위 승인 AI 자산관리… 수수료 50%↓"

제조	생산성 + ESG	글로벌 경쟁력, 탄소중립	"○○중공업, 탄소 30% 감축 조선기술 상용화"
유통	소비 트렌드 + 편의성	MZ세대 반응, 배송 혁신	"○○커머스, 라이브 가격 협상 도입… 구매전환율 3.5배"

(3) 기자가 담당하는 영역에 따라 키워드가 달라진다

핵심은 같은 메시지도 기자가 담당하는 영역이나 해당 산업의 언어로 번역해야 뉴스가 된다는 점이다. 메시지는 하나이지만, 그것을 전달하는 구조와 강조점은 매체와 독자에 따라 달라져야 한다.

- **IT 기자:** 기술 혁신성, 시장 파급력, 글로벌 트렌드
- **경제 기자**: 투자수익률, 일자리, 투자 규모, 산업 영향
- **산업 기자**: 경쟁사 대비 우위, 수출 가능성, 특허
- **소비자 기자**: 가격, 편의성, 안전성, 라이프 스타일

나의 보도자료는 지금 어떤 형태인가?

보도자료 초안이 완성됐을 때, 다음 세 가지를 최종 점검하자.

- 첫 문장(리드)만 읽고도 핵심이 보이는가?
- 메시지를 '한 줄'로 요약했을 때, 의미가 선명한가?
- 기자가 제목이나 리드를 그대로 복사해서 쓸 만큼 완성도가 높은가?

체계 없이 나열된 정보는 주목받지 못한다. 기억하자. 한시가 바쁜 기자는 정리되지 않은 정보를 해석할 시간이 없다. 그러므로 핵심 문장을 그대로 기사에 쓸 수 있을 만큼 보도자료를 명확하게 구조화하는 것이 기사화의 첫걸음이다.

[한 줄 정리]
보도자료는 정보를 알리는 글이 아니라, 뉴스가 되게 만드는 체계를 설계하는 전략적 문장이다.

헤드라인은 클릭을, 리드는 기사화를 결정한다

보도자료는 제목과 첫 문장이 핵심이다. 기자가 보도자료 파일을 클릭하지 않으면, 뉴스는 시작되지 않는다. 클릭은 제목(헤드라인)이 결정하고, 기사화는 리드 문장이 결정한다. 많은 보도자료가 기사화되지 못하는 이유는, 내용 문제라기보다 첫 문장 전략에서 실패했기 때문이다.

헤드라인에는 '누가, 무엇을, 어떻게'가 보여야 한다

보도자료 헤드라인은 브랜드의 캐치프레이즈가 아니다. 기자가 기사 제목으로 사용할 수 있을 만큼 정보가 압축된 문장이어야 한다.

"혁신을 넘어선 도약", "모두를 위한 기술"

→ 시적인 표현이지만, 기자는 이 표현을 보고 보도자료 파일을 클릭하지 않는다. 의미를 해석해야 하는 문장은 뉴스 헤드라인이 될 수 없다.

"○○기업, AI 기반 수면 모니터링 기기 출시… 사용자 수면 패턴 95% 정확도 분석"
"○○플랫폼, 문화 소외지역 아동 1200명에 온라인 공연 무상 제공"
→ '누가', '무엇을', '어떻게', '얼마나'가 명확하게 드러난다.

보도자료의 헤드라인은 단순히 유려한 표현으로 주목을 끄는 문장이어서는 안 된다. 기자가 기사 제목으로 그대로 가져다 쓸 수 있을 만큼 정보가 집약된 '뉴스의 입구'여야 한다. 감탄보다 우선해야 할 것은 '누가, 무엇을, 언제 했는가'를 한눈에 파악할 수 있는 명확한 정보의 제시다.

리드 문장은 '기사가 될 수 있는 문장'이어야 한다

기자는 헤드라인을 보고 보도자료 파일을 클릭하고, 리드 문장을 보고 기사화 여부를 판단한다. 리드는 전체 내용을 단순히 요약한 문장이 아니라 이 이야기가 기사로 이어질 수 있는지를 판단하게 해주는 문장이다.

그렇다면 리드 문장에는 어떤 정보가 들어가야 할까? 기자들이 기사를 쓸 때 사용하는 기본 프레임워크인 5W1H를 활용하는 것이 가장 효과적이다. 보도자료 리드 문장에서도 헤드라인처럼 '누가, 무엇을, 언제, 어디서, 어떻게' 했는지가 드러나야 한다.

다음은 보도자료 리드 문장의 구성 요소인 '5W1H'에 대한 설명과 그 예시다.

5W1H

요소	설명	예시
Who	누가(주체)	삼성전자, 환경부, 스타트업 A사 등
What	무엇을 (행동/사건)	새로운 서비스를 출시, 협약 체결, 캠페인 시작 등
When	언제(시점)	2025년 5월 20일, 이번 달부터, 오는 주말 등
Where	어디서(장소)	서울 본사, 온라인 플랫폼, 전국 매장 등
Why	왜(목적/배경)	고객 편의성 개선, 사회적 가치 실현, ESG 강화 등
How	어떻게 (방식/방법)	AI 기반 기술 활용, MOU를 통해, 공동 개발 등

자주 받는 질문이 있다. "보도자료 리드 문장에 5W1H가 모두 포함돼야 하나요?" 꼭 그렇지는 않다. 핵심은 '가장 중요한 사실을 먼저 전달'하는 것이다. 일반적으로 '누가(Who) + 무엇을(What) + 언제(When) + 어디서(Where)'까지만 포함하고, '왜(Why)'와 '어떻게(How)'는 두세 번째 문단에서 보충 설명하는 경우가 많다.

리드 문장은 기자의 '복사 대상'임을 기억하라

기자는 보도자료에서 광고 문장이 아니라 기사 문장을 찾는다. 그러므로 복사해서 그대로 기사에 넣을 수 있을 정도로 명확하고, 구체적이고, 뉴스 가치가 살아 있는 문장을 써야 한다. 다음 두 리드 문장은 그 차이를 단적으로 보여준다.

> "○○기업은 혁신적인 신소재 기술을 통해 전기차 배터리 성능을 크게 향상시켰다고 밝혔다." (막연한 표현)
>
> "○○기업은 전기차 배터리 수명을 기존 대비 40% 연장하는 신소재 기술을 6월 3일 부산 벡스코에서 공개했다." (구체적 표현)

이처럼 같은 내용이라도 구체적인 수치(40%), 명확한 일시(6월 3일), 구체적인 장소(부산 벡스코)가 들어가면 기자가 그대로 기사에 인용할 수 있는 문장이 된다. 같은 맥락에서 보도자료의 리드 문장은 기자가 복사해서 기사 리드로 쓸 수 있는가를 기준으로 점검해야 한다.

이런 원칙들을 종합해보면, 효과적인 리드 문장의 패턴을 발견할 수 있다. 다음은 가장 보편적이고 효과적인 리드 문장 구성 템플릿이다.

"[○○기업]은 [날짜], [장소]에서 [대상]을 위한 [서비스/제품/활동]을 시작했다. 이를 통해 [숫자/결과]로 [사회적 or 사용자 중심] 변화를 기대할 수 있다."

이 템플릿을 적용하면 다음과 같은 리드 기사를 쓸 수 있다.

"○○기업은 6월 1일, 시각장애인을 위한 음성 내비게이션 앱을 출시했다. 이 서비스는 시내버스 이동 경로와 탑승 시점을 실시간 안내하며, 7월부터 서울 전 지역으로 확대될 예정이다."

[한 줄 정리]
좋은 내용의 보도자료도 제목과 첫 문장이 약하면 묻힌다. 헤드라인은 클릭의 문이고, 리드는 기사화의 열쇠다.

'기자의 눈'으로
구조를 장악하라

'기자의 눈'으로 구조를 장악하는 것이 기사화의 열쇠다. 기자는 기사를 쓰듯 보도자료를 읽는다. 따라서 보도자료는 기사처럼 보여야 한다. 형식은 보도자료이지만, 읽는 대상은 언론인이라는 점을 잊지 말자. 이 말은 곧 '기사의 문법'과 다른 형식으로 보도자료를 쓰면, 아무리 좋은 정보라도 기사화되지 않는다는 뜻이다.

따라서 보도자료는 기사처럼 시작하되, 브랜드가 말하고 싶은 방향으로 이끌어가는 문장으로 구성돼야 한다. 더 구체적으로 설명하자면, 보도자료는 기사처럼 핵심 정보를 위로 배치하고, 본문의 내용이 기사가 될 수 있도록 팩트의 흐름을 따라야 한다. 그러나 기사처럼 완전히 객관적인 문체를 따라야 하는 것은 아니다. 보도자료는 '기사가 될 수 있는 자료'일 뿐, 기사 그 자체는 아니다. 실무자의 목표는 기자가 보도자료의 문장을 복사해서 기사로 쓸 수 있는 형식을 만드는 것이다.

기사형 보도자료의 7단 구성

보도자료는 쓰는 것이 아니라, 기사처럼 읽히도록 구성돼야 한다. 기자는 보도자료에 담긴 정보를 세세하게 읽지 않고 기사의 구조를 스캔한다. 그러므로 헤드라인부터 인용구, 보일러플레이트(Boilerplate, 표준 문안)까지 모든 단락은 기자의 리듬과 판단 기준에 맞춰 구성돼야 한다. 다음에 소개하는 기사형 보도자료의 7단 구성은 '기사화'를 유도하는 전략적 편집의 프레임이다.

- **헤드라인:** 가장 중요한 정보가 담긴 문장
- **서브헤드(선택적):** 핵심을 보완하는 수치, 기능, 맥락
- **리드 문단:** 5W1H 요약 + 사회적 의의
- **본문:** 핵심 내용 → 배경 설명 → 구체적인 정보 순서로
- **인용구:** 브랜드의 태도와 방향을 보여주는 말
- **보일러플레이트:** 기업 소개(표준 문안)
- **담당자 정보:** 언론 문의를 위한 실무 연락처

보도자료에 담긴 정보가 아무리 좋아도 그것을 기사화해줄 기자의 시선에 익숙한 형식으로 정리돼 있지 않으면 기사화되기 어렵다.

광고성 표현은 기자의 시선을 붙잡지 못한다

많은 보도자료가 기사화되지 못하는 이유는, 겉으로는 기사처럼 보여도 여전히 '우리 자랑'에 머물기 때문이다. 감탄형 문장은 기자의 관심을 끌지 못한다. 오직 팩트 중심의 구조만이 기사화로 이어진다.

광고형 표현과 기사형 표현의 차이 비교

항목	광고형 표현	기사형 표현
헤드라인	"모두를 위한 새로운 모바일 경험!"	"○○앱, 하루 이용자 100만 돌파… 교통·음식·결제 통합 서비스 제공"
리드 문장	"고객 중심의 솔루션으로 더 나은 일상을 만든다"	"○○사는 6월 1일, 하나의 앱에서 택시 호출, 음식 배달, 간편 결제가 가능한 '○○앱' 통합 버전을 출시했다."
본문	"최고의 기술력, 감동의 UX, 차원이 다른 혜택!"	"새롭게 선보인 앱은 사용자의 위치 기반으로 최적의 결제 수단을 자동 추천하며, 서울과 수도권에서 시범 운영된다."

기사형 보도자료는 수식어보다 팩트를, 설득보다 정보를 제공해야 한다. 광고형 문장을 쓰지 않더라도, 기사처럼 보이지 않으면 기자는 그 보도자료를 읽지 않는다. 그렇다면 기사형 보도자료는 어떤 구조로 본문을 구성해야 할까? 답은 기자들이 가장 익숙하게 받아들이는 역피라미드 구조에 있다.

본문은 역피라미드 구조로 구성하라

기자는 정보를 읽지 않고 구조를 스캔한다. 따라서 기사의 기본 구조인 역피라미드를 따라야 한다. 기사의 기본 구조는 '핵심 내용 → 배경 설명 → 세부 정보'의 순서로 제시하는 역피라미드 구조다. 기자는 이를 바탕으로 기사를 구성하고 판단한다.

역피라미드의 기사형 구조

위치	구성 요소	예시 문장
상단	핵심 사실	"○○앱, 하루 이용자 100만 돌파… 음식·택시·결제 통합 서비스 출시"
중단	변화 배경	"MZ세대의 앱 피로감 해소 요청과 다양한 결제 수요 증가에 따라…."
하단	세부 기능, 적용 범위	"해당 서비스는 수도권 10개 지역에서 우선 적용되며, 연내 전국 확대를 목표로 한다."

기자는 긴 배경 설명부터 시작하는 글이 아니라, 첫 문장에서 핵심을 파악할 수 있는 체계를 원한다. 다음은 기사형 구조를 적용해 리라이팅을 한 예시다.

- **Before**(광고형 표현): "○○기업은 더 나은 삶을 위해 고객 감동을 실현하는 스마트 기술을 출시했다."

- **After**(기사형 구조 적용): "○○기업은 6월 1일, 시각장애인을 위한 음성 내비게이션 앱을 출시했다. 이 서비스는 시내버스 이동 경로와 탑승 시점을 실시간 안내하며, 7월부터 서울 전 지역으로 확대된다."

이처럼 같은 내용이라도 '기자가 그대로 복사해서 쓸 수 있는 구조'로 바뀌는 순간, 보도자료는 뉴스의 원료가 된다. 감탄형 문장으로 기술된 광고형 표현을 기사형 구조를 적용해 리라이팅을 한 결과, '누가, 무엇을, 언제, 왜'가 한 문장 안에 명확하게 드러나고, 기자가 그대로 기사 리드로 사용할 수 있을 만큼 정돈됐다.

당신의 보도자료는 기사가 될 수 있는가?

보도자료 초안을 완성한 뒤에는 다음과 같은 흐름이 자연스럽게 구성됐는지를 점검해야 한다.

- **헤드라인:** '누가', '무엇을', '언제' 했는지가 선명하게 보이는가?
- **리드 문단:** 기사의 리드로 쓸 수 있는 '5W1H'가 들어 있는가?
- **본문:** 핵심 내용 → 배경 설명 → 세부 정보 순으로 정리돼 있는가?
- **인용구:** 단순한 미사여구가 아닌, 브랜드 철학을 담고 있는가?

보도자료의 구조가 명확하면 기자는 바로 기사를 쓰기 시작한다. 반면에 보도자료에 기사화를 염두에 둔 전략적 구조가 없으면, 중요한 발표도 그저 참고 자료로 끝난다.

[한 줄 정리]
기자는 복사해서 쓸 수 있는 구조를 찾는다. 보도자료는 기사의 문법으로 쓰여야 비로소 기사가 된다.

좋은 인용구는
브랜드의 태도를 말한다

헤드라인과 리드, 본문 구조까지 완벽해도 놓치기 쉬운 마지막 요소가 있다. 바로 인용구다. 보도자료에서 가장 무심하게 작성되는 문장 중 하나는 인용구다. 많은 실무자가 "한 문단 정도 인용을 넣자"라는 지시에 따라, 예상 가능한 문장을 형식적으로 덧붙인다.

"앞으로도 고객을 위한 혁신을 멈추지 않겠습니다."

"회사의 지속 성장을 위해 최선을 다하겠습니다."

그러나 이런 문장은 기자에게 아무런 신호도 주지 않는다. 좋은 인용구는 그저 수식어가 아니라 브랜드의 입장을 드러내는 태도의 표현이다. 또한, 조직의 메시지를 기자와 독자가 공감할 수 있는 현실 언어로 번역하는 장치다. 말의 힘은 정보가 아니라, 그 정보를 말하는 방식에 있다.

인용구는 '태도'와 '철학'을 담는 문장

기자는 숫자와 정보로 기사의 골격을 만들지만, 기업의 입장을 판단할 때는 사람의 말, 즉 인용구를 본다. 인용구는 브랜드의 '진심'을 대변하고, 기사의 결론이나 강조 포인트가 되기도 한다.

"우리는 폐플라스틱 감축을 단지 ESG 지표 개선을 위해서가 아니라, 이 시대 기업이 당연히 해야 할 책임이라고 생각합니다."
→ '왜 하는가'에 대한 태도와 관점이 드러나 있는 문장이다. 좋은 인용구는 메시지 이상의 의미를 만들어낸다.

"우리는 기술이 예술을 대체할 수 없다고 생각합니다. 대신, 더 많은 사람들이 예술에 접근할 수 있도록 '경험의 문턱'을 낮추는 것이 기술이 해야 할 일이라고 믿습니다."
→ 기술 브랜드의 태도와 방향성을 명확히 보여주는 인용구다.

좋은 인용구는 정보를 반복하지 않는다. 대신 해당 기업이 그와 같은 활동을 '왜 하는지', '무엇을 믿는지', '어떤 변화를 원하는지'를 담는다. 인용구는 단순한 정보 전달이 아니라 기자가 기사 마지막에 인용할 만한 가치가 있는지를 결정하는 중요한 요소다.

실무자가 자주 범하는 인용구 오류

인용구는 브랜드의 '입'이자 태도를 드러내는 전략적 언어다. 하지만 많은 보도자료에서 인용구는 책임을 회피하는 말이나 누구나 할 수 있는 말로 채워진다. 말하는 사람의 맥락과 감각이 없는 인용은, 아무도 복사하지 않는 문장이 된다. 다음은 실무자들이 자주 범하는 인용구의 실패 유형들이다.

실무자들이 자주 범하는 인용구 실패 유형

유형	설명	예시
홍보성 나열	수식어 중심, 정보 없음	"고객을 위한 최고의 기술력을 제공하겠습니다."
책임 회피형	진심보다 안전을 우선	"당사는 이번 사안에 대해 유감의 뜻을 전합니다."
일반론 확대	조직 철학 없음	"앞으로도 사회에 기여하는 기업이 되겠습니다."

이런 문장들은 누구의 말인지 몰라도 이상하지 않을 정도로 개인성과 맥락이 없다. 기자가 굳이 인용할 이유를 찾기 어려운 문장들이다.

좋은 인용구를 만드는 4가지 요소

좋은 인용구는 단지 브랜드의 입장을 전하는 문장이 아니다. 말하는 사람의 맥락과 브랜드의 철학이 연결돼야 설득력이 생긴다. 기자가 마지막 문장으로 선택하는 인용구는 대체로 '누가, 왜, 어떻게 말했는가'를 설명할 수 있는 문장이다. 다음은 그런 인용구를 설계할 때 필요한 네 가지 요소다.

좋은 인용구를 만드는 4가지 요소

구성 요소	설명
주체가 명확하다	대표, 팀장, 실무자 등 조직을 대표하는 인물
내용이 구체적이다	수치, 사례, 결정 배경, 변화의 의도
철학이 담겨 있다	단순한 입장 전달이 아니라 태도의 표현
브랜드 관점과 연결된다	기존 활동, 기업 방향성과 이어져야 설득력이 상승함

"우리는 폐플라스틱을 줄이는 데서 출발하지만, 결국엔 고객이 실생활에서 쉽게 실천할 수 있는 구조를 만드는 것이 더 중요하다고 생각합니다." _○○ 지속가능경영팀장

인용구는 문장 하나로도 뉴스의 메시지를 결정한다

다음은 기사화 가능성이 높은 인용구 예시들이다.

• "우리는 고객이 서비스를 더 자주 사용하게 만드는 것보다, 더 효율적으로 목적을 달성하도록 돕는 것이 진정한 혁신이라고 믿습니다."
→ 제품 철학이 드러난다.

• "이번 캠페인은 일방적인 메시지 전달이 아닌, 우리 사회와 진정한 대화를 시작하기 위한 첫걸음입니다."
→ 브랜드의 태도와 관점이 보인다.

• "이번 서비스 개선은 고객센터에 접수된 3만 건의 고객 의견 분석에서 시작됐습니다. 실제 고객의 불편을 해결하는 것이 우리의 최우선 과제입니다."
→ 실제 고객의 관점에서 출발한 변화임을 강조한다.

인용구 작성 시, 실무자가 자주 묻는 질문

Q1. 꼭 대표의 말이어야 할까?
→ 아니다. 브랜드 메시지를 가장 설득력 있게 설명할 수 있는

인물이라면 팀장, 실무자, 연구원 모두 가능하다. 특히 B2C 브랜드일수록 '고객에 가까운 말'이 뉴스에 더 어울린다.

Q2. 꼭 한 명만 넣어야 하나?

→ 아니다. 전략적으로 두 명의 말을 인용하는 것도 가능하다. 단, 메시지의 구분이 명확해야 하며, 중복되거나 불필요하게 길어지면 오히려 마이너스가 된다.

Q3. 파트너사와 공동 발표할 경우, 인용구가 겹치지는 않을까?

→ 겹칠 수 있다. 따라서 사전 조율이 필요하며, 각자의 역할이나 시각, 기대 효과가 다르게 드러나도록 메시지를 나누어야 한다.

Q4. 인용구는 몇 문장이 적당한가?

→ 일반적으로 두 문장이 가장 자연스럽다. 한 문장은 너무 단조롭고, 세 문장을 넘기면 핵심이 흐려질 수 있다. 첫 문장은 전략적 메시지, 두 번째 문장은 기대·공감·의미 부여로 구성하면 균형이 좋다.

Q5. 기자가 인용구를 그대로 써줄까?

→ 그대로 쓰는 경우도 많지만, 더 중요한 것은 이 문장이 기

자의 기사 흐름을 '완성'시키는 역할을 할 수 있는지 여부다. 기자는 메시지의 마무리를 인용구로 채우는 경우가 많다.

이제 보도자료의 모든 요소를 갖췄다. 하지만 좋은 보도자료를 완성하는 것만으로는 충분하지 않다. 언제, 누구에게, 어떻게 보낼 것인가? 그 전략이 기사화의 성패를 결정한다.

[한 줄 정리]
누구나 할 수 있는 말은 아무도 인용하지 않는다. 좋은 인용구는 브랜드가 그 일을 '왜 하는가'에 대한 진짜 답을 담는다.

[Quick Tips]

기사화 되는 보도자료, 이것만 기억하자

자가 점검 체크리스트

보도자료를 작성한 뒤, 다음 질문에 스스로 답해보자.

- 헤드라인에 '누가, 무엇을, 언제 했는가'가 명확히 담겨 있는가?
- 리드 문장 하나로 기사화 판단이 가능한가? (기자가 복사해 쓸 수 있는가?)
- 본문은 핵심 내용 → 배경 설명 → 세부 정보 순의 '역피라미드 구조'로 구성돼 있는가?
- 수치, 사례, 사용자 변화 등 구체적 근거가 반영돼 있는가?
- 인용구가 브랜드의 '태도'와 '철학'을 사람의 언어로 담고 있는가?
- 반복되는 행사나 메시지일 경우, '지금 이 뉴스를 전해야 할 이유'가 드러나는가?

단지 '알릴 만한 일'이기 때문이 아니라, '왜 지금, 이 소식이 뉴스로서 의미가 있는가?'에 명확히 답하는 보도자료여야 한다.

기억해야 할 보도자료 구성 원칙

1. 첫 문장에 기회가 있다.
→ 헤드라인은 보도자료의 '쇼윈도'다. 이곳에서 기자의 시선이 멈춰질 수 없다면, 그 보도자료는 읽히지 않는다.

2. 기사처럼 써라.
→ 광고형 문장이기보다 기자가 그대로 기사 첫 문장으로 쓸 수 있어야 한다.

3. 브랜드가 아니라 독자에서 시작하라.
→ "이게 나랑 무슨 상관이지?"라는 독자의 질문에 먼저 답하라.

4. 인용구는 메시지의 마침표다.
→ 브랜드의 태도와 사람의 시선이 담긴 문장이 기자의 마지막 문장을 결정한다.

5. '지금 이 뉴스를 전해야 할 이유'를 찾아라.
→ 반복되는 캠페인도 '지금, 여기'의 맥락에서 설득력이 있어야 뉴스가 된다.

5장

다양한 버전의 뉴스를 생산하는 실전 전략

"뉴스가 되는 글 뒤에는
배포 전략과 맥락 설계가 있다."

PR 일을 시작하고 얼마 지나지 않았을 무렵이었다. 나는 한 식품 브랜드의 홍보를 맡고 있었고, 당시 업계에서는 축산물의 안전성이 중요한 이슈로 떠오르고 있었다. 마침 그 시기, 광우병 사태로 축산물에 대한 국민적 불안이 극에 달했다. 사회 전체가 '어떤 사육 환경이 안전한가'에 대한 질문을 던지던 시점이었다.

우리가 담당하던 브랜드는 비교적 안정적인 시스템을 갖춘 해외 축산물을 국내에 공급하고 있었고, 그중 하나가 '풀을 먹고 자란 소'에 대한 원칙이었다. 하지만 그 사실을 단순히 전달한다고 해서 뉴스가 되는 것은 아니었다.

당시 나는 "이 정보를 어떻게 뉴스로 설계할 수 있을까"를 고민했다. 단순한 제품 소개가 아니라, 사회적 이슈와 연결되는 기획 기사를 기획한 것이다. '사육 환경에 따라 달라지는 축산물 안전성'을 주제로 전문가 기고와 소비자 인식 데이터를 함께 묶어 제안했고, 그 안에 자연스럽게 브랜드의 메시지를 배치했다.

결과적으로 이 기획 기사는 주요 매체에 잇달아 보도되었고, 브랜드는 정제된 정보와 함께 사회적 흐름 속에서 신뢰를 얻는

계기를 마련했다. 그때 나는 처음 실감했다. 좋은 글은 구조로 설계되고, 뉴스는 전략으로 만들어진다는 사실을.

이번 장에서 우리는 글쓰기의 다음 단계, 즉 뉴스가 되는 글을 '전달'이 아닌 '구성'의 관점에서 다룬다. 즉, 타이밍, 맥락, 포맷, 대상이라는 네 가지 전략적 구성 요소를 고려해 뉴스가 되는 글을 만드는 법을 제시한다.

배포 타이밍과
확산 경로를 정교히 설계하라

"자료는 좋았는데, 왜 기사가 안 났을까?"

헤드라인도 괜찮았고, 리드 문장도 명확했다. 인용구, 사진 자료, 주요 수치까지 빠짐없이 담겼다. 그럼에도 기사는 한두 건에 그쳤다. 왜일까?

행사는 오후 4시에 열렸다. 마케팅팀이 주도한 고객 초청 행사였다. "오후 4시가 타깃 고객이 가장 참석하기 좋은 시간"이라는 게 마케팅팀의 설명이었다. PR팀은 행사 시간을 바꿀 수 없었다. 대신 행사가 끝난 직후인 오후 5시, 준비한 보도자료를 배포했다. 그 시간, 기자들은 이미 다음 날 조간 마감을 앞두고 있었다. 새로운 기사를 검토할 여력이 없는 시간대였다.

이런 상황은 PR 실무에서 일상적으로 마주하는 딜레마다. 행사의 주 목적과 미디어 노출의 최적 시간대가 충돌할 때, PR 담당자는 어떻게 해야 할까?

몇 달 후 비슷한 상황이 다시 찾아왔다. 이번에는 오후 3시 고객 대상 행사였다. 하지만 이전의 실패를 교훈 삼아 PR팀은 완전히 다른 접근을 시도했다.

- **오전 9시:** 행사 예고 보도자료 1차 배포(주요 내용과 의미 중심)
- **오후 3시 직전:** 현장 스케치와 추가 정보를 담은 보도자료 2차 배포
- **행사 종료 직후:** 주요 인용구와 현장 사진 중심의 보도자료 3차 배포

그 결과, 이전 행사 때와 같은 매체의 동일한 담당 기자들이 행사 전부터 관심을 가졌고, 일부는 현장 취재까지 나왔다.

보도자료에서 뉴스 가치가 있는 내용은 기본 조건이다. 하지만 그 내용이 실제 뉴스가 되느냐 여부는 보도자료의 '도착 타이밍'으로 결정된다.

하지만 PR 실무자가 모든 일정을 통제할 수는 없다. 그렇다면 주어진 조건에서 최선의 타이밍을 '설계'해야 한다. 그 방법은 다음과 같다.

- **제약을 인정하고 우회하라:** 오후 행사라면, 오전 중 예고 보도자료로 관심을 확보한다.

- **단계별 정보 제공:** 한 번에 모든 정보를 쏟지 말고, 기자의 업무 흐름에 맞춰 나눠서 제공한다.

- **시각 자료의 활용:** 마감에 쫓기는 기자도 좋은 사진은 놓치지 않는다.

PR 담당자의 역할은 주어진 제약 속에서 최적의 배포 전략을 찾는 것이다. 행사 시간을 바꿀 수 없다면, 배포 시점과 방식을 바꿔야 한다. 보도자료의 기사화 여부는 문장보다 타이밍이, 그리고 타이밍을 극복하는 전략이 결정한다. 그렇다면 구체적으로 언제가 최적의 타이밍일까? 이를 위해서는 먼저 기자들의 하루 일과와 업무 패턴을 이해해야 한다.

기자의 리듬을 읽고 전략적으로 타이밍을 맞춰라

기자도 하루 24시간을 산다. 그중에서 '보도자료를 열어보고 기사로 만들 수 있는 시간'은 하루 중 3~4시간 남짓이다. 이 시간의 문을 놓치면, 좋은 뉴스거리도 그저 스쳐 지나가는 참고 자료가 되고 만다.

기자들의 주요 업무 리듬

요일/시간대	특징	전략 포인트
화~목요일 9~11시	기사 기획, 어젠다 결정 시간 출근 후 집중도 높은 시간	이 시간대에 도착한 자료는 '오늘 기사'로 이어질 확률이 높음
월요일 오전	주말 뉴스 처리로 보도자료 묻힘	배포를 피하거나 사회 이슈를 피한 소재를 선택할 필요가 있음
금요일 오후~저녁	주말 전 기사화 우선순위 낮아짐	'주초 활용' 또는 '공식 알림' 수준으로 활용을 조정할 필요가 있음

산업별 고려해야 할 타이밍 이슈

산업군	고려 사항	피해야 할 시점
IT/테크	글로벌 이벤트 일정 고려	빅테크 기업의 발표일에는 보도를 피해야 함
금융	금통위·분기 실적 집중 시기	주요 공시 일정에는 보도를 피해야 함
자동차	모터쇼와 같은 빅 이벤트 일정 고려	대형 이슈 직후에는 보도를 피해야 함
헬스 케어	의학회·복지부 발표일	보건 이슈 직후에는 뉴스 피로도가 높음

매체별 보도자료 최적 배포 시간

매체 유형	최적 배포 시간	이유
일간지/경제지	오전 9~11시	데스크 회의 전에 도착할 필요가 있음
온라인 전문 매체	오전 10시~오후 2시	실시간으로 기사 처리가 가능함
통신사	오전 8~10시	빠른 송고로 타 매체에 확산시킬 수 있음

다만, 다음의 매체들은 별도의 접근이 필요하다.

· **방송사**
- 최소 1~2주 전 피칭해야 함 (당일 취재진 섭외가 어려움)
- 영상 구성안도 사전에 제시해야 함
- 인터뷰이 섭외 및 확정 필수

· **주간지/월간지**
- 기획 미팅을 통해 직접 제안해야 함, 단순 배포 효과가 낮음

하지만 최적의 시간을 맞춰도 배포 방식이 잘못되면 소용없다. 같은 내용이라도 어떤 경로로 전달하느냐에 따라 기자의 반응이 완전히 달라지기 때문이다.

배포 채널마다 다른 전략을 구사하라

동일한 보도자료라도 어디로, 어떻게 보내느냐에 따라 기사 게재율이 달라진다. 보도자료를 배포하는 대표적인 세 가지 채널을 구분하자.

(1) 기자 개별 피칭

기자에게 개별 피칭을 통해 보도자료를 전달할 때는 보도자료를 전달하기 전에 기자의 취재 분야, 최근 보도 내용, 관심 키워드를 미리 파악하자. 또한, 단순히 보도자료를 전달하는 데서 그치지 않고 맥락을 연결한 짧은 코멘트를 덧붙이면 기사화 가능성을 높아진다. 이를테면, "○○ 기자님, 지난주에 보도하신 스마트물류 기사와 관련해 이번 자료가 연결될 것 같아 공유드립니다"와 같은 구절을 첨언하는 식이다.

피칭용 이메일의 구성 가이드

제목: [보도자료 헤드라인을 그대로 사용]

본문
- 간단한 인사 및 맥락 연결 (2~3줄)
- 핵심 포인트 요약 (3~4개 불릿)
- 보도자료 첨부 안내
- 연락처

피칭용 이메일 예시

> **제목:** 국내 최초 AI 물류센터, 배송시간 50% 단축
>
> ○○ 기자님 안녕하세요. ○○기업의 PR 담당자 ○○○입니다.
> 지난주 '물류업계 자동화 가속화' 기사 잘 봤습니다.
> 관련해서 저희가 이번에 오픈하는 AI 물류센터 소식이 있어 공유드립니다.
>
> - 국내 최초 완전 무인 AI 물류 시스템 도입
> - 평균 배송 시간 50% 단축(48시간 → 24시간)
> - 연간 탄소 배출량 30% 감소 효과
>
> 자세한 내용은 첨부한 보도자료를 참고해주시길 부탁드립니다.
> 추가 문의사항이 있으시면 언제든 연락주세요.
> [02-123-4567 / 010-****-***]

(2) 보도자료 대량 배포 채널

뉴스와이어, 피알 뉴스와이어(PR Newswire)는 대표적인 보도자료 대량 배포 서비스 업체들이다. 이 채널들을 이용하는 것은 공식 발표 기록용으로 유용하지만, 기사 게재율이 개별 피칭 대비 현저히 낮은 편이다. 그러한 이유로 공시성 자료, IR(Investor Relations, 기업

활동) 정보, 검색 노출용 등의 목적일 때 사용하는 경우가 많다.

(3) 자사 채널 활용

기업이나 브랜드들은 원활하고 효율적인 홍보를 위해 자사 뉴스룸을 운영하는 경우가 많다. 자사 뉴스룸은 기업의 공식적인 정보들이 공개된 공간이기에 기자들의 팩트 체크용 아카이브 역할을 한다. 그렇지만 직접적으로 기사를 유도하는 효과는 제한적이다. 한편, 기업이나 브랜드들은 자사 뉴스룸 외에도 자사 홍보 콘텐츠의 디지털 확산을 위해 다양한 플랫폼에서 공식 채널을 운영한다. 다음은 각 디지털 플랫폼별 활용 방식과 전략 포인트를 정리한 것이다.

디지털 플랫폼별 활용 방식과 전략 포인트

플랫폼	활용 방식	전략 포인트
링크드인	요약문 + 링크	B2B 타깃, 산업 인사이트 강조
블로그	심화 콘텐츠	검색엔진 최적화로 장기 노출
유튜브	숏폼 브리핑	30~60초 핵심 메시지
인스타그램	카드뉴스	시각화 중심, MZ세대 타깃

지금까지 보도자료를 배포하는 대표적인 세 채널의 특징을 살펴봤다. 이 중 가장 효과적인 언론 홍보 방법은 기자 개별 피칭

이다. 자사 채널은 '직접 확산'용이지 '언론 보도'를 위한 채널은 아님을 기억하자. 그렇다면 개별 피칭에서 가장 중요한 것은 무엇일까? 바로 '누구에게 보낼 것인가'다. 많은 실무자가 놓치는 핵심이 바로 여기에 있다.

'기자'는 직함이 아니라 관점이다

기자는 단순히 기사를 작성하는 사람이 아니라 뉴스 가치를 판단하는 게이트키퍼다. 그럼에도 많은 실무자가 보도자료를 배포할 기자 리스트를 만들 때 '경제부', '산업부', 'IT부'처럼 부서 기준으로만 접근한다. 그러나 기사는 부서가 아닌, 기자가 쓴다. 같은 부서 안에서도 기자마다 관심사, 전문성, 보도 스타일이 전혀 다름을 인지해야 한다.

(1) 관심사에 따라 기자를 세분화해야 한다
'경제부'라고 해서 모두 금리 이야기에 반응하지 않으며, 'IT부'라고 해서 모두 기술 스펙을 궁금해하지 않는다. 그러므로 다음의 표와 같이 기자별로 주요 취재 분야나 관심사 중심으로 분류해 이에 따라 맞춤형으로 보도자료를 배포하는 것이 기사화에 효과적이다.

기자별 주요 취재 분야 세분화 예시

기자 이름	매체 부서	주요 취재 분야
A 기자	경제부	제1금융, 대형 은행
B 기자	경제부	핀테크, 빅테크
C 기자	경제부	보험, ESG, 대체 투자
D 기자	IT부	반도체, 인공지능
E 기자	IT부	SaaS, 스타트업
F 기자	사회부	노동/고용, 청년 실업, 워라밸
G 기자	사회부	교육 격차, 대입 정책, 에듀 테크
H 기자	사회부	부동산 정책, 주거 복지, 젠트리피케이션
I 기자	문화부	K-콘텐츠, OTT산업, 미디어 커머스
J 기자	문화부	MZ트렌드, 리셀 문화, 명품 소비
K 기자	산업부	전기차, 배터리, 탄소 중립
L 기자	산업부	바이오헬스, K-뷰티, 신약 개발

(2) 기자 유형에 따라 피칭 전략이 달라져야 한다

같은 주제의 보도자료라도 강조하는 지점이 타깃 기자에 따라 전혀 달라야 한다. 가령, 'AI 기반 물류 시스템'을 주제로 하는 보도자료라면, 기자 유형에 따라 적절한 피칭 포인트를 파악해 헤드라인을 전략적으로 조정해야 한다.

기자 유형에 따른 피칭 포인트와 헤드라인 조정 예시

기자 유형	피칭 포인트	헤드라인 조정 예시
IT 기자	알고리즘, 머신러닝 기술	"○○기업, 예측 기반 AI 물류 시스템 발표"
경제 기자	산업 파급력, 투자 효과	"○○기업, 물류비 30% 절감… 연 2천 억 시장 창출 기대"
ESG 기자	탄소 절감, 지속가능성	"○○기업, AI 배송 경로 최적화로 탄소 20% 감축"

(3) 조직 유형에 따라 기자 피칭 전략이 달라져야 한다

같은 보도자료라도 타깃 기자에 따라 강조점이 달라지듯이, PR 하는 조직의 유형에 따라서도 강조점이 전혀 달라야 한다. 조직의 특성에 따라 사회적으로 기대되는 바가 다르기 때문이다.

조직 유형에 따른 접근 프레임과 유의 사항

조직 유형	기자 접근 프레임	유의 사항
스타트업	기술 혁신 + 사회문제 해결	시장과의 연결점을 설계할 필요가 있음
중견기업	전문성·특화 노하우 중심	차별화 포인트를 명확히 해야 함
대기업	산업 리더십·사회 기여	사회적 책임과 투명성을 바탕으로 대중 신뢰를 확보해야 함
비영리단체	공익성·사회적 임팩트	감성적 호소보다 구체적인 성과 데이터가 필수적임

다음은 이를 위해 할 수 있는 구체적인 실천 사항들이다.

• 타깃 기자가 작성한 최근 기사 3~5개 정도는 필수적으로 확인한다.
• 타깃 기자의 SNS 채널(예: X, 페이스북, 링크드인 등)을 통해 관심사, 전문 분야, 혹은 특정 이슈에 대한 시각을 파악한다. 이는 공식 기사보다 개인적인 의견이나 흥미를 더 드러내는 경향이 있어 기자 개개인의 성향을 이해하는 데 유용하다

하지만 아무리 정교한 배포 전략을 세워도 실제 결과를 확인하지 않으면 의미가 없다. 진짜 성공적인 PR 실무자와 그렇지 않은 실무자의 차이는 바로 '배포 후 관리'에서 갈린다.

피드백과 후속 조정: 기사화는 배포 이후 시작된다

보도자료 배포는 기사화를 위한 시작일 뿐이다. 보도자료를 배포한 이후에는 뉴스가 되도록 연결하는 전략이 뒤따라야 한다.

(1) 기사화 성과 모니터링
다음은 기사화 성과를 모니터링할 때 확인해야 하는 내용과 기준이다.

기사화 성과 모니터링 시 확인할 내용

항목	분석 내용	실무 기준
기사화율	(기사 건수 ÷ 배포 매체 수) × 100	일반: 10~15% 주요 이슈: 30% 이상
핵심 메시지 포함률	기사에 핵심 문장이 포함됐는가?	2개 이상 반영 시 성공
인용 반영률	인용구가 직접 기사에 반영됐는가?	주요 메시지 담은 인용구 포함 시 성공
정서 톤 분석	긍정/중립/부정 비율	부정적 언급 5% 미만 및 긍정/중립 90% 이상 유지
도달률	예상 독자 수, 매체 영향력	타깃 오디언스 도달 여부

(2) 후속 조치 추가

보도자료를 배포한 이후 24간 이내에 타이밍별로 다음과 같은 후속 조치가 이루어져야 한다.

- **2시간 이내:** 주요 온라인 매체 모니터링
- **(오전에 보도자료를 배포했을 경우) 오후 3시:** 추가 피칭 여부 결정
- **당일 저녁:** 1차 성과 정리 및 내부 공유
- **익일 오전:** 추가 기사화가 가능한 매체에 2차 피칭

(3) 다양한 모니터링 도구 활용

이러한 모니터링은 단순히 기사 건수를 파악하는 것을 넘어, 기사의 질적 측면과 확산 효과를 심층적으로 분석하는 데 필수적이다. 이를 위해 다양한 유형의 모니터링 도구를 활용할 수 있다. 효율적인 모니터링을 위해서는 보도자료 배포 이후 흐름을 체계적으로 파악할 수 있는 적합한 모니터링 도구를 활용해야 한다. 다음은 PR 현장에서 활용할 만한 모니터링 도구들이다.

- **무료:** 네이버 뉴스 검색, 구글 알림
- **유료:** 빅카인즈, 아이서퍼, 뉴스젤리
- **내부 관리:** 엑셀 기반 자체 트래킹 시트

(4) 기사화 실패 시 대응 추가

기사화가 실패했을 경우, 다음을 위해 실패 요인을 분석하고 반면교사로 삼아야 한다. 다음은 기사화가 저조했을 때 살펴봐야 하는 체크리스트다.

- 당시 언론 환경이 우호적이었는가? (주요 사회 이슈, 대형 사건 발생 여부)
- 매체 자체의 보도 방향과 일치했는가? (해당 매체의 관심 분야, 특정 이슈에 대한 기존 입장)
- 타이밍이 적절했는가? (이슈 중복, 배포 시간)

- 뉴스 가치가 명확했는가? (사회적 맥락 연결)
- 타깃 기자 선정이 정확했는가?
- 헤드라인이 충분히 매력적이었는가?

기사화에 성공했다면, 이제 그 성과를 극대화할 차례다. 언론 보도는 끝이 아니라 시작이다. 하나의 보도자료가 다양한 채널에서 재생산돼 더 많은 사람들에게 도달할 때 진짜 홍보 효과가 나타난다.

디지털 확산 전략: 보도자료는 확장돼야 한다

기사화에 성공했다면, 이제 그 모멘텀을 활용할 때다. 보도자료는 언론 보도로 그 용도가 끝나는 것이 아니다. 다양한 형태로 재가공돼 더 많은 독자들에게 도달해야 한다. 최근에는 보도자료를 활용한 홍보 콘텐츠를 게시할 수 있는 디지털 플랫폼들이 다양해졌다. 다음은 디지털 콘텐츠 종류에 따른 전환 방식과 활용 채널, 핵심 전략을 표로 정리한 내용이다.

디지털 콘텐츠 종류에 따른 전환 방식 및 핵심 전략

디지털 콘텐츠	전환 방식	활용 채널	핵심 전략
인포그래픽	핵심 수치 3~5개를 시각화	인스타그램, 링크드인	한눈에 들어오는 데이터 정보 전달력 극대화
숏폼 영상	30초 분량, 핵심 메시지 중심	유튜브 쇼츠, 인스타그램 릴스	첫 3초 임팩트 빠른 정보 소비 유도
카드뉴스	핵심 문장으로 5~7장 구성	인스타그램, 페이스북	스토리텔링 구성 정보 접근성 및 이해도 증진
블로그 기사	검색엔진 최적화 기반 확장 콘텐츠	자사 블로그	검색 최적화 + 심화 내용 전문성 및 정보성 제고
요약 포스트	3줄 요약 + 링크	링크드인, X(엑스)	비즈니스 인사이트 강조 관심 유발 및 원문 유입 촉진

각 채널별 구체적인 콘텐츠 제작 방법과 글쓰기 전략은 6장에서 상세히 다룰 예정이므로 여기에서는 보도자료를 시작점으로 한 확산 전략에 집중했다.

[한 줄 정리]
보도자료 배포는 '잘 쓴 문장을 내보내는 일'이 아니라, '뉴스가 되는 타이밍과 확산 경로를 설계하는 전략'이다.

기획 기사, 보도자료를 넘어서 메시지를 확장하는 방법

"지금 이걸, 기획 기사로 풀 수는 없을까?"

모든 브랜드가 항상 뉴스거리를 갖고 있는 것은 아니다. 신제품이 매달 나오는 것도 아니고, 사내 이벤트가 매번 기사화될 만큼 세상의 주목을 받는 것도 아니다. 그래서 실무자들은 보도자료를 쓰면서도 현실적인 한계를 느낀다. "특별한 이벤트가 없는 평상시에는 무엇을 어떻게 알려야 할까? 자료는 완성됐지만, 이게 뉴스가 될까? 기자는 과연 관심을 가질까?" 바로 그 지점에서 질문은 전환된다. "우리는 어떻게 우리의 이야기를 알릴 수 있을까?"

보도자료가 기업의 소식을 요약한 공식 메시지라면, 기획 기사는 그 메시지를 사회의 흐름 안에서 '이유가 있는 스토리'로 연결하는 전략 도구다. 이때 중요한 것은 '어떤 이야기를 하고 싶은가'보다, '지금 세상이 듣고 싶어 하는 말과 맥락에 우리 메시지를 어떻게 배치할 것인가'다.

기획 기사는 브랜드가 말하고 싶은 내용을 강하게 주장하는 글이 아니다. 오히려 사회의 변화와 독자의 관심 안에 브랜드의 존재 이유를 자연스레 녹여내는 글이다. 뉴스가 부족한 시기에 브랜드가 존재감을 이어가기 위한 가장 전략적인 방법이기도 하다.

기획 기사는 '새로운 소식'이 없어도 '의미 있는 이야기'를 만드는 전략이다. 기획 기사는 사회적 화두와 독자의 관심사 속에서 브랜드의 존재 이유를 찾아내고, 평범한 일상도 시의성 있는 스토리로 재구성한다. 그것이 단순한 발표를 넘어선 기획 기사의 힘이다.

보도자료, 기획 기사, 인터뷰의 역할 차이부터 전략적으로 구분하라

미디어를 통한 브랜드 커뮤니케이션에서 보도자료, 기획 기사, 인터뷰는 각각 다른 역할을 수행한다. 같은 메시지라도 어떤 형식을 선택하는지에 따라 전달력과 파급 효과가 완전히 달라진다. 각 도구가 언제, 어떻게 활용되는지 먼저 정리해보자.

보도자료, 기획 기사, 인터뷰의 차이

구분	주요 목적	전달 방식	브랜드 노출 방식
보도자료	사실 전달, 브리핑	보도 가치 중심의 정보 정리	공식 메시지와 팩트 중심
기획 기사	배경, 맥락, 관점 전달	스토리텔링 + 인사이트 제공	사회 흐름 속에서 연결 포인트를 강조
인터뷰	브랜드의 태도, 리더십 전달	인터뷰이의 언어로 해석	브랜드의 인간적/전략적 면모를 표현

기자가 반응하는 기획 기사의 조건

그렇다면 구체적으로 어떤 기획 기사가 기자들의 관심을 끌 수 있을까? 보도자료와 인터뷰와 구별되는 기획 기사만의 조건을 살펴보자. 보도자료는 '사실'을 다룬다. 한편, 기획 기사는 그 사실이 어떤 사회적 맥락에서 의미를 갖는지를 보여준다. 예를 들어, 1인 가구 증가와 주거 공간 축소라는 사회 변화 속에서 소형 가전이 '미니멀 라이프의 필수품'으로 자리를 잡는 스토리를 들려주는 식이다. 이는 단순한 제품 소개가 아닌 시대적 맥락과 연결된 기획이다. 기획 기사가 채택되려면 기자의 관점에서 다음 체크리스트를 통과해야 한다.

- **시의성:** 지금 이 시점에 왜 필요한 이야기인가?
- **독창성:** 기존 보도와 어떤 차별점이 있는가?
- **공익성:** 독자에게 어떤 실질적 가치를 제공하는가?
- **스토리텔링:** 데이터와 사람의 이야기가 균형 있게 담겼는가?

한편, 기자는 기획 기사 여부를 판단할 때, 다음의 세 가지 판단 기준을 가지고 핵심 질문을 던지다.

기획 기사 여부 판단 시 기자의 판단 기준

판단 기준	기자가 던지는 핵심 질문
① 독자 관심과 연결돼 있는가?	사회 이슈, 소비 변화, 시장 흐름과 연관성은 충분한가? 지금 이 주제가 독자에게 왜 필요한가?
② 브랜드가 아니라 사회 관점에서 출발했는가?	'우리 이야기를 들어달라'가 아니라, '지금 이 변화 안에서 어떤 의미가 있는가'로 출발했는가?
③ 기존 기사들과 차별성이 있는가?	유사 주제가 이미 다뤄졌다면, 이 기획이 어떤 새로운 시각이나 근거, 구성을 갖고 있는가?

기획 기사 아이디어는 어떻게 발굴할 수 있을까?

한 달에 한 번, 우리 브랜드가 연관될 수 있는 사회 흐름을 키워드로 정리해보라. 이때 정부 정책, 산업 보고서, 소비자 트렌드 분석 등을 활용해 잠재적 이슈를 발굴하고, 그 안에서 '기사의 주제'가 아닌, '기사 안에 들어갈 브랜드의 포지션'을 찾아야 한다. 다음은 이를 위해 할 수 있는 구체적인 실천 사항들이다.

- 월 1회 '우리 브랜드×사회 트렌드' 매칭 회의를 진행한다.
- 경쟁사뿐 아니라 유사 업종 또는 선도 기업 기획 기사를 모니터링해 업계 이슈를 파악한다.
- 내부 데이터를 '사회적 의미'로 재해석하는 연습을 한다.
- 기자들의 최근 관심사를 SNS와 기사를 통해 추적한다.
- 외부 전문가/오피니언 리더의 견해를 주기적으로 살핀다.
- 대중의 목소리가 담긴 온라인 커뮤니티, 댓글 등을 분석한다.

실제 적용 예시 (1) 헬스케어 브랜드의 경우

- **정부 정책:** 디지털 헬스케어 육성 정책 발표
- **사회 트렌드:** 1인 가구 증가, 홈케어 관심 확산
- **브랜드 포지션:** "집에서도 병원급 건강관리가 가능한 시대"
- **기획 기사 앵글:** "1인 가구 2000만 시대, 혼자서도 안전한 건강관리법"

실제 적용 예시 (2) 교육 브랜드의 경우

- **정부 정책:** AI 디지털교과서 도입 발표
- **사회 트렌드:** 개인 맞춤형 학습 수요 증가

- **브랜드 포지션:** "AI가 만드는 나만의 학습 경험"
- **기획 기사 앵글:** "천편일률 수업의 종말, AI 튜터 시대가 온다"

기획 기사도 유형별로 접근하라

기획 기사는 브랜드가 직접 말하지 않아도, 브랜드의 관점을 드러낼 수 있는 강력한 전략 도구다. 그러므로 단순한 활동 소개가 아니라, 사회적 흐름과 브랜드 철학이 연결되는 지점을 찾아야 한다. 다음은 목적과 메시지에 따라 기획 기사를 구성할 수 있는 대표적인 접근 유형이다.

기획 기사의 다양한 유형과 예시

접근 유형	예시 설명	실제 사례
업계 트렌드 리포트	자사 데이터 + 시장 분석	"○○업계 디지털 전환 지수 발표"
사회문제 해결형	브랜드 활동 + 사회적 임팩트	"플라스틱 저감 프로젝트 1년 성과"
라이프 스타일 변화형	소비 트렌드 + 브랜드 대응	"재택근무 시대, 홈오피스 솔루션"
미래 비전 제시형	기술 전망 + 기업 로드맵	"2030 모빌리티 시장 전망과 준비"

언제 어떤 유형을 선택할까? 실무에서는 브랜드의 현재 상황과 목표에 따라 가장 적합한 유형을 선택해야 한다.

- **업계 트렌드 리포트:** 신규 사업 진출이나 시장 리더십 강조 시
- **사회문제 해결형:** ESG나 브랜드 이미지 개선이 필요할 때
- **라이프 스타일 변화형:** B2C 브랜드의 신제품 출시 전후
- **미래 비전 제시형:** 투자 유치나 파트너십 확보가 목표일 때

기획 기사 구성의 구체적 사례: B2C와 B2B는 어떻게 다른가?

보도자료를 넘어 기획 기사로 메시지를 확장할 때, PR 실무자는 타깃 독자의 특성을 깊이 이해하고 그에 맞춰 메시지 구조를 재구성해야 한다. 특히 기획 기사의 대상이 소비자(B2C)인지, 기업(B2B)인지에 따라 제목, 리드, 본문의 구성 방식에서 명확한 차이를 보인다. 다음의 표는 B2C와 B2B의 기획 기사 접근 전략의 차이를 정리한 것이다.

B2C 기획 기사와 B2B 기획 기사의 차이

구분	B2C(소비재)	B2B(기업간)
핵심 독자	일반 소비자, 트렌드 관심층	업계 관계자, 의사결정자
톤 앤 매너	감성적, 트렌디함, 친근함	전문적, 분석적, 신뢰감
강조 포인트	라이프 스타일, 경험, 가치	투자수익률, 효율성, 기술 혁신
데이터 활용	소비 트렌드, 사용자 후기	시장 전망, 기술 스펙, 사례

둘 사이의 차이를 이해했다면, 이제는 보도자료 내용을 대상 맞춤형 기획 기사로 바꾼 구체적 사례를 만나볼 차례다.

건강기능식품 출시 소식 보도자료를 B2C 기획 기사로 전환한 예시

항목	보도자료	기획 기사
제목	"○○기업, 프리미엄 건강기능식품 출시"	"왜 MZ세대는 비타민도 '인스타그래머블' 해야 할까"
도입부	제품 출시 사실 전달	MZ세대 건강관리 트렌드 분석
핵심 메시지	성분, 가격, 구매처	라이프 스타일, 가치관, 소비 심리
근거 자료	제품 스펙	세대별 구매 데이터, 전문가 인터뷰

게임엔진 출시 소식 보도자료를 B2B 기획 기사로 전환한 예시

항목	보도자료	기획 기사
제목	"○○사, 차세대 게임엔진 5.0 출시"	"게임엔진이 제조업 디지털 트윈을 이끈다"
도입부	신제품 기능 소개	산업 전반의 변화 조망
핵심 메시지	성능 향상, 신기능	산업 적용 사례, 미래 전망
근거 자료	기술 스펙	도입 기업 사례, 시장 분석 리포트

다음은 대상에 딱 맞춘 기획 기사 구성을 위한 구체적인 실천 사항들이다.

- **B2C:** 소비자가 공감할 수 있는 일상의 언어로 번역한다.
- **B2B:** 업계가 주목하는 비즈니스 임팩트로 재구성한다.
- **공통:** 보도자료의 '발표' 톤을 벗어나 '인사이트' 톤으로 전환한다.

[한 줄 정리]
기획 기사는 브랜드가 말하고 싶은 것을 독자가 알고 싶어 하는 방식으로 재구성하는 전략적 번역 작업이다.

설득력 있는
인터뷰 제안의 기술

하지만 기획 기사도 한계가 있다. 아무리 잘 짜인 스토리라도 브랜드의 '사람다운 면모'를 보여주기에는 부족할 때가 있다. 데이터와 트렌드로는 전달하기 어려운 브랜드의 철학, 리더십, 진정성을 보여줄 때 필요한 것이 바로 인터뷰다.

"인터뷰하시겠어요?" 이 막연한 요청에 기자가 응답할 확률은 거의 없다. 많은 PR 실무자가 기자들에게 인터뷰를 제안하면서도 '누구에게, 왜, 지금 이 메시지를 전하려고 하는가'라는 질문에 대한 답을 미처 준비하지 못한다. 기자는 인터뷰 제안을 받을 때 구체적 맥락과 스토리의 단초를 기대한다.

인터뷰는 기자에게 기획 아이디어를 제안하는 일이다. 단지 브랜드 홍보와 관련된 사람을 소개하는 것이 아니라, 브랜드가 전달하고 싶은 철학과 태도를 누가, 어떤 언어로, 어떤 독자에게 전달할지를 결정하는 작업이다.

인터뷰는 브랜드의 태도를 보여주는 전략적 무대다

인터뷰는 단지 '사람 이야기'가 아니다. 브랜드의 메시지를 사람의 언어로 설계해 보여주는 무대다. 브랜드의 철학, 태도, 리더십, 전략적 입장을 가장 '인간적으로' 보여줄 수 있는 콘텐츠가 바로 인터뷰다. 인터뷰는 기자 피칭 이전부터 전략적으로 접근해야 한다.

모든 인터뷰는 다음의 세 가지를 반드시 정의해야 한다. 또한, 최고위 임원이라고 해서 항상 좋은 인터뷰이는 아니다. 메시지 전달력, 미디어 친화성, 스토리 구성력을 고려해 인터뷰이를 선정해야 한다.

- **목표:** 이 인터뷰로 어떤 메시지를 확산시킬 것인가?
- **매체:** 타깃 독자와 가장 잘 만날 수 있는 언론은 어디인가?
- **화자:** 이 메시지를 가장 진정성 있게 말할 수 있는 사람은 누구인가?

인터뷰는 크게 두 가지 방식으로 나눈다.

인터뷰 유형

유형	설명
주도형(Proactive)	홍보팀이 먼저 기획하고 제안하는 인터뷰. 브랜드 리더십, 이슈 선점이 목적임
반응형(Reactive)	기자 요청으로 이뤄지는 대응형 인터뷰. 위기·이슈·불확실 상황을 포함함

인터뷰는 제안할 때 이미 '기획'돼 있어야 한다

주도형 인터뷰라고 해서 기자에게 단순히 "인터뷰하시겠어요?"라고 제안하는 것에 그쳐서는 안 된다. 기자가 한눈에 이해할 수 있도록, 인터뷰의 목적, 내용, 화자의 가치가 명확히 정리돼 있어야 한다. 다음은 인터뷰 피칭 이메일을 어떻게 쓰면 좋을지 알려주는 구성 예시다.

인터뷰 피칭 이메일 예시

제목: [인터뷰 제안] ESG 실천 1년, 득과 실을 말하다
                                        - ○○기업 대표

○○ 기자님 안녕하세요.
지난주 '그린워싱 논란' 기사 잘 봤습니다. ESG를 실제로 실천하

는 기업의 솔직한 이야기가 필요한 시점인 것 같습니다. 저희 ○○ 기업이 ESG 경영을 선언한 지 1년이 되었습니다. 성과도 있었지만, 예상치 못한 어려움도 많았습니다. 이런 '현실적인 경험'을 독자들과 나누고자 인터뷰를 제안드립니다.

▶ 인터뷰이: 홍길동 대표이사
- ESG 전환 직접 주도, 현장 경험 풍부
- 업계 최초 탄소중립 인증 획득 주역

▶ 주요 내용
- ESG 실천의 현실적 어려움과 극복 과정
- 1년간의 구체적 성과 데이터
- 2025년 ESG 시장 전망

필요시 상세 질문지와 관련 자료를 보내드리겠습니다.
검토 부탁드립니다.

[담당자명] | ○○기업 홍보팀
[연락처] | [이메일]

매체별 맞춤 피칭 전략

같은 인터뷰 내용이라도 매체 특성에 따라 피칭 포인트를 다르게 강조해야 한다.

매체 유형별 피칭 전략

매체 유형	피칭 전략	제목 예시
경제지	비즈니스 임팩트, 수치, ROI 중심	"ESG 투자 1년, 30% 비용 절감 효과 확인"
라이프스타일지	감성, 스토리, 사회적 가치 중심	"지구를 위한 선택, 기업이 바꾼 일상"
전문지	기술적 깊이, 업계 인사이트 강조	"탄소중립 실현 과정의 기술적 도전과 해법"
온라인 매체	트렌드, 화제성, 시각적 요소	"MZ세대가 주목하는 기업의 ESG 진정성"

피칭 성공률을 높이는 실무 팁

성공적인 인터뷰 피칭을 위해서는 기자의 관점에서 생각해야 한다. 기자는 하루에 수십 개의 보도자료와 제안을 받는다. 그중에서 눈에 띄려면 단순히 좋은 내용을 담는 것만으로는 부족하다. 기자가 즉시 판단할 수 있는 명확한 신호를 보내야 한다. 피칭을 기획할 때는 다음 사항들을 유의해야 한다.

인터뷰 피칭 시 유의 사항

요소	설명
제목	기자가 '왜 이걸 지금 봐야 하는지'를 직관적으로 알 수 있어야 함
화자 선정 이유	"이 사람이 왜 이 이야기를 할 자격이 있는가?"를 짧게 밝혀야 함
내용 예고	기자가 기획 기사를 쓰듯, 흐름을 상상할 수 있어야 함
기사화 가치 강조	'광고성 콘텐츠'로 보이지 않도록 사회적·구조적 메시지를 함께 담아야 함

'기자별 맞춤형 접근'을 위해서는 타깃 기자의 최근 기사 3~5개를 분석하고, 기자의 SNS 활동을 통한 관심사를 파악하며, 기자의 취재 패턴에 맞는 시점과 각도 제안하는 것이 바람직하다. 다음은 제안 성공률을 높이는 다섯 가지 체크포인트다. 성공적인 인터뷰 피칭을 하기 전 이 체크포인트들을 꼭 확인하고 넘어가자.

- 기자의 최근 관심사와 연결되는가?
- 사회적 이슈나 트렌드와 맞닿아 있는가?
- 인터뷰이가 이 주제를 말할 자격이 명확한가?
- 독자에게 실질적 가치를 제공하는가?
- 기존 보도와 차별화된 관점이 있는가?

피칭이 성사돼 인터뷰를 하게 됐다고 해도 마음을 놓기는 이르다. 기자는 기업이 원하는 질문만 묻지 않으며, 그 이상의 질문을 할 수 있다. 인터뷰를 진행하다 보면 불편한 질문이 나올 수도 있다. 하지만 기자가 던진 불편한 질문은 브랜드에 대한 적대감을 담은 질문이라기보다 독자의 궁금증과 공익을 대변하는 질문일 수 있음을 기억하자.

한편, 인터뷰이는 기업을 대표한다. 인터뷰이가 답한 한 문장은, 브랜드 전체의 태도로 읽힌다. 그러므로 사전에 메시지를 설계하고, 예상 질문에 대한 '기조 입장'을 정리하고, 훈련된 언어로 진심을 유지하는 연습이 필요하다. 제안은 시작일 뿐, 진짜 승부는 인터뷰 현장에서 벌어진다.

[한 줄 정리]
"인터뷰하시겠어요?"가 아니라 "이런 이야기를 다뤄보시겠어요?"로 접근하라. 인터뷰 제안은 곧 기사 기획 제안이다.

브랜드의 태도가 전해지는 인터뷰 구성 전략

인터뷰는 문장이 아니라 '태도'로 기억된다. 한마디의 말은 브랜드의 세계관을 드러내고, 입장은 언어의 결로 해석된다. 좋은 인터뷰는 질문에 얼마나 잘 대답했는지로 판가름되지 않는다. 중요한 것은 질문을 받아내는 태도다. 특히 도전적인 질문이 던져졌을 때나 답하기 애매한 상황에서 그 브랜드가 어떤 언어로 말하는지를 독자는 기억한다.

인터뷰이는 기업의 철학과 문화를 대변하는 사람이다. 기자는 인터뷰이의 답만 듣는 것이 아니라, 그 답을 발화하는 태도와 말투에서 브랜드의 결을 감지한다.

목적에 따라 인터뷰 기획 시나리오는 달라야 한다

미디어와의 인터뷰는 단순히 정보를 전달하는 것을 넘어, 브랜드의 철학, 리더십, 그리고 나아갈 방향을 대중에게 심층적으로 전달하는 중요한 기회다. 특히 B2C 브랜드와 B2B 기술기업은 인터뷰의 목적, 타깃 매체, 인터뷰이 선정, 그리고 핵심 전략 포인트에서 명확한 차이를 보인다. 다음은 타깃 특성에 맞는 인터뷰 기획 전략 시나리오를 비교, 분석해 정리한 내용이다.

B2C 브랜드 인터뷰 기획 전략

요소	접근 방식
인터뷰 목적	건강기능식품 브랜드의 철학과 개발 배경 전달
타깃 매체	라이프 스타일, 건강, 패션, 소비 트렌드 전문지
인터뷰이 선정	제품 개발 이사, 브랜드 매니저 → 스토리텔링 역량 중시
메시지 전략	'제품 기능성'보다 '철학, 감성, 스토리' 중심
독자 특성	감성적 설득과 문화적 감수성에 민감
예상 질문	"어떤 가치를 추구하시나요?", "소비자와의 소통 방식은?"

· **실제 적용 예시: 건강기능식품 브랜드의 경우**

"우리는 단순히 건강기능식품을 파는 것이 아니라, MZ세대의 건강한 라이프 스타일을 함께 만들어가는 파트너입니다."

B2B 기술기업 인터뷰 기획 전략

요소	접근 방식
인터뷰 목적	기술적 혁신성, 산업 임팩트, 비즈니스 확장성 강조
타깃 매체	산업기술, 디지털 전문 매체, IT 비즈니스 매체
인터뷰이	CTO, 기술책임자 → 기술적 깊이와 비전 제시 능력 중시
메시지 전략	기술 구현 방식, 산업 파급력, ESG 연결까지 포함
독자 특성	높은 전문성 수준, 구체적 데이터와 사례 기대
예상 질문	"기술적 차별점은?", "ROI 측면에서 어떤 가치를?", "향후 확장 계획은?"

· **실제 적용 예시: 게임엔진 기업의 경우**

"우리 엔진이 게임을 넘어 제조업의 디지털 트윈, 건축 시뮬레이션까지 확장됐으며, 이를 통해 연간 30% 비용 절감 효과를 입증했습니다."

인터뷰 기획을 위한 사전 준비 4단계

성공적인 미디어 인터뷰는 단순히 인터뷰이의 답변 능력에만 달려 있지 않다. 철저한 사전 기획과 준비를 통해 메시지를 전략적으로 설계하고, 발생 가능한 모든 상황에 대비하는 것이 중요하다. 다음의 4단계는 인터뷰의 목적을 달성하고, 매체와 신뢰를 구축하며, 최적의 메시지를 전달하기 위한 필수적인 사전 준비 과정이다.

[1단계] 메시지 설계

• **핵심 메시지 3~5개 구조화하기:** 브랜드 정체성, 차별화 포인트, 미래 비전

• **예민한 이슈에 대한 기본 입장 정리하기:** 경쟁사, 규제, 논란 관련 일관된 메시지

• **브릿지 문장 준비하기:** "말씀하신 부분도 중요하지만, 저희가 더 집중하고 있는 것은…." (화제 전환용)

• **핵심 수치 및 데이터 정리하기:** 즉답 가능한 구체적 성과 지표

[2단계] QA 시뮬레이션

• **예상 질문 30개 이상 준비하기:** 기본형 15개, 도발형 10개, 돌발형 5개

• **도발적 질문에 대한 대응 연습하기:** "경쟁사가 더 낫다는 의견에 대해서는?"

• **"모르겠다"라고 말할 수 있는 영역 설정하기:** 미공개 정보, 타 부서 영역 구분

• **주도권 확보 질문 준비:** "혹시 ○○에 대해서도 궁금하실 텐데…." (우리가 말하고 싶은 주제로 이끌기)

[3단계] 인터뷰이 역량 강화

• **메시지 일관성 훈련하기:** 같은 내용을 다른 각도로 표현하는 연습

- **비언어적 커뮤니케이션 점검하기:** 제스처, 표정, 목소리 톤
- **시간 관리 훈련하기:** 핵심 메시지는 2분 내 전달, 세부 설명은 5분 내
- **실전 모의 훈련:** 동료가 기자 역할로 실제 인터뷰 시뮬레이션

[4단계] 기자와의 소통 전략
- **매체별 성향 분석하기:** 기자의 최근 기사 3~5개 검토
- **사전/사후 커뮤니케이션 계획하기:** 질문 범위, 인터뷰 시간, 추가 자료 제공, 사후 팩트 체크 방식 합의

인터뷰 직후 기자에게, "혹시 오늘 다룬 내용 중 수치나 사례와 관련해서 추가 확인이 필요하시면 말씀해주세요"라고 응대하자. 이 한 문장은 기자 신뢰도를 높이는 강력한 디테일이다. 한편, 인터뷰가 종료된 후 다음과 같은 표현들은 꼭 피해야 한다.

"이건 오프 더 레코드입니다." → 사전 합의 없는 발언은 보호받지 않음
"이건 기사화 안 되겠죠? → 책임을 회피하는 태도는 기자 신뢰도를 낮춤
"기사 전체를 미리 봐도 될까요?" → 팩트 체크는 가능하나 전체 검토 요청은 부적절함

보도자료는 사실을 전달하고, 기획 기사는 맥락을 만들고, 인터뷰는 태도를 보여준다. 이 세 가지 도구를 전략적으로 활용할

때, 브랜드는 단순한 정보 전달을 넘어 사회와 소통하는 존재가 된다. 하지만 여기서 끝이 아니다. 디지털 시대, 우리의 메시지는 더 넓은 공간으로 확장돼야 한다. 소셜 미디어, 검색, 디지털 네이티브를 위한 글쓰기 등에 대한 전략은 6장에서 보다 더 구체적으로 이야기할 예정이다.

> **[한 줄 정리]**
>
> 브랜드의 진심은 문장이 아니라 태도에서 드러난다. 인터뷰는 그 태도를 '사람의 말'로 설계하는 전략적 무대다.

[Quick Tips]

기획 기사와 인터뷰, 이것만 기억하자

자가 점검 체크리스트

콘텐츠를 작성하기 전, 다음 질문에 '예'라고 답할 수 있는지 점검해 보자.

- 이 기획 기사는 브랜드의 시선이 아닌 사회적 관점에서 시작되고 있는가?
- 이 인터뷰는 제품 설명이 아닌, 브랜드의 철학과 태도를 보여주고 있는가?
- 매체와 독자의 관심사에 맞춰 내용의 깊이와 구조가 조정돼 있는가?
- 예상 질문에는 도전적/추가성 질문까지 대응 전략이 준비돼 있는가?
- 인터뷰 대상자는 말할 자격을 갖춘 사람인가?

기억해야 할 기획 기사 인터뷰 설계 원칙

1. 질문의 출발점을 바꿔라.
→ "무슨 이야기를 할 것인가"보다 "세상은 지금 어떤 질문을 던지고 있는가"에 답하라.

2. 기획 기사도 인터뷰도, '맥락'에서 출발하라.
→ 기획 기사는 정보보다 관점을, 인터뷰는 입장보다 사람의 언어를 보여주는 것이다.

3. 매체에 따라 '메시지의 깊이'를 조정하라.
→ 대중 매체는 감성, 전문 매체는 데이터와 인사이트, 콘텐츠는 수신자의 언어로 조정돼야 한다.

4. '한 문장'이 브랜드의 모든 것을 보여줄 수 있어야 한다.
→ 인터뷰이의 한마디가 브랜드의 태도로 해석된다. 사람의 말로 전해지는 문장이 가장 설득력 있다.

5. 인터뷰 이후가 더 중요하다.
→ 팩트 체크, 보완 자료 전달, 기자와의 신뢰 관리까지 포함해 사후 커뮤니케이션도 전략의 일부다.

6장

디지털 환경에 최적화된 메시지 설계 전략

"발견되고 검색되는
메시지만이 살아남는다."

● ● ●

　디지털 환경은 메시지의 '운명'을 바꿨다. 좋은 내용만으로는 더 이상 충분하지 않다. 매년 수많은 기업들이 방대한 ESG 보고서를 만든다. 수백 페이지의 성과와 비전이 홈페이지에 올라가고, 언론사에 배포되며, 임직원에게 공유된다. 그런데 정작 이 보고서를 읽는 사람은 몇 명이나 될까?

　대부분의 답은 실망스럽다. 홈페이지에서 성과와 비전을 담은 문서들의 다운로드 수는 미미하고, 기자들은 문서들을 받기만 할 뿐 기사로 쓰지 않으며, 직원들조차 "받았다"라는 사실만 안다.

　문제는 내용이 아니다. 탄소 배출 30% 감축, 재생에너지 전환 85%, 사회공헌 투자 40% 증가 등 이미 문서 안에는 의미 있는 성과들이 가득하다. 하지만 디지털 환경에서는 '좋은 내용'만으로 이루어진 콘텐츠는 아무도 읽지 않는다.

　이제는 완전히 다른 접근이 필요하다. 하나의 거대한 문서를 여러 개의 작은 콘텐츠로 분해하는 것이다. 핵심 수치 다섯 개를 인포그래픽으로 만들고, 인상적인 사례를 30초 영상으로 제작하며, 영역별 성과를 블로그 시리즈로 연재한다. 홈페이지에 올려진 문서와 같은 내용이지만, 이제는 검색되고, 공유되고, 클릭되는 콘텐츠가 된다.

결과는 극적이다. 이런 방식을 적용한 기업들은 인포그래픽이 소셜미디어에서 수만 회 공유되고, 블로그 시리즈는 관련 키워드 검색 상위에 노출되며, 무엇보다 원본 문서로의 유입이 몇 배로 늘어난다. 작은 콘텐츠들이 큰 문서로 이끄는 관문이 되는 것이다.

이제 더 이상 글을 잘 쓰는 기술만으로는 충분하지 않다. 이제 콘텐츠는 발견돼야 하고, 구조화돼야 하며, 플랫폼에 적합하게 구성돼야 한다. 눈에 띄는 콘텐츠보다 강한 콘텐츠는 '찾아지는 콘텐츠'다. 검색에 응답하고, 알고리즘에 반응하며, 다양한 채널에서 브랜드의 태도를 일관되게 전달해야 한다. PR 실무자는 단지 문장을 만드는 것이 아니라, 그 문장이 발견되고, 클릭되고, 공유되도록 '메시지의 구조'를 설계해야 한다.

게다가 이제는 AI가 글을 쓴다. 속도와 형식은 도구가 해결해 준다. 그래서 오히려 지금, 더 중요한 것은 "왜 지금, 누구에게, 이 메시지를 말해야 하는가"를 판단하는 감각이다. AI는 문장을 만들 수 있지만, 전략은 사람이 수립해야 한다.

하지만 디지털 전략에는 함정도 많다. 어떤 브랜드는 모든 채널에 존재하려다 어느 곳에서도 제대로 된 목소리를 내지 못한다. 또 다른 브랜드는 최신 기능을 좇다가 정작 핵심 메시지는 흐릿해진다. 또 어떤 팀은 AI가 생성한 콘텐츠를 그대로 사용하다가 브랜드답지 않은 어투로 고객들을 당황스럽게 만든다.

중요한 건 모든 채널을 정복하는 것이 아니다. 브랜드에 맞는 채널을 선별하고 그곳에서 '네이티브'처럼 소통하는 능력이다. 그리고 AI의 효율성을 활용하되, PR의 본질인 '신뢰할 수 있는 소통'을 놓치지 않는 것이다.

이제 PR 실무자의 글쓰기는 '작성'이 아니라, 발견 가능성과 구조화 전략, 디지털 채널 최적화, AI 협업 역량을 통합한 전략 수립의 일이다. 이 장에서는 디지털 시대의 이런 도전과 기회를 다룬다. 채널의 홍수 속에서 브랜드가 길을 잃지 않고, 기술의 발전 속에서도 인간의 목소리를 잃지 않으면서, 메시지를 전략적으로 설계하고 확산시키는 방법을 제시한다.

같은 메시지도 '담기는 그릇'에 따라 바뀌어야 한다

하나의 메시지를 모든 채널에 그대로 복사해 붙이던 시대는 끝났다. 이제 PR 메시지는 채널별로 다르게 쓰여야 한다. 문장을 조금 수정하는 수준이 아니다. 채널의 성격을 고려해 채널마다 언어를 재구성하는 전략이 필요하다.

하지만 그전에 먼저 던져야 할 질문이 있다. "이 메시지를 모든 채널에 다 담아야 하는가?" 브랜드는 모든 채널에 존재할 필요가 없다. 산업군, 타깃 독자, 정보 소비 방식에 따라 메시지를 게시할 채널을 선정하고, 선택된 각 채널의 특성에 따라 콘텐츠의 구조 자체가 달라져야 한다.

PR 콘텐츠 작성은 더 이상 '같은 글을 다르게 보여주는 일'이 아니라, '다른 맥락에 맞게 새로 쓰는 일'이다. 즉, 디지털 시대의 PR 실무자는 '글을 잘 쓰는 사람'에만 머무르면 안 된다. 여기서

한 단계 더 진화해 '채널별 언어를 전략적으로 번역하고, 콘텐츠 유통 구조를 설계하는 사람'이어야 한다.

5가지 주요 채널의 특징과 콘텐츠 최적화 전략

디지털 시대, 채널들의 홍수 속에서 브랜드는 어떤 매체를 선택해야 할까? 모든 디지털 플랫폼에서 브랜드의 존재감을 드러내려는 욕심보다 중요한 것은, 각 채널이 요구하는 고유한 언어와 문법을 이해하는 일이다.

검색에 최적화된 블로그의 정보성 글쓰기부터 인스타그램의 시각적 스토리텔링, 그리고 뉴스레터의 친밀한 대화체까지 같은 메시지라도 게시하는 채널에 따라 완전히 다른 옷을 입어야 한다.

여기에서는 다섯 개 주요 디지털 채널의 특성과 각각에 최적화된 콘텐츠 전략을 제시한다. 중요한 것은 모든 채널을 다 활용하는 것이 아니라, 브랜드의 목표와 타깃에 맞는 채널을 선별하고 그곳에서 '네이티브'처럼 소통하는 능력이다.

(1) 기업 블로그: '신뢰'를 축적하는 아카이브형 글쓰기

- **콘텐츠 특성:** 검색을 기반으로 유입, 신뢰도 있는 정보, 장기적 소비
- **활용 산업군:** B2B, 기술, 금융, 헬스케어 등 전문성에 기반한 업종

· **전략 포인트:**

– 고객의 질문에서 출발해 키워드를 설계

– 큰 소제목(헤드라인 2)과 그 아래 작은 소제목(헤드라인 3)을 활용한 구조, 수치·비교 중심 정보 배치

– 통계·도표·인포그래픽 활용으로 신뢰를 확보

– 행동 유도 메시지(Call To Action, 이하 'CTA'로 약칭)와 콘텐츠 허브 전략을 연계

예)

"우리 제품은 품질이 우수합니다."

"2025년형 전기차 배터리, 1회 충전으로 서울–부산 왕복 가능: 실제 주행 데이터로 검증한 600km 주행거리의 비밀"

(2) 인스타그램: '감각적 언어'로 공감을 유도

· **콘텐츠 특성:** 이미지 중심, 순간적 소비, 감성 연상 유도

· **활용 산업군:** 라이프 스타일, 뷰티, 식음료, 소비재, 예술, 패션 등

· **전략 포인트:**

– 앞 3줄에 핵심 메시지를 배치

– 해시태그, 이모지로 발견성과 감도를 확보

– 사용자의 '삶의 장면'을 상상하게 하는 스토리텔링

– 클릭, 공유를 유도하는 직관적 CTA

예)

"월요일 아침, 당신의 책상 위 작은 변화

 하루가 달라지는 순간, ○○ 디퓨저와 함께

 월요병극복 오피스라이프 ○○와 함께하는 하루"

(3) 뉴스레터: '관계'를 잇는 정서형 콘텐츠

- **콘텐츠 특성:** 구독 기반, 정기적 발송, 독점적 콘텐츠
- **활용 산업군:** 교육, 스타트업, 팬덤 기반 브랜드, 전문 서비스
- **전략 포인트:**

– 독자 한 명에게 말하듯 쓰는 오프닝

– 헤드라인-인사이트-소식-CTA의 구조화

– 브랜드의 톤 앤 매너 유지

– 제목에서 '왜 지금 열어야 하는가'를 설계

예)

제목: "[이름] 님, 이번 주 놓치면 후회할 3가지 소식"

오프닝: "안녕하세요, [이름] 님. 지난주 공유드린 팁은 도움이 되셨나요? 이번 주는 더 특별한 소식을 준비했습니다."

(4) 링크드인: '통찰'이 메시지가 되는 공간

- **콘텐츠 특성:** B2B 네트워크, 산업 정보 공유, 리더십 포지셔닝
- **활용 산업군:** IT, 금융, 교육, 헬스케어, 글로벌 브랜드 등

· **전략 포인트:**

- 문제 제기형 도입문

- 데이터+해석+인사이트를 연결

- 2~3문단 안에 메시지를 요약

- 실무에 기반한 사례를 제시

예)

"디지털 전환의 진짜 장벽은 기술이 아니라 조직 문화입니다. 최근 〈포춘〉 500대 기업 조사에서 73%가 '직원들의 변화 저항'을 가장 큰 도전으로 꼽았죠. 우리가 3년간 120개 기업과 함께한 경험을 공유합니다…."

(5) 페이스북과 X(엑스): 전략적으로 선택하지 않을 수 있는 채널

· 페이스북은 커뮤니티 기반일 경우에는 유지되나, 자연적 유입은 감소함
· X(엑스)는 뉴스/이슈 대응에 효과적이나 PR 전용으로는 부담이 큼
→ 핵심: 모든 채널을 쓰지 않는 것도 전략이다.

채널별 콘텐츠 전략의 성공과 실패 사례

우리는 종종 착각한다. 좋은 콘텐츠만 만들면 어느 채널에서든 통할 것이라고. 하지만 현실은 우리의 기대와 다르다. 가령,

블로그에서 높은 평가를 받은 전문적인 글이 인스타그램에서는 철저히 무시당한다. 페이스북에서 인기를 끈 감성적인 포스팅이 링크드인에서는 '프로페셔널하지 못하다'라는 평가를 받는다.

다음의 두 가지 사례는 '채널 최적화'가 단순한 형식의 문제가 아니라, 독자의 기대와 소통 방식을 이해하는 본질적인 문제임을 보여준다. 똑같은 제품 출시 소식이 어떻게 한 채널에서는 실패하고, 다른 채널에서는 폭발적인 반응을 얻었는지 살펴보자.

첫 번째 사례는 '환경을 생각하는 새 패키지 론칭'이라는 동일한 메시지가 채널에 따라 반응이 달랐던 경우다. PR 실무자는 해당 내용을 주제로 블로그에 다음과 같이 글을 올렸다.

"○○사는 탄소 배출을 38% 줄이는 신소재 패키지를 개발했습니다. 이는 업계 평균 대비 2배 이상 높은 감축 효과입니다."

하지만 결과는 기대에 미치지 못했다. 검색을 통한 유입률은 높았지만, 사용자들의 체류 시간은 짧았기 때문이다. 너무 기술 중심의 설명이다 보니 일반 독자들이 내용을 소화하기가 부담스러웠던 것이 원인으로 꼽혔다. 이후 실무자는 동일한 내용을 인스타그램용 메시지로 전환해 업로드했다.

"이 박스 하나가 바꿀 수 있는 내일

> 나무 30그루가 1년간 흡수하는 탄소량,
>
> 우리가 함께 줄여갑니다
>
> #지속가능한선택#○○와함께"

결과는 만족스러웠다. 저장 수, 공유 수 모두 블로그에 올린 콘텐츠보다 3배 이상 높았다. 동일한 메시지를 공감의 언어로 재해석한 덕분이었다. 이 사례를 통해 우리는 채널마다 독자와의 소통 방식이 근본적으로 다름을 알 수 있다.

두 번째 사례는 링크드인의 '실패한 게시물'로부터 교훈을 얻은 사례다. 한 스타트업 대표가 링크드인에 제품 홍보 글을 그대로 올렸다.

> "새로운 AI 기반 콘텐츠 도구가 출시됐습니다. 자세한 정보는 여기에서 확인하세요. [링크]"

결과는 실망스러웠다. '좋아요 3개, 반응 없음'이 전부였다. 스타트업 대표는 기대 이하의 미약한 반응에 제품 홍보 글을 다른 방식을 다시 썼다.

> "마케터가 매주 10시간을 보고서 작성에 쓴다는 걸 아셨나요? 우리 팀도 똑같은 고민을 했습니다. 창의적인 일에 집중해야 할 시간을 단순 반

복 작업에 빼앗기고 있었죠. 6개월간의 개발 끝에, 이 문제에 대한 우리만의 답을 찾았습니다. AI가 데이터를 분석하고 초안을 만들면, 마케터는 전략과 인사이트에 집중할 수 있습니다. 첫 베타 테스터들은 주당 8시간을 절약했다고 합니다. 그 시간에 그들이 무엇을 했는지 궁금하신가요?"

결과는 놀라웠다. 핵심 내용은 동일하지만 글의 형식을 바꾸자 좋아요 247개, 댓글 31개라는 반응을 얻을 수 있었다. 링크드인은 정보보다 '관점'을 공유하는 채널이다. 즉, 링크드인의 사용자들은 '광고'는 클릭하지 않지만, '사유'는 공유한다. 두 사례는 채널의 특성에 맞춤한 메시지 전환 전략이 얼마나 중요한지 알려준다.

크로스 채널 메시징 전략: 하나의 캠페인을 4개 언어로

동일한 캠페인이라도 채널마다 메시지를 '다르게 구성해야' 한다. 단순히 같은 문장을 여러 플랫폼에 나누어 붙이는 것이 아니라, 각 채널의 언어, 독자, 사용 맥락에 맞게 메시지를 다시 디자인하는 것이 핵심이다.

멀티 채널을 동시에 운영할 때 가장 중요한 전략은 '핵심 메시지는 통일하되, 표현 방식은 분화하라'는 원칙이다. 즉, 콘텐츠의 전략적 중심축은 흔들려선 안 된다. 그러나 각 채널은 다른 맥락에서 콘텐츠를 소비하는 독자들과 만난다. 따라서 채널별 문법에 맞춰 메시지를 상황에 맞게 조정하는 것이 핵심이다. 예를 들어 '지속 가능한 신제품'을 론칭했다고 가정하자.

- **블로그**에서는, 신소재 기술과 제품의 기능이 기존 문제를 어떻게 해결하는지를 논리적으로 설명해야 한다.

- **인스타그램**에서는, 그 제품이 일상 속에서 어떤 감각을 자극하는지를 이미지와 문장으로 보여줘야 한다. (예: "당신의 책상 위에 놓인 오늘의 선택")

- **뉴스레터**에서는, "이번 주 먼저 전하고 싶은 이야기"처럼 브랜드의 어조를 담아 독자와의 관계를 유지하는 정서적 콘텐츠로 구성한다.

- **링크드인**에서는, 이 신제품이 ESG, 지속 가능성, 혁신과 같은 큰 흐름과 어떤 전략적 연결 고리를 갖는지 산업적 해석을 덧붙여야 한다.

다음은 앞서 설명한 내용을 한눈에 살펴보기 편하도록 표로 정리한 것이다.

크로스 채널 메시징 전략의 방향과 예시

채널	메시지 방향	실제 예시
블로그	기술적 특징 + 업계 문제 해결 콘텐츠	"순환경제를 실현하는 5가지 혁신 기술"
인스타그램	제품 이미지 + 감성 메시지 + 사용자 후기	"당신의 선택이 만드는 변화"
뉴스레터	구독자 선공개 혜택 + 제품 활용 팁	"○○님께만 먼저 알려드리는 특별한 소식"
링크드인	지속 가능성 트렌드 속 브랜드 포지셔닝 설명	"ESG 시대, 제품 혁신의 새로운 기준"

이처럼 같은 이야기를 해도, '누구에게 어떻게 말하느냐'에 따라 전혀 다른 반응이 나온다. 요컨대, 성공적인 멀티 채널 전략은 '하나의 이야기, 여러 개의 언어'를 구사하는 것이다. 하지만 모든 채널을 다 사용해야 한다는 의미는 아니다. 중요한 것은, 내가 사용할 채널이 여러 개라면 각 채널에 맞게 전략적으로 내용을 어떻게 구성할 것인가 하는 점이다. 또 하나 기억해야 할 것은, 이 크로스 채널 전략은 다음의 세 가지 글쓰기 원칙 위에 세워져야 한다는 점이다.

- **Strategic:** 중심 메시지는 지키되, 채널별 언어로 변환해야 한다.
- **Simple:** 복잡한 이야기도 누구나 읽을 수 있게 쓰여야 한다.
- **Sincere:** 진정성은 모든 채널에서 유지돼야 한다.

성공하는 디지털 PR의 비밀은 복잡한 기술이 아니라 기본에 있다. 수많은 채널과 도구, 트렌드가 쏟아지는 디지털 환경에서 브랜드는 쉽게 길을 잃는다. 이를테면, 모든 플랫폼을 정복하려다 어느 곳에서도 제대로 된 목소리를 내지 못한다. 최신 기능을 좇다가 정작 핵심 메시지는 흐릿해진다.

긴 시간 동안 다양한 브랜드의 디지털 PR을 실행하며 깨달은 바가 있다. 성공의 열쇠는 화려한 전술이 아니라 몇 가지 근본적인 원칙을 일관되게 지키는 데 있다는 것이다. 다음에 설명하는 네 가지 원칙은 어떤 채널, 어떤 상황에서도 통하는 디지털 PR의 나침반이다.

(1) 핵심 메시지는 하나다

모든 콘텐츠는 동일한 브랜드 가치를 담아야 한다.

(2) 채널의 문법을 존중하라

형식뿐 아니라 어조, 구조, 기대 반응도 고려해야 한다.

(3) 채널 간 유기적으로 연결하라

예를 들어 '블로그 → 뉴스레터 링크 → 인스타그램 → 링크드인 인사이트 포스트'의 순서로 채널들을 연결해야 한다.

(4) 데이터로 설계하고 반응으로 조정하라

콘텐츠 성과를 측정하고 반복하라.

디지털 시대의 PR 글쓰기는 문장을 잘 쓰고 못 쓰고의 문제가 아니라, '유통의 기획'과 '해석의 문법'을 고려한 전략이다. 우리는 이제 문장을 쓰는 실무자가 아니라, 콘텐츠의 맥락과 흐름을 조율하는 전략가로 거듭나야 한다.

[한 줄 요약]
같은 메시지도 채널이 바뀌면 '언어'부터 재구성돼야 한다.

검색되는 콘텐츠 제작을 위한
실전 SEO 가이드

"이 글은 검색될 수 있는가?" 이 질문은 이제 PR 실무자에게 글쓰기보다 앞서는 과제가 됐다. 검색 결과에 없는 콘텐츠는 존재하지 않는 것과 같다. 검색은 단순한 정보 탐색을 넘어 브랜드와 독자가 처음 만나는 접점이다. 검색되는 콘텐츠는 곧 브랜드의 첫인상을 좌우하며, 그 콘텐츠가 어떤 구조로 쓰였는지에 따라 브랜드의 신뢰도가 결정된다. 이런 점에서 '검색엔진 최적화(Search Engine Optimization, 이하 'SEO'로 약칭)'는 PR 실무자가 놓쳐서는 안 될 아주 중요한 콘텐츠 구성 전략 중 하나다.

2025년 현재, 구글의 AI 오버뷰(AI Overview)와 네이버의 스마트블록이 검색 결과의 상단을 차지하면서 SEO의 패러다임이 바뀌고 있다. 이제는 단순히 독자들이 검색어로 자주 사용할 것으로 예상되는 키워드를 맞추는 것을 넘어서 AI가 이해하고 요약할 수 있는 구조화된 콘텐츠가 필요하다. 예를 들어, '질문 → 핵심 요약 → 리스트 구조 → 명확한 CTA'로 구성된 글은 AI가 요약하거나 하이라이트로 뽑기 쉬운 구조다. 따라서 PR 실무자는 이제 탐색 가능성과 구조화 전략을 갖춘 글을 설계할 줄 알아야 한다.

검색되는 콘텐츠 구성을 위한 3대 전략

검색 결과 1페이지에 노출되는 콘텐츠와 그렇지 못한 콘텐츠의 차이는 무엇일까? 아무리 좋은 콘텐츠도 검색되지 않으면 존재하지 않는 것과 같다. 매일 수백만 개의 콘텐츠가 쏟아지는 디지털 공간에서, 당신의 메시지가 타깃 독자에게 도달하려면 '발견'이라는 첫 번째 관문을 통과해야 한다.

검색엔진 최적화는 단순히 키워드를 나열하는 기술이 아니다. 독자가 무엇을 찾고 있는지 이해하고, 그들이 원하는 방식으로 정보를 구조화하며, 읽은 후 자연스럽게 다음 행동으로 이어지도록 설계하는 종합적인 전략이다. 다음의 세 가지 핵심 전략은 콘텐츠가 단순히 '존재'하는 것을 넘어 '발견되고, 읽히고, 행동을 만드는' 살아 있는 자산이 되도록 돕는다.

(1) 키워드 설계하기: 독자의 질문을 먼저 예측하라

SEO는 기술이 아니라 사고방식이다. 콘텐츠를 만들기 전에

'무엇을 말할까?'보다 '사람들은 무엇을 궁금해할까?'를 먼저 생각하자.

- 자주 묻는 질문(FAQ)을 중심으로 키워드를 도출
- **정보성 키워드:** "재활용 포장재 장점" → "재활용 포장재 장점 2025"
- **비교 키워드:** "친환경 포장재 vs. 일반 포장재 비용"
- **지역 키워드:** "서울 제로 웨이스트 숍 추천"
- **방법 키워드:** "기업 친환경 포장 전환 방법"
- 구글 자동완성, 네이버 연관검색어, 키워드 도구를 활용
- 브랜드가 주도하고 싶은 대화 주제를 키워드와 연결

(2) 구조화된 글쓰기: 검색 독자는 스캔한다

검색을 통해 유입된 독자는 정독하지 않는다. 그러므로 훑어보기만 해도 핵심이 보이도록 시각적 구조를 갖춘 글을 써야 한다.

- **제목(H1):** 키워드 포함 + 명확한 정보성 문장(80자 이내)
- **소제목(H2~H3):** 정보 흐름을 보여주는 내비게이션 역할
- **첫 문단 요약:** 클릭 후 3초 안에 이탈하지 않도록 구조를 설계
- 리스트, 볼드, 구분선 등 시각 분절로 가독성을 강화

(3) 행동 유도하기: 콘텐츠는 흐름을 만들어야 한다

좋은 콘텐츠는 콘텐츠 그 자체로 끝나지 않는다. 콘텐츠를 읽은 사람들로 하여금 다음 행동을 유도해야 브랜드와 관계가 이어진다.

- **CTA:** "전체 리포트 보기", "신청하기"
- **내부 링크:** 연관 콘텐츠와 연결
- '정보 → 인사이트 → 행동'으로 이어지는 흐름을 설계

실무자가 자주 빠지는 SEO 3대 오류

좋은 의도가 나쁜 결과를 만드는 순간들이 있다. 나 역시 그랬다. SEO를 처음 접했을 때는 키워드를 많이 넣을수록 좋다고 믿었고, 바로 본론으로 들어가는 것이 효율적이라고 생각했다.

SEO를 처음 접한 실무자들은 대부분 비슷한 실수를 반복한다. 검색 순위를 높이려는 열정이 오히려 콘텐츠의 품질을 떨어뜨리고, 독자를 배려하려는 마음이 정작 이탈률을 높이는 아이러니를 만든다. 가령, 키워드를 많이 넣을수록 좋다고 믿거나, 바로 본론으로 들어가는 것이 효율적이라고 생각하는 것처럼 말이다.

다음은 수많은 시행착오를 거쳐 정리한 'SEO 실수 패턴'이다. 이 표를 보며 자신의 콘텐츠를 점검한다면, 적어도 남들이 이미 빠져본 함정에는 걸려들지 않을 것이다.

SEO 실수 유형과 문제점, 그리고 전략적 대안

실수 유형	문제점	전략적 대안
키워드 과잉 삽입	검색엔진이 저품질 콘텐츠로 간주함	주제 키워드는 2~3회 정도 자연스럽게 삽입한다
첫 문단 없이 본론 진입	독자의 이탈률이 증가함	문제 제기 + 해결 방향 요약으로 시작한다
CTA 부재	독자의 행동을 유도하지 못함	명확히 클릭을 유도하는 문장을 포함한다
메타 디스크립션 (Meta Description)* 누락	검색 결과 클릭률이 저하됨	155자 이내로 핵심 요약해 작성한다
이미지, Alt 텍스트(Alternative Text)** 미작성	이미지 검색 노출 기회를 상실함	모든 이미지에 설명적 alt 텍스트를 추가한다
모바일 최적화 무시	모바일 검색 순위가 하락함	반응형 디자인(Responsive Design)***에 신경 쓴다 빠른 로딩 속도를 확보한다

* 구글이나 네이버 같은 검색 결과 페이지에서 웹페이지 제목 아래에 표시되는 짧은 요약 문구다. 사용자가 검색 결과를 클릭할지 말지를 결정하는 데 중요한 영향을 미친다.

** 웹페이지에 삽입된 이미지를 설명하는 텍스트다. 이미지가 로딩되지 않을 때나 시각장애인이 화면 판독기를 사용할 때 이미지를 대신 읽어주는 역할을 한다. 검색엔진이 이미지를 이해하고 검색 결과에 노출시키는 데 도움을 준다.

*** 웹사이트가 PC, 태블릿, 모바일 등 어떤 기기에서 접속하더라도 화면 크기에 맞춰 자동으로 최적화된 화면을 보여주는 디자인 기술을 말한다. 모바일 사용자가 증가하면서 중요성이 더욱 커졌다.

PR 콘텐츠도 SEO로 최적화하라

PR 콘텐츠와 SEO는 얼핏 상극처럼 보인다. PR은 브랜드의 철학과 가치를 자연스럽게 전달하려 하고, SEO는 검색 알고리즘에 맞춰 키워드를 기계적으로 배치하는 작업처럼 여겨지기 때문이다. 하지만 이 둘을 융합하면 강력한 시너지가 발생한다. 검색을 통해 유입된 독자가 자연스럽게 브랜드 메시지에 노출되고, PR 콘텐츠가 장기간 검색되며 지속적인 가치를 만든다. 다음의 예시는 '친환경 포장재'라는 PR 주제를 어떻게 SEO 친화적으로 구조화하는지 보여준다.

친환경 포장재 블로그 콘텐츠

- **제목(H1):** "친환경 포장재, 어떻게 물류 비용을 줄이는가?"
- **소제목(H2):**

"01. 지속 가능성 시대의 포장 전략"

"02. ○○기업의 전환 사례"

"03. 비용 절감 수치로 보는 효과"

- **본문 요약 문장:** "○○는 연간 32%의 패키징 비용을 줄였다."
- **CTA:** "전체 리포트를 다운로드하려면 여기를 클릭하세요."

PR 콘텐츠의 SEO 최적화 작업은 다음과 같은 효과를 기대

할 수 있다. 첫째, 장기적으로 자연스럽게 유입되는 트래픽이 확보된다. 둘째, 브랜드와 관련된 키워드를 검색할 경우, 노출 가능성이 증가한다. 셋째, 콘텐츠의 수명이 길어지고, 지속적인 가치를 창출한다. 다만, 한 가지 염두에 둘 것은, SEO 최적화 작업의 실제 성과가 업종, 경쟁 강도, 콘텐츠 품질 등에 따라 다르게 나타난다는 사실이다.

검색 잘되는 키워드, 어떻게 설정할까?

키워드는 독자와 브랜드를 연결하는 다리다. 키워드를 설정할 때는 무엇보다 '독자의 검색 의도'를 이해하는 것이 중요하다. 다음은 검색에 잘 걸리는 키워드를 설정하는, 가장 간단하면서도 효과적인 방법이다.

- 구글/네이버 검색창의 자동완성 기능을 활용
- 검색 결과 하단의 '연관 검색어'를 확인
- 실제 고객이 묻는 질문을 키워드로 전환

한편, PR 관점에서 키워드를 설계하는 과정도 놓쳐서는 안 된다. PR 관점에서 키워드를 설계할 때는 다음의 내용들을 참조해 적절한 키워드를 설정해야 한다.

- 브랜드가 하고 싶은 말 → 독자가 찾는 말로 번역
- 전문용어 → 일상 언어로 전환
- 주장 → 독자들이 실제로 검색하는 질문 형태로 재구성

다음은 키워드 유형에 따른 간략한 설명과 예시들이다.

검색 잘되는 키워드 유형과 예시

키워드 유형	설명	예시
메인 키워드	콘텐츠의 중심 주제	친환경 포장재
롱테일 키워드	전환율이 높은 구체적인 검색어	2024 친환경 패키지 브랜드 추천
LSI* 키워드	문맥상 연관이 있는 키워드	탄소 중립, 제로 웨이스트

SEO전략도 콘텐츠 유형에 따라 달라야 한다

모든 콘텐츠가 같은 방식으로 최적화돼야 할까? 답은 '아니다'다. 보도자료는 속보성과 정확성이 중요하고, 블로그는 깊이와 연결성이 핵심이며, 뉴스레터는 구독자의 기대감을 충족시켜

---

* 'Latent Semantic Indexing'의 약자로, LSI 키워드는 메인 키워드와 의미상 연관된 단어들을 가리킨다. 검색엔진이 콘텐츠의 주제를 더 정확히 파악하도록 도와주는 보조 키워드다.

야 한다. 각 콘텐츠 유형이 가진 고유한 특성을 이해하고, 그에 걸맞은 SEO 전략을 적용할 때 비로소 검색과 독자 만족이라는 두 가지 목표를 동시에 달성할 수 있다. 다음은 콘텐츠 유형에 따른 SEO 전략 요소와 그에 대한 구체적 예시다.

콘텐츠 유형에 따른 SEO 전략 요소와 예시

콘텐츠 유형	SEO 전략 요소	예시
보도자료	5W1H 압축형 제목, 키워드 자연 삽입	"[기업명] 국내 최초 탄소중립 인증 획득" (15자 이내 핵심 키워드)
블로그	장문 구성, 주제 클러스터, 내부 링크 설계	"탄소중립 인증받는 법: A부터 Z까지 완벽 가이드" (2000자 이상)
뉴스레터	프리뷰 키워드 설계, 고정 코너화, 반복 구조	"이번 주 ESG 트렌드: 탄소중립이 기업 가치를 높이는 이유"

데이터는 콘텐츠를 진화시킨다: SEO 성과를 활용한 콘텐츠 개선 방안

SEO의 가장 큰 장점은 모든 것이 측정 가능하다는 점이다. 어떤 키워드로 독자가 유입됐는지, 얼마나 오래 머물렀는지, 어디서 이탈했는지 등을 모두 숫자로 확인할 수 있다. 문제는 이 숫자들을 어떻게 해석하고 다음 콘텐츠에 반영하느냐다. 다음의 도구들은 단순히 데이터를 보여주는 것을 넘어 콘텐츠 전략을 지속적으로 개선시켜주는 나침반 역할을 한다.

SEO 측정 도구들과 주요 목적

도구	목적
구글 애널리틱스 (Google Analytics)	유입 경로, 이탈률, 페이지 체류 시간을 분석
구글 서치 콘솔 (Google Search Console)	키워드 노출 순위, 클릭률, 색인 상태를 확인
A/B 테스트 도구	같은 콘텐츠의 서로 다른 버전(제목, CTA 등)을 비교해 어느 것이 더 효과적인지 측정

AI 시대에 걸맞은 SEO 활용 전략

2025년, 검색의 풍경이 완전히 바뀌었다. 구글에서 무언가를 검색하면 여러 사이트 링크 대신 AI가 직접 답을 써주는 경우가 늘어났다. 네이버도 마찬가지다. AI 검색이 주류가 되면서 SEO 전략도 근본적으로 변화하고 있다.

이제 콘텐츠는 이 변화에 맞춰 새롭게 대응해야 한다. 첫째, AI가 콘텐츠를 정확하게 이해할 수 있도록 구조화된 데이터와 FAQ 스키마 등을 적극 활용해야 한다. 즉, 페이지의 정보는 '제품 가격'이나 '고객 리뷰'처럼 명확히 구분돼야 하며, 사람들이 궁금해하는 질문과 간결한 답변을 FAQ 형식으로 제시해야 한다. "친환경 포장재가 정말 효과적인가요?"와 같은 질문에 "초기 비용은 10~15% 높지만, 1년 후에는 폐기 비용 절감으로 오히려 경제적입니다"처럼 구체적으로 답해야 한다(이 수치는 대표적인 예시일 뿐, 실제 상황에 따라 다를 수 있다).

둘째, E-E-A-T(Experience-Expertise-Authoritativeness-Trustworthiness, 경험-전문성-권위성-신뢰성) 요소를 콘텐츠에 반영하는 것도 중요하다. AI는 키워드뿐 아니라 정보의 신뢰성과 전문성을 종합적으로 판단하므로, 실제 경험에 기반한 설명이나 전문가 의견, 신뢰할 만한 기관의 자료를 참고하면 좋다.

셋째, 제로클릭 검색에 대비해야 한다. 사용자가 검색 결과에서 바로 답을 얻고 웹사이트 방문을 생략하는 현상이 흔해졌다. 이에 따라 핵심 정보를 간결하게 정리하고, 더 깊은 내용은 자체 콘텐츠로 연결하는 전략이 필요하다.

넷째, 음성 검색과 로컬 SEO도 점점 비중이 커지고 있다. 스마트폰과 AI 스피커의 확대로 "내 주변 ○○"처럼 대화 형태의 롱테일 키워드, 위치 정보가 포함된 내용도 자연스럽게 반영하는 것이 검색 최적화에 도움이 된다.

결국 AI 시대의 SEO는 '최적화'가 아닌 '최고의 답변'을 제공하는 것이다. 검색엔진을 속이려 하지 말고, 정말로 사용자에게 도움이 되는 콘텐츠를 만드는 것이 가장 확실한 전략이다.

PR 실무자는 이제 찾아 읽히는 글, 독자의 질문에 응답하는 글을 써야 한다. 그런 맥락에서 SEO는 메시지를 발견 가능하게 만드는 전략적 글쓰기 방식이다. 이를테면 ESG 보고서나 연간 리포트 같은 중요한 PR 자료를 발행할 때, PDF 파일 업로드에 그치지 말고 핵심 내용을 블로그 시리즈로 재구성하는 것도 아주 훌륭한 SEO 전략이다. 지금 당신이 쓰고 있는 문장은, 브랜드가 말하고 싶은 내용인가? 아니면 독자가 찾고 있는 내용인가? 다음은 SEO 최적화 체크리스트다.

- 검색 키워드 기반 제목/첫 문장을 설계했는가?
- 소제목과 리스트 중심으로 구조화했는가?
- 첫 문단에 문제와 핵심 요약을 포함했는가?
- CTA 및 행동 유도 요소를 포함했는가?
- 검색 결과에서 클릭을 유도할 수 있는 요약 문장(메타 디스크립션)을 구성했는가?

이 체크리스트에서 제시한 내용들을 모두 만족하는 콘텐츠라면 자신감을 가지고 발행해도 좋을 것이다.

[한 줄 요약]
눈에 띄는 글보다 강한 글은, '찾아 읽히는 글'이다.

데이터 기반 스토리텔링, 숫자를 메시지로 바꾸는 전략

숫자는 그 자체로 사람을 설득하지 않는다. 그러나 숫자가 이야기로 전환되는 순간, 사람들은 움직인다. 감정도, 주장도 사람을 설득하는 데는 한계가 있다. PR 글쓰기가 갖춰야 할 것은 '숫자의 크기'가 아니라, 그 숫자에 담긴 맥락과 메시지다.

예를 들어, "고객 만족도 95%"라는 구절과 "100명 중 95명이 우리 제품을 다시 선택했습니다"라는 문장은 숫자상으로 같은 데이터이지만 전혀 다른 울림을 준다. PR 실무자의 역할은 이 차이를 이해하고, 숫자를 '체감이 되는 언어'로 번역하는 것이다.

숫자에서 흐름을 읽어내라

데이터는 '얼마'보다 '왜'를 설명해야 한다. 숫자는 현상의 결과이자, 브랜드가 설명해야 할 흐름의 일부다. PR 실무자는 데이터 너머에 숨은 흐름, 이를테면 급증하는 트렌드의 변화, 반복되는 행동 패턴, 산업 평균과 경쟁사 비교 수치 등을 임팩트 있는 한 문장으로 완성해야 한다.

"10명 중 7명이 콘텐츠를 10초 안에 스크롤합니다."
→ "첫 10초가 콘텐츠 성패를 가른다."

"모바일 트래픽 85% 도달"
→ "이제 고객 10명 중 8명은 스마트폰으로 우리를 만난다."

"평균 체류 시간 2분 35초"
→ "커피 한 잔 마시는 시간만큼 머문다."

"전환율 3.2%"
→ "방문자 30명당 1명이 구매를 결정한다."

질문 없는 데이터는 설득력도 없다

숫자는 사실을 말해주지만, 독자의 사고까지 움직이지는 않는다. 좋은 데이터 스토리텔링이란 질문을 던지는 콘텐츠를 만들어내는 것이다.

- 왜 이런 수치가 나왔는가?
- 이 수치가 드러내는 구조적 문제는 무엇인가?
- 기존의 통념과 어떻게 충돌하는가?

이와 같은 질문들은 데이터와 메시지를 연결하는 관문이다. 브랜드가 독자와 대화하려면, 데이터를 통해 질문을 던져야 한다.

숫자는 해답을 향해야 한다

데이터 기반 콘텐츠는 단순한 현상 설명에서 끝나지 않는다. '숫자 → 해석 → 해법 → 메시지' 구성으로 이어지는 구조가 핵심이다.

- 이 수치는 어떤 문제를 드러내는가?
- 브랜드의 제품/서비스는 어떤 해법을 제시하는가?
- 우리는 어떤 책임과 행동으로 이어지는가?

숫자를 보여주는 데 그치지 않고, 브랜드의 태도와 방향을 해석하고 메시지화하는 것이 PR 실무자의 몫이다.

숫자는 어떻게 이야기가 되는가?

데이터는 힘이 있지만, 차갑다. 스토리는 따뜻하지만, 약하다. 그 둘을 결합할 때 진짜 설득이 시작된다. "전년 대비 매출이 35% 증가했습니다." 이 문장을 읽고 가슴이 뛰는 사람은 많지 않다. 하지만 "작년 이맘때 문을 닫을 뻔했던 우리가, 이제는 신입사원 10명을 뽑게 되었습니다"라고 하면 어떨까? 같은 성과를 말하지만, 독자가 사실을 받아들이는 온도는 완전히 다르다.

디지털 PR에서 데이터는 필수다. 데이터는 신뢰성을 담보하고, 주장을 뒷받침하며, 성과를 증명하지만 숫자만으로는 독자의 마음을 움직일 수 없다. 중요한 것은 그 숫자가 '누군가의 삶'과 어떻게 연결되는지 보여주는 것이다. 데이터는 디지털 PR뿐만 아니라, 보도자료나 기획 등 다양한 분야에서 활용된다. 다만, 디지털 플랫폼에서는 다양한 콘텐츠 형식으로 데이터를 더 풍부하게 활용할 수 있다는 점에서 그 중요성이 더욱 커진다. 다음에 소개하는 전략들은 차가운 데이터를 뜨거운 스토리로 변환하는 구체적인 방법들이다.

(1) 숫자에 사람의 이야기를 더하라

데이터는 설득의 근거이지만 이야기로 바뀌어야 비로소 독자들의 머릿속에 기억된다. 따라서 수치를 단순히 나열하는 대신,

사람의 삶과 연결되는 문장으로 전환해야 한다.

- "10만 명 중 1명" → "내 옆자리 한 사람의 이야기"
- "매출 27% 감소" → "수십 명의 고용이 흔들렸다."
- "응답 속도 0.3초" → "눈 깜빡일 새 반응이 시작된다."

(2) 시각화하라

데이터를 보여줄 때, '하나의 차트는 하나의 메시지'라는 사실을 염두에 두고 시각화 작업을 해야 한다.

- 메시지를 중심으로 차트를 설계(수치 나열이 아님)
- 불필요한 배경은 제거, 강조는 명확하게
- 브랜드 톤과 컬러로 시각적 일관성을 확보

(3) 채널에 맞춰 전환하라

데이터를 이야기로 바꿀 때도 채널에 따라 문장을 달리 써야 한다. 다음은 각 채널별로 적절한 전환 방식을 정리한 내용이다.

채널별 데이터 스토리텔링 방식

채널	활용 방식
보도자료	핵심 수치 + 전문가 인용으로 뉴스 가치를 확보
블로그	표, 인포그래픽 중심의 해석된 콘텐츠
인스타그램	감정 유도형 숫자 강조("58%가 이 선택을 했습니다")
뉴스레터	'이번 주의 숫자 하나' 같은 반복을 포맷화
링크드인	산업 인사이트 + 시사점 정리형 데이터를 콘텐츠화

가령, "탄소 배출 30% 감소"라는 동일한 메시지를 위에서 제시한 적절한 전환 방식에 따라 다음과 같이 바꿀 수 있다.

- **보도자료:** "○○기업, 업계 최초 탄소 배출 30% 감축 달성"
- **블로그:** "나무 1만 그루가 1년간 흡수하는 탄소량, 우리가 줄인 것"
- **인스타그램:** "지구를 위한 30%의 약속을 지켰습니다."
- **링크드인:** "ESG 경영의 성과: 탄소 감축이 만든 기업 가치 상승"

산업별 데이터 스토리텔링 성공 사례

그렇다면 세계적 브랜드들은 어떻게 지루한 데이터를 열광적인 콘텐츠로 바꿀까? 숫자의 바다에서 헤엄치는 시대, 데이터는 넘쳐나지만 주목받는 콘텐츠는 극소수다. 아마존의 판매 통계가

'시대정신'을 읽는 리포트가 되고, 복잡한 금융 수치가 '커피 한 잔의 가치'로 번역되며, 구호단체의 활동 보고서가 '한 소녀의 인생 전환점'으로 기억되는 비결은 무엇일까?

답은 산업별 특성을 정확히 이해하고, 그에 맞는 스토리텔링 전략을 구사하는 데 있다. 리테일 산업은 트렌드를, 금융 서비스는 신뢰성을, 공공/비영리단체는 감동을 데이터에 입힌다. 다음 사례들은 각 산업의 리더들이 어떻게 차가운 숫자를 뜨거운 이야기로 변환해 미디어와 대중의 관심을 사로잡았는지 보여준다.

(1) 리테일 산업: 아마존 트렌드 리포트

아마존의 연간 소비 트렌드 리포트는 단순한 판매 데이터를 사회적 통찰로 전환한다. 가령, 수백만 개의 제품 판매 데이터를 '소비 패턴 변화'로 재해석한다. "팬데믹 이후 이커머스 매출 급증"을 "미국인 일상의 재편"이라는 스토리로 확장하는 식이다. 결과적으로 아마존의 연간 소비 트렌드 리포트는 마케팅 자료가 아닌 '소비자 행동 연구'로 인식돼 비즈니스 미디어에 광범위하게 인용된다.

(2) 금융 서비스: 인터랙티브 투자사 연금 전략

영국의 금융 서비스 기업들은 복잡한 금융 데이터를 쉽게 이해할 수 있는 스토리로 변환한다. 이를테면, 연금 통계를 "젊은

세대의 연금 불안감"에서 "커피 한 잔 가격으로 시작하는 안정된 미래"라는 내러티브로 전환한다. 이를 위해 복잡한 재무 상태를 "커피 몇 잔", "점심 식사 몇 끼"와 같은 일상적 척도로 시각화한다. 그러고 난 후 월 5.99파운드(한화로 약 1만 원 정도)의 소액으로도 시작할 수 있는 연금 상품을 제안해 진입 장벽을 낮춘다.

(3) 공공/비영리단체: 국제 구호단체 물 프로젝트

국제 구호단체들은 임팩트 데이터를 감성적 서사로 전환한다. 가령, "수백 개 마을 우물 설치" 같은 단순 성과를 "여학생 출석률 12~15% 증가"라는 사회적 변화로 재해석한다. 즉, 거시적 통계와 개인 사례(물을 긷는 대신 학교에 다니게 된 소녀의 이야기)를 병행해 감성적 연결을 강화한다. 또한, "여성과 소녀들이 매일 2억 시간을 물 긷기에 소비"한다는 충격적 수치를 "빼앗긴 교육 기회"로 프레이밍한다.

앞서 소개한 사례들은 모두 다음의 접근법을 통해 메시지를 효과적으로 전달한다. 첫째, 맥락의 설계다. 맥락을 설계한다는 것은 단순히 수치를 제시하는 것이 아니라 의미를 전달하는 것을 뜻한다. 이를 위해 "업계 평균의 2배 성장률"처럼 비교 프레임을 활용한다. 또한, "축구장 10개 크기"와 같은 일상적 비유로 추상적 숫자를 구체화한다. 둘째, 데이터를 감정으로 연결하는 인간화 전략을 구사한다. "12% 효율성 향상"보다 "매주 하루의 시간을 되찾았다"처럼 체감되는 언어로 전환하는 방식이다. 또한, 데이터와 개인 스토리를 병행해 공감을 유도한다. 이처럼 '숫자 너머의 사람 이야기'를 들려줄 때 비로소 PR 효과가 극대화된다.

데이터 콘텐츠의 윤리적 기준

마크 트웨인은 "세상에는 세 가지 거짓말이 있다. 거짓말, 새빨간 거짓말, 그리고 통계"라고 말한 바 있다. 이 오래된 경구는 오늘날 더욱 절실한 경고가 됐다. 디지털 시대에 데이터는 가장 강력한 설득 도구이지만 이와 동시에 가장 위험한 무기가 될 수도 있다. 의도를 했든 그렇지 않든, 잘못 사용된 데이터는 브랜드의 신뢰를 단번에 무너뜨린다.

특히 소셜 미디어 시대에는 한 번의 실수가 순식간에 확산되고, 팩트 체크 문화가 일상화되면서 데이터 오용이 즉각적으로 드러난다. PR 실무자에게 데이터 윤리는 선택이 아닌 필수다. 다음에 제시하는 기준들은 데이터를 활용하면서도 독자의 신뢰를 지키는 최소한의 가이드라인이다.

- 출처를 명확히 기재할 것 (기관, 기간, 표본 등)
- 일부 수치를 전체인 것처럼 과장하지 말 것

- '상관'과 '인과'를 구분할 것
- 독자의 이해 수준을 고려해 구성할 것

메시지의 전달력을 극대화하려는 마음이 앞서다 보면 자기도 모르는 사이에 데이터를 오용할 우려가 있다. 다음은 특별히 주의해야 할 데이터 오용 사례들이다.

- **선택적 기간 설정:** 성수기 데이터만으로 연간 성과를 주장하는 오류
- **비교 대상 조작:** 최하위 경쟁사와만 비교해 우위를 강조하는 오류
- **표본 편향:** 충성 고객을 대상으로 한 조사를 전체 고객 의견으로 일반화하는 오류
- **단위 혼용:** 전월 대비(%)와 전년 대비(%)를 구분 없이 사용하는 오류

숫자에는 의미가 담겨 있다. 그 숫자가 왜 중요한지를 해석하는 것이 PR 실무자의 역할이다. 당신의 콘텐츠는 지금, 숫자 너머의 메시지를 만들고 있는가?

[한 줄 요약]
데이터에 의미를 입히는 순간, 숫자는 무기가 된다.

피할 수 없다면 전략적으로!
AI와 공존하고 협업하는 법

AI는 단 몇 초 만에 문장을 생성한다. 바야흐로 속도와 유창함이 전부인 듯한 시대다. 생성형 AI가 보도자료 초안을 작성하고, AI 도구들이 소셜미디어 콘텐츠를 쏟아내는 것을 보며 많은 PR 실무자들이 혼란스러워한다. "우리가 하던 일이 AI로 대체되는 건 아닐까?", "글쓰기 실력이 더 이상 의미가 없는 건 아닐까?"

하지만 오히려 이런 변화 속에서 진짜 질문이 떠오른다. 진짜 중요한 것은 이것이다. "이 메시지 내 이름을 걸 수 있는가?"

빠르지만 단순한 AI

AI는 반복과 규칙에 최적화된 도구다. 따라서 공식화된 문장, 정해진 구조, 예측 가능한 포맷을 구현하는 데는 탁월하다. 하지만 AI는 의도가 없다. '무엇을 말할 것인가'는 제시하지만, '왜 이 말을 지금 해야 하는가'는 판단하지 못한다. PR 실무자는 AI의 이러한 특성을 잘 파악해 AI를 적절하게 활용함으로써 일의 효율을 높일 수 있다. 다음은 AI 활용의 예시와 AI를 활용하기에 적합한 콘텐츠 유형을 제시한 것이다. AI는 대체로 초안 작성이나 요약 및 번역 작업 등 빠른 속도와 기계적인 반복이 중심이 되는 업무에 특화됐음을 알 수 있다.

AI 활용 예시

- 트렌드 키워드 제안, 경쟁사 벤치마킹
- 보도자료 초안 작성, 헤드라인 대안 생성
- SEO 키워드 삽입, 다국어 번역, 채널별 톤 조정

AI가 적합한 콘텐츠 유형

- 보도자료 1차 정리(5W1H 기반)
- SNS 콘텐츠 초안(톤 보정, 해시태그 삽입)
- 트렌드 요약, 자동 번역 및 현지화 초안

전략 구성은 여전히 사람의 영역이다

AI는 빠른 속도로 문장을 만들어낸다. 그러나 메시지가 작동

하기 위한 핵심 질문들, 이를테면 '왜 지금 이 메시지를, 누구에게, 어떤 맥락에서 전달해야 하는가'는 오직 사람만이 답할 수 있다. 다음은 AI가 다루기 어려운 영역과 그 이유를 한눈에 보기 쉽게 표로 정리한 내용이다.

AI가 커버할 수 없는 글쓰기의 영역

항목	AI의 한계
전략적 맥락	브랜드 역사, 전략, 시기, 성과 등의 인과관계를 연결하는 능력이 부족함
진정성	진정성 있는 어조 설계는 가능하나, 책임과 관계에 대한 감도는 없음
이해관계자 감도	내부 조율, 정서 차이 인지, 조직 입장 반영 등이 미흡함
문화적 뉘앙스	은유, 관용구, 지역 특색이 있는 표현 등은 해석에 취약함

· **제품 리콜 상황:** AI는 "제품을 회수합니다"라고 쓸 수는 있지만, "고객님께 심려를 끼쳐 진심으로 사과드립니다"라는 문장이 지닌 온도는 설정할 수 없다.

· **조직 변화 발표 상황:** AI는 구조조정 사실을 전달할 수는 있지만, 남은 직원들의 불안을 고려한 메시지 설계는 하지 못한다.

· **사회적 이슈 대응 상황:** AI는 중립적 입장문을 작성할 수는 있지

만, 브랜드가 지켜온 가치관의 일관성은 판단할 수 없다.

기업이나 브랜드의 위기 발생 직후, 고객은 분노하고 언론은 기업이나 브랜드의 반응을 기다린다. 이때 AI가 작성한 입장문을 발표했다고 가정하자. AI가 작성한 입장문은 문장이 매끄럽고 형식도 완벽하다. 그러나 거기에는 가장 중요한 것이 빠져 있다. 바로 '책임'이다. 정보는 있으나 태도는 없는 것이다. 그렇기 때문에 입장문과 같이 기업이나 브랜드의 태도가 반영돼야 하는 글은 꼭 사람이 써야 한다. 사람은 단순히 문장을 '쓰는 존재'가 아니라, 그 메시지에 서명할 수 있는 존재다.

AI와의 협업, '전략은 사람, 실행은 AI'가 핵심이다

그렇다면 AI와의 협업을 가장 효율적으로 하는 방법은 무엇일까? 정답은 각자 잘하는 일을 하는 것이다. AI는 '작성'에 능하고, 사람은 '설계'에 강하다. 다음의 표는 메시지를 제작할 때 AI와 실무자의 역할을 단계별로 제시한 내용이다. 다만, 한 가지 사실을 꼭 기억하자. 효율을 위해 업무를 나눌 수는 있지만, 책임까지 위임할 수는 없다는 사실이다. 최종 판단과 메시지의 방향은 언제나 사람이 결정해야 한다.

단계별 AI와 실무자의 역할 분담

단계	AI의 역할	실무자의 역할
아이디어 기획	트렌드 수집, 키워드 제안	메시지 목적 정의, 브랜드 연결
초안 구성	구조 제안, 문장 생성	핵심 문장 선택, 타깃 맞춤화
검토/수정	문법 체크, 스타일 제안	감정 조정, 사실 검토, 윤리 검수
배포 설계	A/B 테스트용 문안 생성	최종 문안 결정, 시기 조율, 리스크 고려

그러나 AI와의 협업을 건너뛰고, 사람이 직접 써야만 하는 글들도 있다. 다음 질문 중 하나라도 '예'라는 답을 하게 하는 메시지라면, 이 글은 꼭 사람이 써야 한다.

- 브랜드의 철학이나 가치와 직결되는 메시지인가?
- 고위험 이슈 또는 민감한 이해관계자가 얽혀 있는가?
- 진정성이 핵심인 메시지인가?
- 리더십, 사회적 입장, 위기 대응 관련 메시지인가?

- CEO의 위기 대응 성명
- 대형 사고 이후의 고객 대상 사과문
- 사회적 이슈에 대한 브랜드 입장 발표

관계와 책임을 전제로 하는 말은 반드시 사람이 써야 한다.

실무자가 자주 빠지는 AI 협업 오류 5가지

AI는 초안을 만들 수 있지만, PR을 할 수는 없다. AI 도구들이 콘텐츠 제작 속도를 획기적으로 높이면서, 많은 실무자가 '생산성의 함정'에 빠지고 있다. 가령, 챗GPT가 생성한 보도자료를 그대로 배포하거나 AI가 작성한 블로그를 검토 없이 바로 게시한다. 그 결과, 브랜드답지 않은 어투, 맥락 없는 정보, 때로는 존재하지 않는 통계까지 포함된 콘텐츠가 세상으로 나간다.

AI는 도구다. AI가 설계도를 그릴 수는 있지만, 메시지의 방향은 여전히 사람이 정해야 한다. 중요한 것은 AI의 효율성을 활용하되, PR의 본질인 '신뢰할 수 있는 소통'을 놓치지 않는 것이다. 다음의 다섯 가지 오류는 AI 시대에 PR 실무자들이 가장 자주 겪는 실수들이다. 이를 피하는 것만으로도 콘텐츠의 품질이 극적으로 달라진다. AI가 생성한 콘텐츠를 브랜드의 목소리로 번역하는 것은 실무자의 역할이다.

(1) AI 문장을 그대로 사용하는 것

AI가 생성한 문장을 그대로 사용할 경우 맥락에 어긋나는 어색한 어휘가 쓰이거나 브랜드 톤과 일치하지 않을 가능성이 커진다. 따라서 반드시 사람이 최종 문장을 '다시 말할 수 있을 만큼' 점검해야 한다.

"귀사의 번영을 기원합니다."
→ "함께 성장하는 파트너가 되겠습니다."

(2) 브랜드 톤 앤 매너와 불일치

친근한 브랜드인데 무거운 문체의 콘텐츠를 발행하거나 혹은 이와 반대로 지나치게 경박한 표현이 쓰인 콘텐츠가 만들어질 수 있다. 따라서 브랜드 고유의 언어 기준과 일관성을 유지해야 한다.

(3) 타깃 독자에 대한 정서적 감도 부족

앞에서도 여러 차례 강조했지만, 같은 메시지도 대상(B2B/소비자/투자자)에 따라 언어가 달라져야 한다. 따라서 AI가 작성한 초안을 '누구에게 말하는가'를 기준으로 실무자가 재구성해야 한다. 가령, "신제품 출시"라는 동일한 내용이라도 대상에 따라 다음과 같이 바꿔야 한다.

- **B2B:** "업무 효율성 35% 개선"
- **소비자:** "일상이 더 편리해집니다."
- **투자자:** "신규 수익원 확보 및 시장 점유율 확대 기대"

(4) 중복 및 논리 비약 간과

AI가 생성한 글의 경우, 유사한 문장을 반복하거나 논리적 연결이 약화된 글을 써낼 가능성이 크다. 글의 흐름과 개연성은 실무자의 편집 감각으로 보완해야 한다.

(5) 검증되지 않은 정보 사용

AI는 존재하지 않는 통계나 인용을 가져다 쓸 가능성이 크다. 따라서 숫자, 기관, 링크는 반드시 실무자가 직접 팩트 체크를 해야 한다.

좋은 프롬프트가 좋은 결과를 만든다

AI에게 원하는 답변이나 결과를 듣기 위해 입력하는 명령어나 질문을 프롬프트(Prompt)라고 한다. AI는 요청한 대로 응답한다. 따라서 결과의 품질은 실무자의 질문력, 프롬프트 설계 능력에 달려 있다. 다음은 프롬프트 설계를 할 때 유념해야 할 사항들이다.

- **목적을 명확하게 제시하기:** "보도자료 초안", "기자 피칭용 문장"
- **스타일을 지정해주기:** "300자 이내", "신뢰감 있는 어조", "전문적인 문체"

- **단계별로 요청하기:** "1단계 제목 생성 → 2단계 리드 작성"
- **예시를 제공하기:** "다음 사례처럼 작성해줘."

프롬프트를 설계를 마쳤다면 AI에게 질문해야 한다. 이때 구체적으로 질문해야 한다.

"보도자료 써줘."

"친환경 패키징으로 전환한 식품 기업의 보도자료 초안을 작성해줘."

원하는 글의 톤, 분량 등 디테일한 요소들까지 지정해준다면 목적한 바에 한결 더 부합하는 결과를 얻을 수 있다.

- **톤:** 진정성 있고 책임감 있는 어조
- **분량:** A4 1장 (400~500자)
- **포함 요소:** 전환 배경, 구체적 변화, 향후 계획
- **타깃 매체:** 경제지 및 환경 전문 매체

또한, AI가 생성한 결과물은 다음의 체크리스트를 통해 적절성을 점검해야 한다.

- 수치와 팩트가 검증됐는가?

- 브랜드 톤 앤 매너와 일치하는가?
- 과장되거나 부적절한 감정 표현은 없는가?
- 타깃별 반응과 상황 맥락이 고려됐는가?

보도자료 작성 시 AI 활용 실무 가이드

AI는 도구일 뿐이다. 전략적 메시지 설계를 위해서는 명확한 입력이 필요하다. PR 실무자가 만들어야 하는 콘텐츠는 실로 다양하지만, 여기에서는 PR 실무자가 가장 많이 쓰게 되는 글인 보도자료를 기준으로 AI 활용 방법을 설명하고자 한다.

AI에게 보도자료 초안 작성을 요청할 때, 프롬프트에 꼭 들어가야 하는 핵심 요소는 다음과 같다.

- 핵심 뉴스(What)
- 시의성(Why Now)
- 주요 독자(Target)
- 1~2개 핵심 포인트(Key Message)
- 브랜드 어조(Tone)

이 다섯 가지만 명확히 전달해도 AI는 충분히 활용 가능한 초안을 생성한다. 그러나 이것은 시작일 뿐이다. AI가 초안을 만들어냈다면, 이제 실무자는 다음의 일곱 가지 사항을 반드시 확인해야 한다.

AI가 만들어낸 초안에서 점검할 사항

항목	확인 기준
시의성	지금 뉴스로 낼 이유가 명확한가?
맥락	사회 이슈 또는 타이밍과 연결되는가?
사실 확인	수치, 주장의 근거는 명확한가?
브랜드 일관성	말투, 어조가 일관되는가?
인용구 진정성	실제 사람의 언어로 설계됐는가?
뉴스 가치	기사로 쓸 수 있을 만큼 구조화됐는가?
전략적 방향성	브랜드의 장기 전략과 연결되는가?

AI 시대, 미래 PR 실무자에게 필요한 역량

AI가 대체할 수 없는 인간의 영역이 곧 미래의 PR 실무자가 지녀야 할 핵심 역량이다. "AI가 우리 일자리를 뺏을까?" 이 질문은 방향이 틀렸다. 우리가 던져야 할 진짜 질문은 "AI 시대에 우리는 무엇을 더 잘해야 할까?"여야 한다. AI가 초안을 작성하고, 데이터를 분석하며, 심지어 이미지까지 생성하는 시대가 도래했다. 하지만 역설적으로 이런 시대일수록 '인간만이 할 수 있는

일'의 가치는 더욱 높아진다.

미래의 PR 실무자는 AI를 다루는 기술자가 아니라, AI와 협업하는 전략가여야 한다. 기계가 생성한 콘텐츠에 영혼을 불어넣고, 데이터에서 인사이트를 발견하며, 브랜드의 진정성을 지키는 것. 이것이 바로 AI가 아무리 발전해도 대체할 수 없는 인간의 영역이다. 다음에 제시한 네 가지 역량은 AI 시대 PR 실무자의 경쟁력을 결정짓는 핵심 요소들이다.

디지털 시대, PR 실무자에게 필요한 역량들

역량	설명
프롬프트 엔지니어링	원하는 결과를 끌어내는 질문과 요청 기술
전략 문맥 설계	메시지를 맥락에 맞춰 구조화하는 능력
감정 감도	타깃의 정서와 언어 감수성을 해석하는 능력
비판적 편집력	AI 결과물의 사실성, 논리, 윤리를 검토하는 능력

그렇다면 AI 시대 미래의 PR 실무자에게 필요한 역량을 기르려면 어떤 훈련을 해야 할까? 다음은 각각의 역량을 신장시키는 방법들을 간략히 정리한 내용이다.

- **프롬프트 엔지니어링:** 매일 다른 스타일로 같은 메시지를 재작성하는 연습하기

- **전략 문맥 설계:** 타이밍, 채널, 독자를 고려한 메시지 맵 작성하기
- **감정 감도:** 댓글, 리뷰 분석으로 독자의 언어를 학습하기
- **비판적 편집력:** AI 생성 콘텐츠의 팩트 체크를 습관화하기

AI가 능수능란하게 글을 써내는 시대다. 이런 때일수록 "우리는 왜 여전히, 글을 써야 하는가?"라는 질문에 대한 답이 명확해진다. 문장은 기술로 매끄럽게 만들 수 있지만, 메시지는 브랜드의 태도와 철학이 드러나야 한다. 특히나 브랜드를 대표하는 글이라면 그 글에 최종 서명할 수 있는 이는 AI가 아니라 바로 당신이어야 한다. 책임과 관계가 깃든 글은 오직 인간만이 쓸 수 있다. 우리가 AI 시대에도 여전히 글을 써야 하는 이유다.

[한 줄 요약]
AI가 초안을 만들어도, 그것을 '뉴스'로 만드는 것은 여전히 사람의 영역이다. 메시지는 여전히 사람의 판단과 책임이 필요하다.

[Quick Tips]

디지털 시대의 PR 글쓰기, 이것만 기억하자

자가 점검 체크리스트

디지털 플랫폼 콘텐츠를 작성하고 난 후, 다음 질문에 스스로 답해보자.

- 콘텐츠의 목적이 명확한가?(인지/참여/전환)
- 채널의 문법에 맞게 메시지가 조정됐는가?
- 검색, 발견 가능성을 고려한 구조가 구축됐는가?
- 공감 가능한 근거(데이터, 인사이트, 사례 등)가 포함됐는가?
- AI를 활용한 경우, 사람이 맥락과 톤을 점검했는가?
- 모든 채널에서 브랜드 메시지의 일관성이 유지되고 있는가?

기억해야 할 디지털 시대의 PR 글쓰기 원칙

1. 채널의 문법을 존중하라.
→ 플랫폼마다 기대하는 커뮤니케이션 방식이 다르다.

2. 검색은 발견의 시작점이다.
→ SEO는 키워드 삽입이 아니라, 질문에 대한 응답이다.

3. 데이터는 메시지의 뼈대다.
→ 숫자 자체보다, 그 숫자가 말하는 통찰이 중요하다.

4. 도구는 진화해도 판단의 책임은 변하지 않는다.
→ 자동화는 가능하지만, 판단과 맥락 구성은 위임할 수 없다.

5. 크로스 채널 일관성이 신뢰를 만든다.
→ 채널은 나뉘어도, 메시지의 철학은 하나여야 한다.

디지털 플랫폼별 특징

플랫폼	톤 앤 매너	핵심 요소	포맷 특징
블로그	전문적, 정보 중심	키워드, 소제목, 이미지	심층 정보, 검색 최적화 구조
인스타그램	감성적, 대화체	이모지, 해시태그, 감정어	시각 중심, 첫 3줄이 핵심
뉴스레터	친근한, 개인화	헤드라인, 프리뷰, CTA	섹션 중심, 반복성과 정기성 강조
링크드인	전문적, 통찰 중심	산업 트렌드, 경험 공유	단락 중심, 통계·시사점 강조
보도자료	객관적, 정보 중심	5W1H, 인용문, CTA	미디어 대상, 역피라미드 구조
X(엑스)	간결한, 시의성 높은	해시태그, 링크, 멘션	실시간 반응, 트렌드 연계 가능
페이스북	대화적, 반응 유도	질문, 짧은 영상, 링크	댓글 기반, 커뮤니티 확장 중심

(※ 유튜브와 같은 영상 중심 채널은 별도의 스크립트 구성 전략과 연결이 필요함)

7장

구성원들을
결속하는
내부 메시지 전략

"잘 설계된 메시지 하나가
조직의 공기를 바꾼다."

중요한 소식일수록 외부 기사로 먼저 접하게 되는 조직이 있다. "우리 회사가 인수된다는데요?" "구조조정 한다면서요?" 직원들이 이런 질문을 던진다면, 이미 조직의 신뢰가 흔들리기 시작했다고 봐야 한다.

물론 모든 기업이 다 그런 것은 아니다. 어떤 조직은 중요한 변화를 알리기 위해 다양한 수단을 동원한다. 공식 발표, 영상 메시지, 타운홀 미팅, 인터뷰, 뉴스레터 등. 하지만 이렇게 많은 채널을 동원했음에도 불구하고 정작 직원들은 여전히 회사 소식을 묻는다. "우리 팀은 뭘 준비해야 하나요?" "기존 프로젝트는 그대로 가는 건가요?" "새로운 CEO가 어떤 리더십 스타일인지 감이 잘 안 와요."

내부에서 이런 질문이 나오는 이유는 정보가 부족해서가 아니다. 그보다는 메시지가 수신자의 입장에서 설계되지 않았기 때문이다. 내부 메시지 역시 외부에 발신하는 메시지처럼 구조적인 설계가 중요하다. 여기서 '설계'란 단순히 문장을 다듬는 것이 아니다. 누가 읽을 것인지(대상), 어떤 반응을 이끌어낼 것인지(목적), 어떤 구조로 전달할 것인지(형식), 언제 어떤 채널로 보낼 것인지(맥락)를 전략적으로 구성하는 일이다.

외부 메시지를 만들 땐 '우리가 말하고 싶은 것'과 '상대가 듣고 싶어 하는 것'의 접점을 끊임없이 고민한다. 그런데 내부 커뮤니케이션을 두고 우리는 종종 너무 쉽게 안심한다. "직원들은 다 알고 있겠지." "우리끼리니까 굳이 설명 안 해도 되겠지." "말 안 해도 당연히 따라오겠지." 이런 막연한 전제가 메시지의 실패를 만든다.

내부 메시지는 오히려 외부 메시지보다 더 정교한 전략을 요구한다. 이때 관건은 단순히 '전달했는가'가 아니라 '어떤 질문을 예상했고, 어떤 행동을 유도했는가'다. 내부 메시지는 조직 안의 '가장 가까운 사람들'을 대상으로 하는 만큼 가장 냉정하고 빠른 반응이 돌아온다. 그만큼 진정성을 다해 작성해야 한다.

진정성은 단지 따뜻한 말투나 감정을 담는다고 전달되지 않는다. 똑같은 말도 앞뒤 맥락이 없고, 타깃에 맞춰 구성되지 않으면 오히려 방어적으로 들릴 수 있다. 구조 없는 메시지는 진심을 담은 내용을 발신하고도 불신을 불러일으킨다.

이번 장에서는 조직의 신뢰와 방향을 구축하는 내부 커뮤니케이션 전략을 다룬다. 구성원이 어떻게 받아들이고 반응할지를 예측한 메시지만이 조직을 움직인다. (이번 장에서 다룬 사례들은 여러 프로젝트 경험을 종합한 전형적 패턴으로, 특정 기업을 지칭하지 않는다.)

'정보만 보내는' 메시지에서 '행동까지 설계한' 메시지로

이메일, 인트라넷, 메신저, 협업 툴… 사내 정보 전달 채널은 끊임없이 진화하고 있다. 채널이 늘어날수록 발송되는 메시지의 양도 기하급수적으로 증가한다. 하나의 공지를 이메일로 보내고, 메신저로 알림을 띄우고, 인트라넷에 게시하고, 협업 툴에서 다시 언급한다. 이렇게 정보는 넘치지만, 제대로 '전달된' 메시지는 드물다.

결국 도구가 많다고 커뮤니케이션이 나아지는 것은 아니다. 중요한 것은 '어떤 정보를 어떻게 전달하느냐'다. 내부 정보 전달 역시 외부 메시지 발신처럼 '보냈다'라는 사실로 끝나지 않는다. 직원이 해당 글을 '읽고, 이해하고, 행동으로 옮기게 하는' 글쓰기가 필요하다.

읽히는 내부 메시지를 위한 3가지 내용 전략

내부 메시지가 효과를 내는지 여부는 '무엇을 말하느냐'보다 '어떻게 말하느냐'에 달렸다. 다음의 세 가지 전략은 내부 메시지가 직원들에게 정확히 읽히고, 이해되고, 행동으로 이어지게 만드는 기술이다.

(1) 명확성: 메시지를 하나씩 나눠라
- 한 문장에 하나의 메시지만 담는다.
- 약어나 전문용어는 줄이고, 설명을 곁들인다.
- 강조할 정보는 시각적으로 구분한다(볼드, 글머리 기호 등을 사용).

(2) 간결성: 핵심만 먼저 말하라
- 직원이 궁금해하는 6가지: 무엇, 왜, 언제, 어떻게, 어디서, 누가
- 핵심 정보를 먼저 말한다(결론 → 배경 순서로).
- 불필요한 수식은 줄이고, 문장은 짧고 단단하게 쓴다.

(3) 관련성: 나와 상관이 있는 메시지를 만들어라
- 정보는 개인화돼야 반응을 얻는다.
- 부서, 직무, 위치에 따라 메시지를 다르게 설계하라.
- 행동 유도형 메시지로 끝맺어야 한다.

읽히는 내부 메시지를 위한 3가지 형식 전략

같은 정보라고 해도 구조에 따라 완전히 다르게 받아들여진다. 읽히는 메시지는 잘 쓰인 문장보다 잘 짜인 구조에서 시작된다. 전달되지 않는 정보의 대부분은 구조가 잘못됐다. 내부 메시지는 '무엇을 말하느냐'보다 '어떻게 구조화됐느냐'가 반응을 결정한다. '읽히는' 내부 내부 메시지를 만들기 위해 실무자가 반드시 익혀야 할 세 가지 형식 전략을 소개한다.

(1) 역피라미드 구조
- 가장 중요한 메시지를 문장의 맨 앞에 넣는다.
- 배경이나 설명은 그다음이다.
- 제목에서도 핵심이 드러나야 한다.

예) "6월부터 근무시간이 변경됩니다: 9:00AM ~ 5:30PM 적용"

(2) 스캔이 가능한 형식
- 글머리 기호, 짧은 문단, 명확한 구분선을 사용한다.
- 단락마다 핵심만 남긴다.
- 여백과 시각적 분리로 가독성을 높인다.

(3) 시각적 요소 활용

- 타임 라인, 표, 단계적 순서 정리 등을 활용하면 보는 것만으로 메시지가 이해된다.

내부 메시지도 채널에 따라 달라져야 한다

외부로 발신하는 메시지와 마찬가지로 내부 메시지 역시 채널이 다르면 문장도 거기에 따라 달라져야 한다. 플랫폼에 맞게 메시지를 구성해야 직원들로부터 반응이 생긴다.

채널에 따른 내부 메시지 최적화 전략

채널	최적화 전략
이메일	제목은 행동 유도형으로 ("근무시간 변경: 6월 1일부터 적용") 첨부 대신 요약을 중심으로 미리보기 텍스트까지 설계
인트라넷/포털	검색 키워드 삽입 관련 문서 링크 연결 업데이트 날짜 표시
메신저/SNS	"3줄 요약 + 링크" 구조, 긴급도/중요도를 시각적으로 표시, 핵심 문장 중심으로 요약

다음은 "시스템 업그레이드" 공지라는 동일한 내부 메시지를

채널별로 달리 쓴 예시다.

・이메일

"제목: [필독] 7/1 ERP 시스템 업그레이드 사전 준비 사항 안내

본문: 상세 일정표 + 부서별 영향 + 대응 가이드 첨부"

・메신저

"7/1(월) ERP 업그레이드 예정

00:00~06:00(6시간)

상세 안내: [링크]"

・인트라넷 팝업

시각적 타임 라인 + 핵심 3줄 요약 + '자세히 보기' 버튼

배경 설명도 정보의 '종류'에 따라 달라져야 한다

메시지에는 반드시 '이해'가 따라야 한다. 그러나 모든 메시지에 배경을 덧붙이는 것이 능사는 아니다. 정보의 성격에 따라 배경 설명은 '설득의 도구'가 될 수도, '불필요한 장황함'이 될 수도 있다. 다음은 배경 설명이 필요한 경우를 따져볼 수 있는 체크리스트다.

- 직원 개인에게 직접적 영향이 있는가?
- 기존 루틴이나 습관을 바꿔야 하는가?
- 추가 노력이나 학습이 필요한가?

이 중 하나라도 '예'이면 배경 설명이 필수적이다.

그렇다면 이제 구체적인 사례를 중심으로 배경 설명이 필요한 경우와 그렇지 않은 경우의 내부 메시지 구성에 대해 살펴보자.

첫 번째 사례는 근무시간 변경에 대한 공지 메시지다. 이 메시지는 성공한 메시지일까, 실패한 메시지일까?

"안녕하세요. 최근 경영 환경 변화와 업무 효율성 제고를 위해 전사적 차원에서 다양한 제도 개선을 검토해왔습니다. 이와 관련하여 근무시간 관련 일부 조정이 있을 예정이오니 참고하시기 바랍니다. 자세한 사항은 추후 안내…."

이 내부 메시지는 실패했다. 제도가 변경되는 상황에서는 직원에게 직접적으로 영향을 미치는 변화가 '왜 바뀌는지'를 알려주어야 직원들이 이를 수용할 수 있다. 그러나 위의 메시지는 언제부터 제도가 바뀌는지 불명확하고, 어떻게 바뀌는지에 대한 설명도 없다. 바뀌는 이유도 장황하게 설명하고는 있지만 모호하다. 이러한 문제점들을 보완해 다음과 같이 다시 쓸 수 있다.

· 개선된 메시지

[핵심 정보] "6월 1일부터 근무시간이 변경됩니다."

[변경 사유] "직원 피드백을 반영하여 효율 개선을 위해"

[구체적 내용]

– 변경 후: 9:00AM~ 5:30PM

– 대상: 전 직원

– 문의: HR팀(내선 1234)

이처럼 '언제 → 왜 → 무엇 → 문의처'의 순서로 명확하고 간결하게 구조적으로 정리하고 나니 메시지의 전달력이 더 높아졌다.

두 번째 사례는 평가 제도 변경에 대한 공지 메시지다. 이 메시지는 성공한 메시지일까, 실패한 메시지일까?

"하반기부터 새로운 평가 시스템 도입 예정

안녕하세요, 인사팀입니다. 최근 전사적 인사제도 개선 프로젝트의 일환으로 평가 시스템 업그레이드를 실시하고자 합니다. 해당 변경은 공정하고 효율적인 인사 평가를 위한 필수 작업으로, 기존 평가 방식에 일부 변화가 예상됩니다. 시행 일정은 하반기를 목표로 하고 있으며, 자세한 사항은 추후 재공지하겠습니다. 업무에 참고하시기 바랍니다."

이 내부 메시지 역시 실패한 메시지다. 공지사항의 내용이 대체로 모호하기 때문이다. "하반기"는 7월인지 10월인지 확실하지 않으며, "새로운 평가 시스템"이 정확히 어떤 방식인지 알 수 없다. "일부 변화"가 상대평가인지 절대평가인지, 평가 기준이 바뀌는 것인지 이 글로는 알 수 없다. 궁극적으로 평가제도 변경이라는 중요한 사안임에도 직원들이 어떻게 준비해야 하는지에 대한 지침이 전혀 없다.

• 개선된 메시지

"7월부터 상대평가에서 절대평가로 전환됩니다. 직원 설문에서 80%가 요청한 사항을 반영했습니다.

- 주요 변화: 팀 내 경쟁 → 개인 목표 달성 중심
- 대상: 전 직원(임원 제외)
- 설명회: 6월 15일 14:00"

한편, 단순한 일정 안내와 같이 배경 설명이 불필요한 내부 메시지도 있다. 이때에도 불확실성이 불안을 키우게 만들 여지가 있다면 '무엇을, 언제, 어디서'와 관련된 정보를 정확하게 제공해야 한다. 가령, 다음의 메시지는 실패한 메시지다.

"안녕하세요. IT팀입니다. 이번 주말 시스템 개선 작업으로 인해 일부 서비스 이용에 제한이 있을 예정입니다. 양해 부탁드립니다."

앞서 제시했던 사례와 같이 공지사항의 내용이 전반적으로 모호하다. "이번 주말"도 시간의 범위가 너무 모호하며, "일부 서비스" 역시 어떤 서비스가 중단되는지 알 수 없다. 시스템 개선 작업에 얼마나 시간이 소요되는지도 불명확하다. 직원들이 어떻게 행동해야 하는지에 대한 지침 역시 없다. 이와 같은 문제점들을 개선해 다음과 같이 다시 쓸 수 있다.

· 개선된 메시지

제목: [IT 점검] 5/12(일) 00:00~06:00 이메일/ERP 일시 중단

- 일시: 5월 12일(일) 00:00~06:00(6시간)

- 대상 시스템:

- 사내 이메일(Outlook)

- ERP(전표 처리, 재고 조회)

- 영향 없음: 인트라넷, 메신저

- 필요 조치:

- 5/11(토)까지 급한 메일 처리

- 주말 ERP 사용 계획 시 일정 조정

- 문의: IT 헬프데스크(내선 7777)

내부 메시지 중에서 많은 부분을 차지하는 글로 대표적인 것이 앞에서도 예시로 든 시스템 점검 공지다. 시스템 점검 공지의

경우 다음의 네 가지를 꼭 지켜주도록 하자.

- 제목에 날짜와 시간을 꼭 명시할 것
- 영향을 받는 시스템에 대해 구체적으로 나열할 것
- 대체 수단이 있다면 안내할 것
- 이전 공지는 최소 3일 전에 할 것

메시지 효과를 데이터로 측정하라

'보냈다'와 '읽혔다'의 차이만큼 중요한 것은 '읽혔다'와 '행동했다' 사이의 간극이다. 외부 메시지가 궁극적으로 독자들의 행동을 유도해야 한다면, 내부 메시지는 직원들의 행동을 이끌어내야 한다. 이를 위해서는 이제 감으로 짐작하는 것이 아니라, 데이터로 내부 메시지의 실제 효과를 측정해야 한다. 측정할 수 없다면 개선할 수도 없다. 다음의 지표들은 당신의 메시지가 정말로 조직을 움직이고 있는지 보여주는 일종의 나침반이다.

- **열람률/클릭률 분석:** 어떤 제목이 더 많이 읽히는가?
- **체류 시간 측정:** 직원들이 실제로 내용을 읽고 있는가?
- **피드백 데이터:** 댓글, 이모지 반응, 설문 응답률은 어떤가?
- **행동 전환율:** 메시지 이후 실제 행동 변화가 있었는가?

사내 정보를 '보낸다'는 것과 직원이 그 메시지를 '읽고 행동한다'는 것은 전혀 다른 문제다. 효과적인 내부 메시지는 수신자의 관점에서, 목적과 채널에 맞는 구조로, 실행을 이끄는 글이다. 정보를 쓴다고 모두 수신자에게 전달되는 것이 아니다. 내부 메시지 역시 직원들에게 잘 전달되기 위해서는 구조화돼야만 한다.

[한 줄 정리]
구조화된 메시지만이 조직을 움직인다.

침묵을 깨우고
참여를 이끄는 메시지 전략

조직은 외부 고객의 목소리에만 귀 기울이지 않는다. 효율적으로 조직을 운영해나가기 위해 내부 직원들의 요청에도 귀를 열어둔다. "직원 여러분의 의견을 기다립니다." 하지만 친절하게 의견 수렴 요청 메일을 보내도 아무런 회신이 없는 게 다반사다. 타운홀 미팅에서 사회자가 "질문 있으신가요?"라고 외쳐도 누구 하나 손을 들지 않는다. 어째서 이런 일이 벌어지는 걸까? 메시지 구성이나 전달 방식의 문제일까? 아니면 조직이 묻고 싶지 않은 질문을 억지로 던진다고 생각해서일까?

직원들이 말하지 않는 데는 다 이유가 있다

직원들의 능동적인 참여가 일어나지 않는 가장 큰 이유는 '말문을 닫게 만든 조직의 공기'에 있다. 건의를 해도 상황이 크게 달라지지 않았던 경험, 괜히 말을 꺼냈다가 '모난 돌'로 찍혀서 손해 볼지도 모른다는 불안, '질문'을 환영받을 행동이 아니라 '눈에 띄는 행동'으로 여기는 분위기 등이 여기에 속한다. 조직 내에 이런 분위기가 팽배한 상황에서 아무리 "여러분의 의견을 들려주세요"라고 한들 이 문장은 공허하게 튕겨 나간다.

직원들의 참여를 유도하는 글쓰기는 단순히 '응답이 일어나도록 구조를 설계하는 일' 또는 '전달 전략을 정하는 일'로만 정의하기 어렵다. 참여를 이끌어내려면 말할 수 있는 장치와 말해도 된다는 신호가 필요하다. 즉, 침묵의 이유를 감지하고, 어떤 언어 구조와 전달 방식을 사용해야 이 벽을 깰 수 있는지 구체적으로 '조치가 가능한 구조'를 만들어야 한다.

"말해봐야 바뀌지 않을 것 같아서요", "괜히 나섰다가 오히려 불이익이 있을까 봐요" 같은 반응은 무관심이 아니다. 이런 반응들은 과거의 실망, 현재의 불신, 그리고 비효율적인 피드백 구조에 대한 체념이 누적된 결과다. 따라서 회의실이 조용할 때 우리는 이렇게 물어야 한다. "문제가 없어서 조용한 것인가, 아니면 말할 수 없어서 조용한 것인가?" 참여를 유도하는 글을 쓰는 첫 시작은 직원들의 무반응을 무관심으로 일축하지 않고, 침묵의 원인을 제대로 감지하는 것이다.

침묵을 깨우는 5가지 메시지 전략

침묵의 원인을 제대로 이해했는가? 그렇다면 이제 직원들의 실망과 불신을 반응과 신뢰로 전환할 차례다. 다음은 침묵을 깨우고 직원들의 진짜 목소리에 귀를 기울이는 다섯 가지 메시지 전략이다. 이 내용들을 잘 따른다면 직원들이 묵묵부답인 상태에서 벗어나 조직과 개인 모두를 성장시킬 아이디어를 거리낌 없이 표현하게 될 것이다.

(1) 질문을 전략적으로 구성하라

"의견 주세요"라는 표현은 다소 일방적인 뉘앙스가 전해진다. 그보다는 "최근 업무하면서 '이런 게 개선되면 좋겠다'고 생각한 적이 있나요?" 또는 "우리 팀 회의를 더 효율적으로 만들 수 있는 아이디어가 있다면?"과 같은 식으로 질문의 바꿔보자. 핵심은 상대방을 방법이나 의견을 '생각해낼 사람'으로 대하는 방식이다. 막연한 의견 요청보다는 구체적 상황과 경험을 바탕으로 한 질문이 훨씬 많은 참여를 이끌어낸다.

(2) 직원의 관점으로 질문하라

반응은 마음의 문을 여는 데서 시작된다. 그러므로 "우리는 이런 비전을 가지고 있습니다"와 같이 조직의 입장을 설명하는 문장보다는 "요즘 업무에서 가장 성취감을 느꼈던 일은 무엇인가요?" 또는 "동료들과 소통할 때 어떤 방식이 가장 편하신가요?"처럼 직원의 관점에서 쓰인 문장을 구사해야 한다.

(3) 피드백은 반드시 '결과'로 보여줘라

"의견 감사합니다" 같은 피드백은 의례적으로 느껴지기 십상이다. 게다가 의견을 수렴한 후 중요한 것은 '무엇이 반영됐는지, 반영되지 않았다면 그 이유는 무엇인지'에 대한 설명이다. 가령, 다음과 같이 상세하게 결과를 공유해야 한다.

"설문 결과, 회의 시간 단축과 보고 체계 간소화가 가장 제안이 많았습니다. 회의는 45분제로 조정됐고, 보고 체계 간소화는 시범 운영 중입니다"

(4) 참여의 구조를 만들어라

조직 내에서 자신의 이름을 걸고 목소리를 내는 일이 어떤 사람에게는 부담스러울 수도 있다. 따라서 익명성을 보장하고 설문조사, 댓글, 메시지 등 다양한 방식으로 의사를 표현할 수 있도록 의견 수렴 채널을 다양화해야 한다. 또한, 수렴된 의견을 어떻게 활용할지에 대한 구체적인 실행 계획도 미리 안내해야 한다.

"모든 제안은 익명으로 운영되며, 채택된 내용은 경영진 회의에 직접 보고됩니다. 결과는 2주 후 인트라넷을 통해 '반영 사항 vs. 검토 중인 사항 vs. 현실적 제약으로 보류된 사항'으로 구분하여 공유하겠습니다."

(5) 디지털 도구로 참여의 벽을 낮춰라

앞서 이야기한, '참여의 구조를 만들어라'와 이어지는 조언이다. 의견을 표현하는 방법이 불편하다면 건의를 하려다가도 주저하게 된다. 의사 표현의 접근성을 높이면 참여의 장벽이 낮아진다. 대표적인 방법이 익명성을 보장하는 것이다. 실명을 드러내야 하는 부담이 없으면 더 적극적으로 의사 표현을 할 확률이 높아진다. 그 외에도 즉각적 반응과 피드백으로 실시간성 확보하기, 시각화를 통해 의견의 패턴을 한눈에 보여주기, 클릭 한 번으로도 참여가 가능하도록 간편성 확보하기 등 적절한 디지털 도구를 활용해 참여의 벽을 낮춰준다.

'이번 주 우리 팀의 기분' 이모지 투표 → 매주 금요일 3초 투표 → 월간 분위기 트렌드 리포트

직원들의 참여를 유도한 4가지 사례

구성원들이 자발적으로 반응하고 움직이게 만드는 내부 메시지에는 공통점이 있다. 단어보다 경험을, 전달보다 과정을 신경

써서 기획한 세 가지 사례를 살펴보자.

[사례 1] 브랜드 리뉴얼: '단어'가 아니라 '내재화'를 전략화하다

한 B2B 기업이 창립 70주년을 기념하며 전체 임직원을 대상으로 슬로건 아이디어를 공모했다. 이후 예선을 거쳐 다섯 건의 슬로건 아이디어를 채택해 이를 전사 투표에 부쳤다. 투표 결과 최종적으로 채택된 슬로건 아이디어는 제안자의 이름과 함께 외부에도 발표됐으며, 타운홀 미팅에서도 소개됐다. '창립 70주년 슬로건 전사 참여 캠페인'의 참여율은 무려 68%에 달했으며, 내부 브랜드 인지도가 향상되는 결과로 이어졌다. 구성원들의 설명력과 소속감이 강화된 것은 물론이다.

[사례 2] 사무 공간 리디자인: 공간에 '이야기'를 입히다

사옥 이전을 앞둔 한 IT 기업은 일하는 공간이 바뀌는 것을 두고 직원들이 불안해하는 상황을 해소해야만 했다. 이를 위해 신규 사옥의 회의실, 카페, 휴게 공간의 이름을 공모하는 이벤트를 진행했다. 이때 '우리가 일하고 싶은 공간'이라는 주제로 이름을 짓도록 유도하고, 부서별로 제출하도록 독려했다. 이후 선정된 공간의 이름들은 구체적인 스토리와 함께 사내 인트라넷에 게시됐다. 그 결과, 신규 사옥에 대한 직원들의 정서적 연결감이 만들어졌을 뿐만 아니라 공간 이용 만족도도 향상됐다.

[사례 3] 변경되는 제도에 대한 신뢰 확보: 의견 반영보다 '공유 과정'을 보여주다

한 기업에서 유연근무제도의 세부 내용을 변경하고자 했다. 기존에는 일방적인 제도 발표로 직원들이 반감을 가졌던 전례가 있었다. 이를 염두에 두고 이번에는 제도 변경을 앞두고 사전에 설문 조사를 시행해 익명으로 의견을 수렴했다. 또한, 직원들의 의견을 반영할 예정인 항목과 그렇지 않은 항목을 구분해 그 이유를 함께 공지했다. 더불어 카드뉴스를 통해 변경될 예정인 내용을 재차 공지했다. 그 결과, 설문 응답률은 73%에 달했으며, 직원들의 회사에 대한 신뢰도가 상승했다. 변경된 제도를 도입한 이후에 반대 의견도 이전보다 감소했으며, 직원들이 새 제도에 적응하는 기간도 단축됐다.

[사례 4] 디지털 타운홀 미팅: 시공간의 제약을 넘어 전사적 소통을 이루다

한 기업에서 글로벌 10개국의 5000명에 달하는 직원들의 실시간 참여가 필요한 온라인 타운홀 미팅을 기획했다. 이를 위해 MS 팀 라이브 이벤트(Team Live Events)로 실시간 스트리밍을 진행했다. 또한, 웹 플랫폼인 슬라이도(Slido)를 활용해 익명으로 질문을 실시간으로 수렴했다. 세계 각지에서 올라온 질문들은 우선 AI가 유형별로 분류해 유사한 질문들을 그룹핑한 후, 투표를 통해 우선순위 질문을 선정했다. 그 결과, 온라인 타운홀 미팅의 참여율은 87%에 달했고, 제출된 질문 수만 해도 1200건에 육박했다. 또한, 온라인 타운홀 미팅에 대한 직원들의 만족도는 5점 만점에 4.5점을 달성했다.

참여를 유도하는 문장은 이렇게 다르다

참여를 유도하는 글쓰기에서 상대를 생각하는 태도, 말투 등은 분명 고려해야 하는 요소들이다. 하지만 그보다 더 중요한 것은 참여를 이끄는 글의 '구조'다. 같은 요청의 말도, 어떻게 쓰느냐에 따라 자발적인 참여로 이어지기도 하고, 무관심 속에 묻히기도 한다. 다음의 예시들은 다양한 채널에서 '참여'를 이끌어내는 메시지의 구조를 보여준다. [ ] 안의 내용을 우리 조직의 상황에 맞춰 채우면 당장 현장에서도 사용할 수 있는 템플릿이니 적극적으로 활용해보자.

(1) 이메일 공지 예시: 회의 안건 요청

> 제목: [팀 회의명] 여러분의 의견을 듣고 싶습니다
> 안녕하세요, [팀명] 팀 여러분.
> 다가오는 [날짜] 팀 회의를 준비하며, 여러분의 의견이 필요합니다.

- 주제: 최근 불편했던 점, 개선 아이디어, 팀워크 강화 제안
- 제출 방법: [팀 채널 댓글 / 설문 링크 / 회신 메일]
- 마감: [날짜]

의견은 모두 회의 안건에 반영되며, 요약본은 회의 후 공유됩니다.

(2) 인트라넷 공지 예시: 제도 개선 공모

[함께 만드는 제도, 여러분의 아이디어를 듣습니다]

다음 분기부터 적용될 사내 복지 제도 개선을 위해, 구성원 여러분의 의견을 받고 있습니다.

- 공모 주제: 근무 환경 / 복지 제도 / 교육 프로그램 등
- 제출 방법: 인트라넷 게시판 댓글 또는 설문 링크
- 마감: 6월 30일(금)

실현 가능성이 높은 안건은 경영회의 안건으로 직접 상정되며, 선정된 분께는 소정의 감사 선물을 드립니다. 좋은 제도는 늘, 현장에 있습니다.

(3) 슬랙/카카오워크 예시: 1분 설문

[1분 설문] 우리가 먼저 바꿔야 할 한 가지는?

https://survey.link

- 참여자 중 5분께 커피 쿠폰 드려요!

- 마감: 금요일 오후 3시

- 결과는 다음 주 팀 미팅에서 공유!

(4) 사내 SNS 예시: 팀워크 의견 요청

#TeamTalk 게시판에 남겨주세요!

"요즘 팀워크를 가장 무너뜨리는 건 뭐라고 생각하세요?"

불편한 시스템도 좋고, 사소한 의사소통 문제도 좋습니다.

▶ 익명 가능 / 공감 많은 의견은 다음 타운홀 미팅에서 직접 논의 예정

▶ 공유된 의견은 전사 교육팀에서 개선안으로 발전시킵니다.

댓글로 남겨주신 분 중 추첨을 통해 선물도 드려요. :)

(5) 리더십 메시지 예시: 타운홀 미팅 의견 유도

안녕하세요, 여러분. 다음 주 타운홀에서 우리가 논의할 주제는 "조직의 일하는 방식"입니다. 최근 여러분이 겪었던 불편함, 변화가 필요하다고 느낀 점들을 사전에 듣고 싶습니다.

- 여러분의 의견은 리더십 팀이 직접 검토하며, 타운홀 현장에서 답변드릴 예정입니다.

> - 공유 방법: #타운홀토크 채널 또는 이메일 회신
> - 마감: [날짜]
>
> 함께 조직을 만들어가기 위한 첫 질문은 여러분에게 있습니다.

참여는 자발적인 열정에서 비롯되기보다는 반응할 수 있는 환경에서 시작된다. 직원이 말하지 않을 때, 조직은 이렇게 물어야 한다. "지금 조용한 이유는 무엇인가?" 참여를 유도하는 글쓰기는 단순한 요청이 아니라, 침묵의 이유를 파악하고, 직원들이 안전하게 목소리를 낼 수 있는 환경을 메시지로 만드는 일이다. 하나의 문장이 모든 것을 단번에 바꾸지는 못한다. 하지만 '말해도 괜찮다'라는 메시지를 꾸준히 보내는 구조의 글은 결국 조직을 더 나은 방향으로 움직이게 한다.

> [한 줄 정리]
> "의견 주세요"라는 말로는 참여가 일어나지 않는다. 침묵을 이해하고, 참여를 이끄는 질문과 메시지를 설계하라.

리더의 메시지가
조직의 신뢰를 만든다

조직이 혼란을 겪을 때, 예를 들어 리더십이 전환되거나, 구조조정이 단행되거나, 전략이 변화할 때처럼 방향성과 안정감이 동시에 흔들리는 순간에 구성원들은 가장 먼저 무엇을 찾을까? 바로 리더의 말이다. 리더의 언어는 조직이 어떤 방향을 바라보고 있는지, 무엇을 중요하게 여기는지를 가장 분명히 보여준다.

하지만 많은 경우, 리더가 메시지를 직접 쓰지 않는다. 대개 조직 내 PR팀이 리더의 의도를 전략적 메시지로 전환하고, 조직 상황에 맞게 조율하는 역할을 맡는다. 이때 PR 실무자는 단순히 리더의 문장을 대신 써주는 사람이 아니다. 리더의 감정과 전략, 조직의 맥락과 심리를 모두 고려해 리더십을 설계하는 사람이어야 한다.

리더의 말이 필요한 순간은 언제인가?

리더의 말은 조직의 현재 상황과 미래 방향을 연결하는 다리 역할을 한다. 직원들이 "왜 이런 변화가 필요한가", "우리는 어떤 방향으로 가고 있는가"라는 질문을 가질 때, 리더의 메시지가 그 답을 제시해야 한다. 다음은 리더의 말이 필요한 순간들 중 특히 결정적인 순간들을 정리한 것이다.

- 조직의 새로운 비전이나 방향성을 제시할 때
- 조직 구조나 제도의 큰 변화가 있을 때
- 새로운 리더로서 신뢰를 구축해야 할 때
- 위기 상황에서 구성원들의 심리를 안정시켜야 할 때

특히 위기 상황에서는 리더가 던진 한 문장이 조직의 회복 속도를 결정한다.

다음은 내가 현장에서 실제로 목격한 사례다. 한 오너 CEO가 조직 개편에 대한 내부 비판에 억울함을 느껴, 사내 게시판에 직접 메시지를 쓰려 했다. 내용은 대략 이랬다.

"나는 늘 회사를 위해 희생했고, 어떤 결정도 독단적으로 하지 않았다. 지금의 조직 개편은 생존을 위한 전략인데, 왜 일부 직원들은 이것을

'회사가 직원에게 책임을 떠넘긴다'라는 시각으로 보는가?"

직원들은 리더의 이러한 메시지를 어떻게 받아들일까? 오너 CEO의 입장이 감정적으로는 이해됐지만, 이 메시지를 사내 게시판에 그대로 올릴 경우 구성원들에게 부정적으로 읽힐 우려가 커 보였다. 우선, 직원들의 불만에 대한 '방어'로 해석될 수 있다. 또한, '책임 전가' 논란을 잠재우기보다 더욱 정당화하려는 인상을 줄 수도 있다. 무엇보다 직원들의 우려와 이들이 당면한 현실이 충분히 다루어지지 않은 메시지였다.

PR팀은 이 메시지를 전면 수정했다. 핵심은 리더의 억울함을 설명하는 것이 아니라, 조직이 무엇을 불안해하고 있는지를 먼저 인정하고, 그에 대해 리더가 어떻게 듣고 준비하고 있는지를 보여주는 것이었다.

"최근의 변화에 대해 다양한 목소리가 있다는 것을 잘 알고 있습니다. 일부 의견에는 우리가 더 귀 기울이고 설명했어야 한다는 반성도 듭니다. 이번 조직 개편의 핵심 방향은 이렇습니다…."

이전의 메시지와 비교했을 때, 수정된 메시지가 어떻게 읽히는가? 리더의 억울한 감정은 소거되고 구성원들의 입장에서 상황을 설명해준다는 배려가 느껴지지 않는가? 감정을 정리하지 않고 리더의 메시지를 구성하면, 리더의 진심은 공감이 아니라 방어로 읽힌다. PR 실무자의 역할은 바로 여기에 있다. 바로 리더의 감정을 조직의 언어로 번역하는 일이다. 이 과정에는 메시지의 전략, 구조, 구성원들의 심리까지 모두 고려돼야 한다.

스타일을 살리되, 조직의 언어로 조율하라

사람들은 저마다 말투와 스타일이 다르다. 그리고 그 다름에는 우열이 없다. 따라서 각자의 개성이자 특색으로 존중받아야 한다. 리더도 마찬가지다. 직설적인 리더, 감성적인 리더, 철학적인 리더 등 리더들의 스타일도 각양각색이다. 리더의 메시지를 구성할 때, 리더만의 어조와 스타일은 존중돼야 한다. 리더의 화법은 메시지에 개성을 부여해 살아 있는 언어로 만든다.

하지만 한 가지 간과해서는 안 되는 점이 있다. 리더의 화법이 조직의 현재 상황과 직원들의 심리에 어떤 영향을 미칠지를 반드시 고려해야 한다.

- 지금 이 상황에 이런 어조가 적절한가?
- 직원들이 이 메시지를 어떻게 받아들일까?
- 이 표현이 의도와 다르게 해석될 가능성은 없는가?

보다 구체적인 예시를 통해 이를 살펴보자.

· **원문:** "지금의 방식으로는 더 이상 안 됩니다. 변하지 않으면 도태됩니다."

· **수정:** "지금 우리는 더 나은 방향으로 움직이기 위한 중요한 전환점에 서 있습니다. 함께 바꿔야 합니다."

직설적이고 강렬한 화법은 메시지의 선명성이 뛰어나지만, 자칫 청자를 배려하지 않고 강압적이라는 인상을 줄 우려가 있다. 조직 전체를 독려하며 새로운 변화를 모색하는 상황이라면 핵심 메시지는 흔들리지 않되 표현을 조금 더 순화하고 발전적인 방향의 뉘앙스로 수정하는 것이 좋다. 이는 리더의 개성을 지우라는 뜻이 아니다. 리더의 메시지를 통해 직원이 변화에 '동참하고자 하는 의지'를 느끼게 만들라는 의미다.

리더의 메시지를 구성할 때 고려할 3가지

리더의 메시지를 구성할 때는 크게 세 가지 기준이 필요하다. 이 세 가지를 모두 고려한 리더의 메시지만이 조직에 '방향'을 제시할 수 있다.

(1) 구조화된 메시지를 만들어라

리더의 메시지에는 '상황 설명, 비전 제시, 행동 유도'의 문장들이 구조적으로 들어가야 한다. 상황 설명은 '왜 지금 말하는가?', 비전 제시는 '무엇을 목표로 하는가?', 행동 유도는 '직원은 무엇을 해야 하는가?'에 대한 답이다.

(2) 감정을 담되, 조직의 언어로 정제하라

리더의 감정은 억울함이나 해명보다 책임감과 공감으로 표현돼야 한다. 이때 감정 표현도 앞서 말한 구조(상황-비전-행동) 안에서 일관되게 배치돼야 직원들에게 진정성 있게 전달된다.

(3) 조직의 심리적 맥락을 고려하라

리더의 메시지는 발신하는 데서 그치지 않는다. 조직의 분위기, 직원들의 기대와 우려 속에서 리더의 메시지는 비로소 의미를 획득한다. 그러므로 직원들의 심리적 배경 속에서 적절히 해석되는 메시지로 구성해야 한다. 한편, 말하지 않는 리더는 '무관심'하다고 읽히고, 자주 말하는 리더는 '불안'해한다고 여겨질 수 있음을 기억하자. 리더의 메시지는 발화의 빈도수 자체만으로도 특정한 의미로 해석된다.

리더의 메시지는 조직 상황에 맞게 구성돼야 한다

리더의 기본적인 스타일과 가치관은 일관되게 유지돼야 하지만, 메시지의 구조와 강조점은 조직이 처한 상황과 직원들의 심리에 맞춰 조정돼야 한다. 다음의 세 가지 사례는 실제 현장에서 자주 마주치는, 실패한 리더의 메시지 유형들이다. 이들을 어떻게 조직의 언어로 조정해 더 나은 내부 소통을 해낼 수 있는지 그 전략을 살펴보자.

(1) 새롭게 합류한 외국계 리더의 첫 메시지: 경청의 태도를 보여주자

첫 번째 사례는 외국계 리더가 새롭게 조직에 합류하면서 처음으로 던지는 메시지다. 이 리더는 글로벌 기업 톤의 일반적인 슬로건을 그대로 번역해 전달하는 데 그쳤다. "우리는 함께 더 높은 곳으로 갑니다(Let's fly high)". 현장 직원들은 "도통 무슨 얘긴지 모르겠다", "또 탁상공론" 등의 반응 일색이었다.

· **전환 전략**
 - 조직 고유의 현재 상황을 설명하는 문장으로 시작할 것
 - '리더인 내가 지금부터 어떻게 직원들의 말을 듣고, 어떤 방향으로 가고 싶은지'를 구체적으로 명시할 것

· **바뀐 리더의 메시지**

"저는 지난 몇 주간 여러분의 목소리를 듣고 있습니다. 특히 변화의 피로감, 빠른 의사결정이 어려운 구조에 대한 이야기가 많았습니다. 그래서 첫 번째로 바꿔야 할 방향은 '결정의 속도'라고 생각합니다."

'나는 듣고 있다'라는 메시지가 먼저 전해질 때, 리더가 추구하는 방향성도 신뢰를 얻을 수 있다. 경청하겠다는 태도가 담긴 메시지는 사람들의 마음을 끌어당긴다.

(2) 비전 선언 메시지: 슬로건 이상의 언어가 필요할 때

리더의 메시지 중 많은 부분을 차지하는 내용은 비전 선언이다. 하지만 "우리는 고객 중심의 미래를 만든다"와 같은 비전 선언 메시지는 아무런 방향도 제시하지 못하고 구성원의 피로도만 증가시킬 뿐이다. 실체가 손에 잡히지 않는 추상적인 메시지는 힘이 없다.

· **전환 전략**

- 비전이 직원의 오늘과 어떻게 연결되는지 설명할 것
- 슬로건 아래 이루어질 실행 계획을 요약하거나 구체적인 변화의 요소를 반드시 포함할 것

· **바뀐 리더의 메시지**

"이 비전은 단지 내년의 슬로건이 아닙니다. 이번 분기부터 여러분과 함께 추진할 세 가지 변화는 다음과 같습니다. 1) …."

비전을 제시함으로써 구성원들에게 '동기부여'를 하고자 한다면, 메시지 안에 실행의 요소가 반드시 들어가야 한다.

(3) 조직 개편 메시지: 모호함이 불안을 키우는 경우

조직 개편은 리더의 메시지가 얼마나 명확하고 믿을 만한지를 시험하는 대표적인 순간이다. 이때 개편 목적이나 개편 범위에 대한 구체적인 설명 없이 "변화는 도전이지만, 우리가 더 강해질 기회"라는 식으로 추상적 슬로건만 전달하면 구성원들의 불안이 오히려 증폭된다. 직원들은 조직 개편 시 가장 먼저 '나에게 어떤 변화가 오는가'를 알고 싶어 하므로 막연한 표현은 혼란만 키운다. 특히 "몇몇 팀의 조정이 있을 예정" 같은 표현은 그 조정 대상에 자신이 해당되는지 정확히 알려주지 않기 때문에 더 큰 불안감을 야기한다.

· **전환 전략**

– 개편의 배경, 핵심 방향, 구체적인 변화 내용까지 단계별로 명확히 구조화할 것

- 실행 시기와 직원 참여 방식을 제시할 것

· **바뀐 리더의 메시지**
"이번 조직 개편의 핵심 방향은 다음과 같습니다.
 1) 기존 A/B팀 통합을 통한 고객 대응 단순화, 2) 마케팅과 전략팀의 크로스 협업 신설, 3) 보고 체계 단순화를 통한 결정 속도 강화
이번 주 내 각 팀 리더가 세부 내용을 공유할 예정이며, 다음 주 타운홀 미팅에서는 리더가 직접 구성원 의견을 청취할 예정입니다."

'무엇이', '왜', '어떻게'가 빠짐없이 담긴 구조화된 메시지는 리더십의 신뢰성을 지키는 바탕으로 작용한다.

디지털 시대, 리더십 메시지도 진화해야 한다

리더의 메시지 역시 시대의 변화에 따라 진화해야 한다. 즉, 같은 메시지라도 다양한 디지털 플랫폼의 문법에 맞춰 형태를 가공해 게시해야 한다. 이른바 '멀티채널 리더십 커뮤니케이션'이다.

공식 발표는 이메일이나 인트라넷을 통해 게시해 전체 맥락을 모두 전달한다. 사내 SNS나 메신저에는 핵심만 세 줄 정도로 요약해 게시한다. 상호작용이 필요한 커뮤니케이션은 라이브

QA, AMA(Ask Me Anything) 세션을 활용한다. CEO 블로그나 주간 비디오 메시지를 사용하면 지속적인 소통을 이갈 수 있다.

가령, 매주 금요일마다 5분 분량의 CEO 비디오 메시지를 내보낸다고 치자. 이때 조직의 주요 이슈를 리더가 직접 설명하고, 직원들로부터 받은 질문에 답변한다. 이 비디오 메시지의 조회 수와 참여율을 통해 직원들의 관심 정도와 관심사를 구체적으로 파악할 수 있다.

[한 줄 정리]
리더의 메시지를 조직의 언어로 번역하라. 메시지는 조직의 심리를 읽고 구성될 때 신뢰가 된다.

직원은 위기 대응 메시지의 첫 번째 수신자

조직이 위기를 겪을 때, 외부 대응보다 더 먼저 고려해야 할 대상이 있다. 바로 내부 직원들이다. 구조조정, M&A(인수합병), 시스템 장애, 고객 정보 유출, 사회적 이슈 등과 같은 모든 위기 상황에서 직원들은 단순한 정보 수신자가 아니다. 그 개개인이 조직의 대표자이자 신뢰의 최전선에 놓인 이해관계자다.

직원이 조직의 입장을 모른 채 외부 뉴스나 커뮤니티를 통해 사안을 접하게 된다면, 그 순간부터 2차 위기가 시작된다. 불안과 혼란은 대개 정보가 없는 공간에서 자라난다. 따라서 위기 상황 발생 시 내부 커뮤니케이션은 단순히 정보 전달에 그칠 것이 아니라 조직의 신뢰를 지키기 위한 1차 대응 전략이어야 한다.

내부 커뮤니케이션이 절실한 위기 상황들

다양한 위기 상황들 중에서도 내부 커뮤니케이션이 꼭 필요한 특수 상황들이 있다. 이 모든 상황의 공통점은, 조직의 매우 중요한 이슈나 치명적인 위기에 대해 밖에서 소식들을 접함으로써 직원들의 업무 안정성을 위협하고 심리적 불안을 증폭시킨다는 점이다.

- 구조조정 루머가 외부 언론 보도로 먼저 확산된 경우
- M&A 협의가 외부 기사로 먼저 알려진 경우
- 고객 이슈에 대한 문의가 폭주하지만, 직원들은 상황을 모른 채 응대하는 경우
- 내부 문건 유출로 조직의 일관성과 신뢰가 흔들리는 경우

이런 상황에서 직원들은 다음과 같은 질문을 한다.

- "왜 우리는 이 사실을 외부 기사로 알게 됐나?"
- "조직은 이 상황을 어떻게 보고 있나?"
- "이 사안이 나에게 어떤 영향을 줄 것인가?"

내부 메시지는 이와 같은 질문들에 정확하게 답할 수 있어야 한다. 더불어 불안해하는 직원들의 입장에 공감하는 태도가 담겨야 한다.

내부 메시지를 기획할 때 고려할 5가지

위기의 순간에 공유되는 내부 메시지는 불확실성을 줄이고, 신뢰를 쌓고, 행동을 이끌어내는 전략적 소통이어야 한다. 다음은 전략적인 내부 메시지 기획의 출발점이 되는 세 가지 관점이다.

(1) 신속하되, 완벽하려 하지 마라

위기 상황에서는 '완벽한 메시지'보다 '제때 내보낸 메시지'가 더 큰 신뢰를 만든다. 위기 상황 발생 시 내부 메시지를 내보내는 가장 효과적인 순서는 '현황 요약 → 현재 대응 → 다음 공유 시점 공지'다.

(2) '확인된 정보'와 '미확정 정보'를 구분하라

모른다고 솔직히 말하는 것도 신뢰를 구축하는 방법이다. "확인된 내용은 A이며, 추가 조사는 진행 중입니다"와 같이 내부 메시지를 발신하는 시점까지 확인된 정보는 확실히 전달하되, 아직 확인되지 않은 정보에 대해서는 "확인 중이다"라고 전한다. 또한, "오후 3시까지 1차 결과를 공유하겠습니다"처럼 새롭게 확인된 사실을 언제까지 공유할지에 대해 알림으로써 직원들이 기약 없이 기다려야 하는 상황을 미연에 방지한다.

(3) 내부 커뮤니케이터도 혼란한 상태임을 인정하라

위기 상황에서는 PR 실무자와 리더 모두 모든 정보를 실시간으로 완벽히 파악하기 어렵다. 제한된 정보 안에서 판단과 메시지 설계를 병행해야 하는 만큼, 정보의 명확성과 시점 구분, 전달 구조가 더욱 중요해진다. 그렇기 때문에 위기 상황 발생 시 내부 메시지는 '작성'이 아니라 '설계'의 관점에서 접근해야 한다.

(4) 실시간 모니터링과 대응 체계를 구축하라

위기 시에는 상황이 급변하기 마련이다. 따라서 해당 위기 상황이 종료될 때까지 실시간으로 사태의 추이를 살피고 대응하는 시스템을 마련해야 한다. 이를테면, 위기 대응 대시보드를 운영해 실시간으로 직원들에게 상황을 공유한다. 또한, 챗봇을 통한 자동 FAQ 응답 시스템을 가동하거나 소셜 리스닝으로 내부 불안 신호를 감지하는 작업이 필요하다. 크라이시스 앱 푸시 알림으로 변화된 정보를 즉각 전파시킬 필요도 있다.

"시스템 장애 실시간 현황판"

- 현재 상태: O 장애 / O 복구중 / O 정상
- 영향 범위: 자동 업데이트
- 예상 복구 시간: 카운트다운으로 표시

(5) 채널의 속도를 고려하라

채널마다 정보의 전파 속도가 다르다. 이를 염두에 두고 위기 극복의 골든 타임인 '루머가 내부에 퍼지기 전'에 정확한 정보를 직원들에게 알려야 한다.

- **즉시 전파:** 푸시 알림, SMS
- **10분 내 전파:** 메신저, 사내 SNS
- **1시간 내 전파:** 이메일
- **반나절 내 전파:** 인트라넷 공지

내부 공지문, 이렇게 써라

내부 메시지도 흐름이 있다. 같은 사실을 전하는 글도 말하는 순서와 글의 구조에 따라 신뢰를 구축하기도 하고, 불안을 더 증폭시키기도 한다. 위기 상황에서 실무자가 참고할 수 있는 내부 공지문 예시를 통해 메시지를 내보내는 골든 타임과 정보의 분배 방식을 살펴보자.

> **[1차 메시지: 초동 대응용]**
> **제목: 고객 접속 오류 관련 사내 상황 공유(1차)**
> 팀 여러분, 오늘 오전 8시경 일부 고객의 서비스 접속 오류가 발생

하였고, 현재 복구 작업이 진행 중입니다.

- 현재 상황: A 서비스 접속 지연 / B, C는 정상 작동 중
- 대응 현황: 기술팀 TF 구성, 외부 공지 준비 중
- 확인된 원인: 네트워크 오류 가능성(조사 중)
- 다음 공유 시점: 오늘 오후 3시, 인트라넷 게시판

고객 문의 응대는 본 공지를 기준으로 통일 부탁드립니다. 외부 언론 요청은 커뮤니케이션팀(내선 1234)으로 연결해주세요.

[2차 메시지: 사실 확정 후]

제목: 고객 접속 오류 관련 사내 상황 공유(2차)

오후 3시 기준으로 1차 조사를 마쳤고, 상황을 다음과 같이 공유드립니다.

- 원인: 외부 회선 사업자 장비 장애로 인한 접속 불안정
- 현재 조치: 회선 교체 및 시스템 모니터링 강화 완료
- 정상화 시점: 오후 2시 40분 기준 대부분 회복
- 향후 계획: 회선 이중화 및 재발 방지 체계 구축
- 다음 공지: 다음 주 월요일, 주간 보고 포함 예정

응대 FAQ, 외부용 안내문, 언론 대응 가이드는 인트라넷에 업로드돼 있습니다.

한편, 내부 메시지를 내보내는 골든 타임은 다음과 같다. 늦은 공식 발표보다는 빠르게 내보낸 "확인 중" 메시지가 더 낫다.

내부 메시지를 내보내는 골든 타임

상황	1차 대응	상세 공지	팔로업
시스템 장애	30분 이내	2시간 이내	복구 직후
보안 사고	1시간 이내	4시간 이내	24시간 후
인사 발표	당일 오전	당일 내	일주일 내
제도 변경	일주일 전	3일 전	시행 당일
긍정적 소식	당일	다음 날	일주일 내

위기 상황에서 내부 메시지는 '타이밍의 언어'라고 할 수 있다. 즉, '무엇을 말할까'보다 '언제 말하고 어떻게 흐름을 나눌 것인가'를 고려한 메시지가 신뢰와 불안의 갈림길에서 조직을 구출해낸다. 요컨대, 1차 메시지에서는 '무슨 일이 벌어졌는가?'를, 2차 메시지에서는 '그 일이 왜 벌어졌고, 어떻게 해결 중인가?'를 답하는 것이 정석이다.

루머와 혼선을 막기 위한 4가지 전략

조직에서 내보내는 공식 메시지가 없을 때, 비공식 정보가 조직을 지배한다. 혼란은 정보의 불균형에서 시작된다. 특히 변화나 위기 상황에서는 소문이 공식 메시지보다 먼저 퍼진다. 이를 막으려면 조직이 의도적으로 해당 이슈에 대해 먼저 말하고, 정보 해석의 기준을 통일하며, 직원들과 상호 간에 질문이 오가는 구조를 만들어내야 한다. 다음은 위기 상황 발생 시 루머와 혼선을 방지하기 위한 네 가지 세부 전략이다.

(1) 루머보다 먼저 이야기하라

루머는 정보가 없을 때가 아니라 정보 제공이 늦을 때 시작된다. 루머가 이미 퍼진 상태라면, 공식 발표일 전이라도 현재까지 확인된 사실과 진행 상황을 직원들에게 먼저 말해야 한다. '말할 수 있는 최소한'을 먼저 말하는 것이 향후 리스크를 줄이고 신뢰를 지키는 첫 단계다.

> "현재 조직 개편은 검토 중이며, 아직 확정된 내용은 없습니다. 진행 상황은 즉시 공유하겠습니다."

(2) 내부 용어는 '공통의 해석 기준'을 만들어라

같은 단어도 사람마다 다르게 받아들인다. "검토 중", "조율 중", "확정 예정" 등의 표현은 해석이 모호한 대표적인 용어다. 내부적으로 해당 표현이 어떤 상태를 의미하는지 정의하고, 구성원들 사이에 해석 기준을 일치시켜야 혼선을 줄일 수 있다.

- "검토 중" = 논의 시작 단계
- "조율 중" = 부서 간 의견 교환 중, 미확정
- "확정 예정" = 경영진 승인만 남은 단계

(3) 외부 질문에 대한 기본 응답을 통일하라

같은 사안을 둘러싸고 관계자들의 말이 저마다 다르면 조직 외부 사람들은 혼란해하기 마련이다. 혼란은 내부에서 시작된다는 사실을 기억하자. 특히 외부 이해관계자에게 질문을 받을 가능성이 있는 상황이라면 기본 응답 문장을 미리 공지하고, 조직 전체가 외부에 동일한 메시지를 말하도록 정리해야 한다.

"해당 사안은 내부 조율 중이며, 공식 입장은 커뮤니케이션팀을 통해 제공됩니다."

→ 이와 같은 메시지를 인트라넷 상단에 고정하거나 전사 메신저로 공지하는 등 통일된 메시지를 상시 노출할 것

(4) 질문할 수 있는 구조를 마련하라

조직과 직원들 사이에 질문이 오가는 구조가 있어야 비로소 진짜 소통이 시작된다. 루머와 오해는 '질문할 수 없는 분위기'에

서 자란다. 구성원이 조직을 향해 거리낌 없이 질문할 수 있는 심리적, 물리적 통로를 사전에 마련해두는 것만으로도 조직 내 신뢰가 형성된다.

- 내부 FAQ를 게시
- 비공개 질문 창구를 운영(이메일, 슬랙 채널 등)
- 타운홀 미팅 등 집단 피드백 구조 내에 질문 슬롯을 확보

내부 메시지 작성 시 자주 하는 실수 Top 6

(1) "나중에 다시 안내하겠습니다" 증후군
- **실수:** 구체적인 시점 없이 "추후", "조만간", "다시"처럼 모호한 용어를 사용함
- **결과:** 직원들의 불안과 추측만 증폭됨
- **해결:** "다음 주 월요일 오후 3시까지 공유하겠습니다"처럼 구체적인 시점을 제시할 것

(2) 전문용어와 약어의 함정
- **실수:** "PMO 주관으로 KPI 기반 OKR 도입"
- **결과:** 신입 사원이나 타 부서 직원을 소외시킴, 결과적으로 메시지 전달에 실패함

- **해결:** 전문용어를 사용 시 처음 등장하는 시점에 의미를 풀어주고 간단한 설명을 추가할 것

(3) 수동태 형식의 주체 없는 문장

- **실수:** "검토되고 있습니다", "결정될 예정입니다"
- **결과:** 책임 소재가 불명확해 신뢰도가 하락함
- **해결:** "경영진이 검토 중입니다", "HR팀이 다음 주 결정합니다"처럼 주체가 명확한 문장으로 수정할 것

(4) 긍정적 포장이 불러오는 역효과

- **실수:** 구조조정을 "새로운 도약의 기회"로만 표현함
- **결과:** 직원들의 현실 인식과 괴리된 표현이 냉소적 반응을 이끌어냄
- **해결:** 어려움을 인정하고 구체적인 대응 방안을 제시할 것

(5) 일방향 전달로 소통 끝내기

- **실수:** 중요한 공지 이후 피드백 채널을 제시하지 않음
- **결과:** 직원들의 궁금증과 불만이 비공식 채널로 확산됨
- **해결:** "질문은 ○○로", "설명회는 ○○일" 등 피드백 채널을 명시할 것

(6) 외부 발표와 내부 공지 사이의 시차

- **실수:** 언론 보도자료 배포 후 내부 공지를 함
- **결과:** 직원들이 '우리는 뉴스로 회사 소식을 안다'라고 생각함
- **해결:** 언론에 공지하기 전 최소 30분 전에 내부 선공지를 원칙으로 삼을 것
- **전제:** 일반적인 외부 공개 사항은 예외로 두고, 직원들이 반드시 알아야 할 중요한 회사 소식(예: 조직 개편, 인사이동, 경영 전략 변화 등)에 대해서는 내부 공지가 우선돼야 한다.

회복의 토대가 되는 위기 이후의 메시지

위기가 끝났다고 해서 내부 소통이 끝나서는 안 된다. 진짜 신뢰는 위기 상황이 종료된 이후, 새로운 변화의 흐름을 어떻게 보여주느냐에 달려 있다. 회복 단계에 내보내는 내부 메시지는 단순히 위기의 마무리가 아니라 '우리는 이렇게 달라졌다'는 것을 설득하는 구조를 갖춰야 한다. 구체적으로는, 해당 위기를 통해 얻은 교훈과 변화가 담겨야 하고, 회복 단계를 명시적이고 구조적으로 보여줘야 하며, 이후 어떤 식으로 내부 피드백을 수렴해나갈지를 알려줘야 한다.

- **교훈과 변화:** "이번 장애를 통해 실시간 대응 매뉴얼 부재를 확인했습니다. 1개월 내 대응 툴킷을 준비해 배포하겠습니다."

- **회복 단계 구조화:** "이번 대응은 총 3단계로 구성되며, 현재 2단계까지 완료되었습니다. 다음 단계는….".

- **피드백 루프 구축:** 사후 설문, 1:1 인터뷰, 비공개 채널 등을 운영 → '우리는 듣고 있다', '우리는 앞으로도 들을 것이다'라는 신호를 주는 과정

거듭 강조하지만, 조직이 위기에 빠진 상황에서 가장 먼저, 가장 명확하게 메시지를 전달받아야 할 대상은 내부 직원이다. 그리고 내부 메시지에는 반드시 이런 언어가 담겨야 한다. "당신은 이 조직의 일부이며, 우리는 함께 이 상황을 지나가고 있습니다." 효과적인 내부 커뮤니케이션은 위기 속에서 조직을 지키는 가장 전략적인 메시지다.

> **[한 줄 정리]**
> 위기 시 직원은 정보 수신자가 아니라 조직의 대표자다. 내부 메시지가 신뢰를 지키는 1차 방어선이다.

[Quick Tips]

내부 메시지, 이것만 기억하자

자가 점검 체크리스트

내부 메시지를 작성한 뒤, 다음 질문에 스스로 답해보자.

- 첫 문단만으로 메시지의 핵심이 전달되는가?
- 직원이 "이게 나와 무슨 상관이 있지?"를 즉시 이해할 수 있는가?
- 역피라미드, 글머리 표, 시각적 강조 등 읽히는 구조를 사용했는가?
- 조직의 목표와 직원 개인의 행동 지침이 연결돼 있는가?
- 이메일, 메신저, 인트라넷 등 채널별 문법에 맞게 구성했는가?
- 위기 상황일 경우, 확인된 정보와 미확정 정보를 명확히 구분했는가?
- 외부 대응을 고려한 내부 직원용 안내 기준이 포함돼 있는가?
- 메시지의 도달률과 열람률을 측정할 방법이 있는가?
- 직원들의 실시간 피드백을 수렴할 디지털 채널이 마련돼 있는가?
- 데이터 기반으로 다음 메시지를 개선할 인사이트를 얻을 수 있는가?

기억해야 할 내부 메시지 핵심 원칙

1. 정보 전달은 출발점일 뿐이다.
→ 메시지는 행동을 유도하는 구성으로 이어져야 한다.

2. 명확성이 곧 신뢰다.
→ 복잡하고 애매한 문장은 혼란을 부른다.

3. 채널에 따라 메시지도 달라져야 한다.
→ 메시지를 전달하는 방식은 절대 하나가 아니다.

4. 공감은 설득의 첫 단계다.
→ 직원의 감정선에서 출발하는 메시지가 효과적이다.

5. 투명성은 위기 상황에서 가장 강력한 전략이다.
→ 모른다고 말하는 것도 신뢰를 쌓는 방법이다.

6. 빠른 1차 메시지가 불안을 줄인다.
→ 모든 정보가 확실해지기를 기다리기보다 가능한 만큼 먼저 전하라.

내부 메시지 구성 프레임워크

1. 목적 정의: 이 메시지를 통해 조직이 유도하려는 행동은 무엇인가?
2. 대상 분석: 직원들이 가장 궁금해할 질문은 무엇인가?

3. **채널 선택:** 어떤 방식으로 전할 때 가장 효율적인가?
4. **구조화 전략:** 가장 중요한 메시지를 먼저, 실행 지침은 구체화
5. **피드백 루프 구성:** 직원의 반응을 수렴하고 다음 커뮤니케이션에 반영할 구조 마련

상황별 긴급 체크리스트

1. 시스템 장애 발생(30분 이내 대응 필요한 사안)
- 장애 범위와 영향 파악 완료
- 복구 예상 시간 확인(불확실하면 "○시까지 재공지"라도 명시)
- 대체 업무 방법 안내
- 고객 응대 스크립트 준비
- 1차 공지 발송(누가, 언제, 어떤 채널로 할지 결정)
- 외부 문의 대응 창구 일원화
- 2차 공지 시점 예고

2. 조직 개편 발표(D-1까지 마쳐야 할 준비 사항)
- 변경 조직도 시각 자료 준비
- 직급/부서별 영향 범위 정리
- FAQ 10개 이상 준비
- 타운홀 미팅/설명회 일정 확정
- 1:1 면담 신청 방법 안내
- 변경 사항 요약본(1쪽) 작성
- 부서장 대상 사전 브리핑 완료

3. CEO 교체 발표(당일까지 마쳐야 할 준비 사항)
- 공식 발표문(전 직원에게 메일)
- 새 CEO 소개 자료(이력, 비전)
- 전 CEO 감사 메시지
- 향후 일정 안내(취임식, 타운홀 미팅 등)
- 언론 보도자료와 내부 메시지의 일치 확인
- 예상 질문에 대한 통일된 답변 준비
- 중간 관리자 대상 별도 브리핑

4. 개인정보 유출 사고(즉시 대응이 필요한 사안)
- 유출 규모와 정보 종류 파악
- 법무팀 검토 완료
- 고객 대응팀 스크립트 배포
- 전 직원 대상 언론 응대 금지 공지
- 내부 조사 진행 상황 공유 일정
- 재발 방지 대책 수립 일정 안내
- 직원 불안 해소를 위한 CEO 메시지

5. 긍정적 소식 발표(수상, 성과 등)
- 성과의 의미와 기여한 부서/개인 명시
- 축하 메시지에 "모두의 노력" 문구 포함
- 향후 계획과 연결
- 자축 이벤트 안내
- 외부 공유가 가능한 범위 명시
- SNS 공유용 카드뉴스 제작

8장

PR 글쓰기의 윤리와 책임

"진실하지 않은 메시지는
기억되지 않는다."

"고객 만족도 업계 1위를 기록했습니다."
"시장 점유율 압도적 선두를 달리고 있습니다."
"품질 테스트에서 최고 등급을 받았습니다."

이 문장들은 여러 브랜드에서 수없이 반복하지만, 대개 오래 기억되지 않는다. 왜일까? 이유는 단순하다. 진실하지 않기 때문이다. 더 정확히 말하면, '사실'일 수는 있어도 '진실'하지 않기 때문이다.

여기서 '진실하지 않다'는 단순히 '거짓말을 하다'라는 뜻이 아니다. 예를 들어, "고객 만족도 업계 1위"라는 표현을 들여다보자. 이 문장에서 '업계'의 범위는 어디까지인가? '고객 만족도'는 어떤 기준으로 측정했는가? '1위'라는 순위는 누가, 언제, 어떤 방식으로 매긴 것인가? 이런 맥락 없이는 이 문장은 '사실'일 수는 있어도 '진실'하지 않은 메시지로 읽힌다.

"시장 점유율 압도적 선두"도 마찬가지다. '시장'의 정의는 무엇인가? 전체 시장인가, 특정 카테고리인가? '압도적'이라는 표현의 구체적 기준은 무엇인가? "품질 테스트에서 최고 등급"은 어떤 기관에서, 어떤 항목을 대상으로 한 테스트인가?

그렇다면 '사실'과 '진실'은 어떤 차이가 있을까? 언뜻 비슷해 보이는 두 단어는 미묘하지만 중요한 차이가 있다.

- **사실**(Fact): 객관적으로 증명이 가능한 정보
- **진실**(Truth): 맥락, 의도, 전체적인 의미를 포함해 독자가 받아들이는 '신뢰할 수 있는 메시지'

요컨대, '사실'이 단순히 객관적 정보를 가리킨다면 '진실'은 여기에서 한발 더 나아가 독자로부터 신뢰를 얻어내는 맥락이 담긴 메시지라고 할 수 있다. "고객 만족도 1위"는 특정 조건에서는 사실일 수 있지만, 그 조건과 맥락을 생략하면 독자에게는 진실하지 않은 메시지가 된다.

PR 실무자는 독자를 기만하지 않는 윤리적 글쓰기를 하기 위해 사실과 진실을 가려낼 줄 아는 판단력과 지혜가 필요하다. 특히 수치와 순위를 활용한 메시지는 객관성을 가장하기 쉽지만, 그 기준과 맥락이 명확하지 않으면 오히려 신뢰를 해치는 역효과를 낳을 수 있다.

PR 글쓰기는 궁극적으로 설득을 목표로 하며, 설득에는 책임이 따른다. 특히 디지털 환경과 AI 기술의 발전은 메시지의 생산과 확산 구조를 근본적으로 바꾸어놓았다. 오늘날 PR 실무자들

은 "어디까지 AI의 도움을 받아야 하며, 어디서부터는 사람이 책임지고 써야 하는가?"라는 질문과 매일 마주한다.

이번 장에서는 PR 글쓰기에서 반복되는 윤리적 맹점을 짚고, 실무자가 현장에서 바로 적용할 수 있는 윤리적 감수성과 판단의 기준을 제시한다. 또한, 단순한 정보 제공을 넘어 신뢰를 구축하는 메시지란 무엇인지, 팩트와 진실의 경계는 어디인지, AI 시대에 사람이 써야 할 문장의 기준은 무엇인지를 함께 탐구한다.

과장된 표현의 유혹에서 당장 벗어나라

"중요한 보도자료라 한 문장만 더 강하게 표현하면 안 될까요?" 회의실에서 자주 들리는 요청이다. 이를 두고 누군가는 '기대감을 높이는 표현'이라 말하고, 누군가는 '뉴스 가치를 강조하는 표현'이라고 정당화한다. 하지만 그것은 결국, 과장의 다른 이름일 뿐이다. 신뢰는 한 문장으로 무너지고, 이를 다시 쌓는 데는 수백 문장이 필요하다. 그럼에도 PR 현장에는 과장의 유혹이 늘 도사리고 있다.

과장의 언어가 반복되는 이유

다음은 PR 메시지에서 자주 반복되는, 표현의 진화 양상이다.

- '혁신적인' → '역사상 최초의 혁신'
- '고객 만족도 상승' → '고객 만족도 업계 1위 달성'
- '수익 개선' → '매출 10% 증가 대기록'

왜 이런 과장이 반복될까? 가장 큰 이유는 단기적으로는 효과가 있기 때문이다. 기자의 주목을 받고, 주가는 반응하고, 경영진은 만족한다. 하지만 유혹의 대가는 크다. '조금만 더 강조해보자' 하는 결정들이 누적되며 브랜드의 언어는 '진실에서 먼 말'로 서서히 이동한다. 과장된 언어를 구사할수록 브랜드는 자기도 모르는 사이 조용히 비용을 지불한다. 이 비용은 눈에 보이지 않지만 점점 쌓여간다. 바로 '신뢰의 감가상각'이다. 과장된 표현은 브랜드가 그동안 쌓아온 명성을 서서히 깎아버린다.

다음은 실제 사례로 한 IT 기업의 보도자료가 변화해간 과정이다. 어떤 식으로 표현이 과장되어갔는지에 주목해 살펴보자.

- **초안:** "클라우드 서비스 응답 속도가 20% 개선되었습니다."
- **수정안 1:** "혁신적인 기술로 클라우드 성능 20% 개선"
- **수정안 2:** "업계 최초 혁신 기술로 클라우드 성능 대폭 개선"
- **최종안:** "세계 최고 수준의 클라우드 기술력 입증"

몇 차례의 수정을 거치고 나니, "20% 개선"이라는 팩트는 자

취를 감추고, 검증 불가능한 수식어만 남고 말았다. 조금씩 말을 보태며 수정해나갈 때마다 브랜드의 진정성은 조금씩 깎여나간다. 문제는 이런 일이 PR 현장에서 비일비재하게 벌어지고 있다는 사실이다.

신뢰를 얻는 브랜드는 어떻게 말하는가?

한편, 2019년 발표된 파타고니아의 슬로건은 '진정성 있는 표현이란 무엇인가'에 대한 인사이트를 주는 사례로 참조할 만하다.

"우리는 완벽하지 않습니다. 하지만 계속 발전하고 있습니다."

이 문장은 단순한 수사나 광고 문구가 아니었다. 당시 파타고니아는 공식 웹사이트와 자사 채널을 통해 발표한 '2019 환경 책임 보고서'에서 자사 제품의 생산 과정이 지닌 환경적 한계와 지속 가능성 이슈를 투명하게 공개했다. 보고서에는 다음과 같은 문장도 포함됐다.

"우리는 여전히 일부 화석연료 기반 원단을 사용하고 있습니다. 하지만 2025년까지 모든 제품을 재활용, 재생 가능 원료로 전환할 계획입니다."

이 문장은 브랜드의 메시지 설계 철학을 보여주는 표현으로 전략적으로 선택된 표현이라 할 수 있다. 파타고니아는 '친환경'을 표방하는 브랜드인 자신들의 불완전함을 숨기지 않았다. 그 대신 개선 의지와 변화의 태도를 언어로 설계해 고객들을 설득하고자 했다. 파타고니아의 공식 보고서, SNS, 이메일 뉴스레터 등 다양한 채널에서 일관되게 반복된 이 메시지는, 브랜드가 책임을 회피하지 않고 스스로 기준을 높이려는 자세를 보여주었다. 즉, '정직함'과 '지속적인 개선 의지'라는 신뢰의 요소를 담아낸 한 문장 덕분에 파타고니아는 '지속 가능성을 상징하는 글로벌 브랜드'로 자리를 잡을 수 있었다.

이처럼 '완벽하지 않음'을 인정하는 메시지는, 실무자가 위기나 한계를 숨기지 않고 투명성을 지닌 표현을 통해 고객 신뢰를 구축할 수 있음을 보여준다. 요컨대, 강하고 자극적인 표현보다 정직한 표현이 더 강력한 힘을 발휘할 수 있는 것이다.

과장을 만드는 것은 '사람'이 아니라 '구조'다

물론, 과장된 PR 메시지가 어떤 악의를 가지고 만들어지는 것은 아니다. PR 실무자는 늘 '팩트에 기반한 설득'을 고민하고, '기자 입장에서 어떻게 읽힐지'를 의식한다. 그럼에도 불구하고 업무 현장에서 PR 실무자라면 한 번쯤 다음과 같은 상황을 겪었을 것이다.

· **의미 있는 수치인데, 맥락 없이 부풀리기를 요구받는 상황**

→ "10% 매출 성장'보다는 '사상 최대 실적'이라고 하는 게 더 낫지 않나요?"

· **경영진이 '기자들이 좋아할 만한 단어' 넣으라고 지시하는 상황**

→ ("지속 가능성 활동"이란 표현을 한 번 언급했을 뿐인데) "'ESG 선도기업'이라고 쓰는 게 어때요?"

· **모호한 단어를 끼워 넣어 미세한 과장을 해야 하는 상황**

→ "모바일 최적화 UI"를 "혁신적인 모바일 경험 제공"으로 바꾸자는 내부 피드백을 받음

· **처음엔 괜찮다고 생각한 문장이 언론 보도 후 외부에서 논란이 되는 경우**

→ "예상 실적"이라는 표현이 기사에서 "사실상 확정 실적"처럼 보도되며 IR팀의 항의가 접수됨

이런 상황은 대부분 다음과 같은 조직 내 프로세스를 통해 발생한다.

· **초안:** "전년 동기 대비 매출이 10% 증가했습니다."

- **팀장 수정안:** "이건 충분히 '성장세 지속'이라고 표현해도 되겠네요."
- **임원 수정안:** "'사상 최대 실적'이라고 써야 주목받지 않겠어요?"
- **최종안:** "○○기업, 10% 성장하며 '사상 최대 실적' 기대"

브랜드 메시지를 거듭 수정하는 과정에서 추가된 과장된 표현은 그 자체로 사실을 완전히 벗어나지는 않는다. 그렇기에 실무자도 어떤 경우에는 '이 정도 표현은 괜찮지 않을까' 하고 넘기기도 한다. 그러나 이후에 기자가 "'최대 실적'이라는 표현의 기준이 뭔가요?"라고 뾰족한 질문을 던질 경우 상황이 달라진다. 이제 기획팀도, 회계팀도, 그 어떤 팀도 분명히 답변하기 어렵다. 표현의 정확한 근거를 대지 못하는 순간 브랜드의 진정성은 조용히, 그리고 구조적으로 닳아간다.

이처럼 '사실'과 '진실'의 간극은 PR 실무자 개인의 문제가 아니라, 의사결정 과정과 피드백 구조를 거치는 동안 만들어진다. 이렇게 만들어진 과장된 표현들 중 가장 위험한 경우는, 누구의 책임도 아니지만 그 결과는 모두가 감당해야 하는 메시지다. 앞서 설명한 '사실'과 '진실'의 간극을 줄이려면, PR 실무자는 브랜드 메시지를 쓰기 전에 다음의 질문들부터 던져야 한다.

· 이 메시지는 시간이 지나도 검증 가능한가?

→ 향후 추가 보도나 고객 피드백, 경쟁사 검증 앞에서도 일관되게 설명할 수 있는가? 단기적 효과보다 메시지의 지속 가능성을 고려해야 한다.

· 이 표현은 우리 브랜드만의 고유한 가치를 담고 있는가?

→ 누구나 사용할 수 있는 흔한 표현이 아니라, 우리 브랜드의 실체와 정체성에서 비롯된 차별화된 메시지인가? 보편적인 사실이라도 우리만의 맥락으로 진솔하게 표현하고 있는가?

· 이 메시지의 수치와 근거는 투명하게 공개 가능한가?

→ 비교 기준, 측정 방식, 조사기관, 조사시점이 명확하며, 요청 시 이를 공개할 준비가 되어 있는가?

· 이 메시지가 사실을 과장하거나 왜곡하고 있지는 않은가?

→ 수식어와 강조 표현이 '객관적인 사실'보다 앞서 있지는 않은가? 감정적 자극을 위해 맥락을 생략하거나 편향된 해석을 제시하고 있지는 않은가?

신뢰할 수 있는 메시지를 쓰기 위한 2가지 원칙

그렇다면 신뢰할 수 있는 메시지는 어떻게 쓸 수 있을까? 우선 '전달'과 '설득'을 구분할 줄 알아야 한다. '전달'은 사실을 공유하는 것이고, '설득'은 사실을 해석해 의미를 부여하는 작업이다.

- **전달:** 검증 가능한 사실의 공유 (예: "30% 원가 절감 달성")
- **설득:** 해석과 의미 부여 (예: "지속 가능한 가치 창출의 새로운 기준")

메시지를 구성할 때 이 둘을 명확히 구분하지 않으면 독자는 어디까지가 사실이고, 어디까지가 설득을 위한 의견인지 구분할 수 없어 종국에는 해당 메시지를 '믿을 수 없는 글'로 받아들인다. 그 순간, 브랜드에 대한 공신력이 손상된다.

한편, 메시지의 진정성은 내부 리뷰가 아니라 외부 시선으로부터 평가된다. 즉, PR 글쓰기의 궁극적인 독자는 언제나 '공중'이라는 사실을 잊지 말아야 한다. 따라서 PR 실무자는 메시지를 작성한 후에는 반드시 다음의 질문들을 던져야 한다.

- 이 메시지가 언론에 보도됐을 때, 독자들은 어떻게 받아들일까?
- 기자가 팩트 체크를 요청한다면, 우리는 어떤 자료로 뒷받침할 수 있을까?

눈길을 끄는 문장은 쉽게 만들 수 있다. 하지만 진실을 남기는 문장은 다르게 써야 한다. 진심은 포장으로 만들어지지 않는다. 감추지 않는 태도, 정확한 근거, 흐름이 있는 의미의 구조, 이 세 가지가 갖춰진 메시지만이 진정성을 가진다. 결국 PR 실무자가 만드는 것은 정보가 아니라, '신뢰의 구조'다. 그 구조는 단어의 선택, 감정의 균형, 그리고 맥락의 배치로 완성된다.

[한 줄 정리]
사실일 수는 있어도 진실하지 않은 메시지는 결국 신뢰를 잃는다. 과장의 유혹보다 정직한 구조가 브랜드를 지킨다.

진정성과 투명성, 브랜드 언어가 반드시 지켜야 할 원칙

"진정성 있는 브랜드"라는 표현은 이제 너무 흔해서 오히려 의심스럽다. 모든 브랜드가 진정성을 말하지만, 정작 그 진정성이 무엇인지 명확하게 정의하는 곳은 많지 않다. 진정성은 단순히 '좋은 의도를 가지고 있다'거나 '솔직하게 말한다'는 선언만으로는 만들어지지 않는다.

진정성은 결국 투명성이 얼마나 잘 유지되느냐에 달려 있다. 브랜드가 말하지 않은 정보까지도 독자가 신뢰할 수 있을 때, 그 브랜드는 진정성을 얻는다. 소셜 미디어에서 "고객 최우선"을 외치면서 실제 고객 서비스에서는 "정책상 어려움"으로 일관하는 것도, "친환경 경영"을 강조하면서 환경과 관련된 부정적 데이터는 공개하지 않는 것도 모두 투명성의 부족이 진정성을 해치는 사례들이다. 이번 글에서는 투명성이라는 구체적 행동을 통해 진정성이라는 신뢰를 어떻게 구축할 수 있는지, '무엇을 말했는가'가 아니라 '어떻게 보이도록 했는가'의 구조적 문제를 중심으로 살펴보고자 한다.

진정성의 3가지 구성 요소

진정성은 단순히 말투가 아니라 맥락과 구조에서 시작된다. 오늘날의 소비자들은 더 이상 브랜드가 '무엇을 말했는가'를 보지 않는다. 그보다는 브랜드가 '어떤 방식으로 보여주었는가'를 본다. 다음은 브랜드 메시지의 진정성을 구성하는 세 가지 요소다.

(1) 일관성

브랜드가 던지는 말과 행동, 채널 사이의 불일치는 가장 빠르게 신뢰를 무너뜨린다. 가령, 소셜 미디어에서는 "사람 중심"을 강조하면서 내부 구조조정 관련 보도자료에서는 "비용 효율화"만 언급한다면 언행의 불일치로 신뢰의 균열을 초래할 수 있다.

(2) 투명성

모호한 표현을 사용하는 것은 사실을 감추는 것과 다르지 않다. '말하지 않은 정보'도 PR 윤리가 다루는 범위 안에 있다. 가령, 글로벌 패션 브랜드 버버리는 2018년 약 3800만 파운드(한화로 약 560억 원) 상당의 의류, 액세서리, 향수를 재고 처리 명목으로 소각한 사실이 공개되며 환경단체와 소비자로부터 큰 비판을 받았다. 이는 고급 브랜드 이미지를 보호하려는 전략이었지만, '낭비'라는 윤리적 논란으로 번졌다. 이후 버버리는 "앞으로 어떤 제품도 폐기하지 않겠다"라며 정책 전환을 선언하며, 재활용과 기부 중심의 지속 가능한 경영 방침을 수립했다. 이는 '사과'보다는 '방향성의 명확화'로 진정성을 회복한 사례다.

(3) 책임성

실수를 인정하는 메시지를 내보내는 순간 브랜드 철학이 증명된다. 가령, 앞에서도 언급한 사례이지만, 삼성전자는 2016년 갤럭시노트7 발화 사고로 글로벌 리콜과 단종을 결정했다. 초기 대응은 기술적인 원인 규명이 중심이었으나, 이후 삼성전자는 전 세계 소비자를 대상으로 자발적 리콜을 실시하고, "진심으로 사과드린다"라는 메시지와 함께 품질 관리 시스템의 전면 개편을 발표했다. 이후 배터리 안전성 강화 프로그램, 다단계 검사 프로세스를 도입해 브랜드 회복에 성공했다. 문제 해결보다 책임 인식과 구조적 개선을 동반한 대응이 신뢰 회복의 핵심이었다.

투명성을 드러내는 메시지 구조화 전략

이번 장에서는 진정성의 세 가지 요소 중 특히 투명성을 중심으로 이야기를 해나가려고 한다(일관성과 책임성에 대해서는 다른 장들에서 여러 차례 이야기를 했으므로). 투명성은 '무엇을 말했는가?'가 아니라 '어떻게 보이도록 했는가?'의 문제다. 즉, 어떤 정보를 선택하고, 어디에 배치하며, 어떻게 구조화했는지의 문제다. 다음은 투명성을 드러내는 메시지를 구성하기 위한 구조화 전략들이다.

(1) 숫자는 맥락을 통해 명확히 드러내라

"매출 20% 증가"라는 표현은 어느 시점과 비교해 증가한 수치인지가 명확하지 않을 경우 오해를 유발한다. 메시지에 숫자를 넣는다면 반드시 기준 시점과 비교 항목을 함께 명시해야 한다. 단순히 숫자만 나열하기보다 이해하기 쉬운 표나 인포그래픽으로 시각화해 투명성을 높이는 것도 좋은 방법이다.

"매출 20% 증가"

"전년 동기(2024년 2분기) 대비 매출 20% 증가(100억 → 120억)"

(2) 비교 표현을 쓸 때는 공정하고 구체적이어야 한다

"경쟁사 대비 2배 성능"이라는 표현은 어떤 제품과 비교한 결과인지, 측정 기준은 무엇인지가 함께 명시되지 않으면 과장이 된다. 실제로 기업이 타사 제품과 객관적인 비교 수치를 직접 제시하는 것은 현실적으로 어렵다. 제품 사양, 테스트 환경, 측정 방식 등이 달라 정확한 '동일 선상 비교'가 불가능한 경우가 대부분이기 때문이다.

그럼에도 비교 표현을 사용해야 한다면, 비교의 기준과 출처, 그리고 구체적인 비교 대상을 명확히 밝혀야 한다. 이는 독자가 해당 비교의 맥락을 이해하고, 과장된 홍보가 아닌 정보로 받아들일 수 있도록 돕기 위함이다. 만약 직접적인 수치 비교가 어렵다면, 자사 제품의 개선된 부분이나 독자적인 우위를 강조하는 방식으로 메시지 방향을 전환하는 것이 현명하다.

"경쟁사 대비 2배 성능"

"A사 기본형 모델 대비 처리속도 2배(당사 자체 측정 기준, 2025. 6)"

· **더 나은 대안들**

"이전 모델 대비 처리 속도 2배 개선"(자사 제품 간 비교)

"특허 기술을 통해 데이터 처리 효율을 획기적으로 높였습니다."(기술 우위 강조)

(3) 선택적 공개는 왜곡과 다름없다: 부정 지표도 읽히도록 구성하라

실적 발표에서 긍정 지표만 강조하고, 부정 지표는 숨기면 구조적인 왜곡이나 마찬가지다. 긍정 지표와 부정 지표 모두 '읽히도록' 구성해야 한다. 부정적인 데이터를 공개할 때는 단순히 나열하는 것은 넘어, 원인 분석과 함께 향후 개선 계획을 구체적으로 제시해 브랜드의 책임감 있는 태도를 보여주는 것이 중요하다.

(4) 스토리텔링은 진실을 담는 그릇이어야 한다

감성 중심의 스토리텔링이 현실의 부족함을 감추는 도구로 쓰인다면, 그것은 윤리적 왜곡이다. 스토리는 진실을 담는 그릇이어야 한다. 과도한 감성적 소구보다는 실제 경험이나 구체적인 변화 과정을 중심으로 스토리를 풀어내야 한다. 고객이 공감하고 신뢰할 수 있도록 스토리에 담긴 내용의 사실 관계를 명확히 해야 한다.

(5) 법적 기준은 최소한의 윤리일 뿐이다

법적으로 말하지 않아도 되는 것을 말하지 않는 행동은 일시적인 방어에 불과하다. 법적 기준은 최소한의 윤리라는 점을 기억하자. 솔직하게 말하고 고객에게 인정받는 것이 브랜드를 지탱하는 기준이 된다.

(6) 법적 규제를 준수하고 최신 이슈에 민감하게 반응하라

PR 메시지는 윤리적 기준과 함께 법적 규제도 준수해야 한다. 대표적인 법안이 「표시·광고의 공정화에 관한 법률」(약칭 '표시

광고법')이다. 표시광고법에 따르면, 'No.1, 최고, 유일한' 등 최상급 표현을 사용할 때는 객관적 근거가 필요하다. 부당한 비교 광고 역시 제재 대상으로 경쟁사와 비교 시 공정하고 검증 가능한 기준을 제시해야 한다.

최근에는 지속 가능성과 환경 보호에 대한 가치가 중요하게 대두되면서 '그린워싱(Greenwashing), 즉 실제보다 과장해 친환경 이미지로 홍보하는 브랜드들이 늘어나는 추세다. 하지만 법에 따르면, '에코, 그린, 지속 가능한' 등의 표현을 사용하고자 할 때 실체적 근거가 필요하다. 또한, 실질적 변화 없이 다양성 지지를 표방만 하는 핑크워싱(Pinkwashing), 노동 인권을 위장하는 블루워싱(Bluewashing)도 PR 실무자라면 피해야 하는 태도다. 앞서도 말했듯 기억해야 할 점은 법적 기준은 최소한의 윤리일 뿐이라는 것이다. PR 실무자는 '법적으로 문제없다'라는 태도 대신 '신뢰할 수 있는가'를 기준으로 메시지를 구성해야 한다.

'말하지 않음'은 어떻게 리스크를 유발하는가?

투명성은 '완벽한 정답'을 제시하려 하기보다 불완전함을 감추지 않고 설명하려는 태도에서 비롯된다. 그럼에도 꽤 많은 브랜드가 '말하지 않음'을 통해 불완전함을 숨기려 한다. 하지만 부족함을 감추는 태도는 도리어 브랜드에 커다란 리스크로 되돌아온다.

(1) 말하지 않은 사실이 신뢰의 손실을 가져온 경우: ESG 메시지와 실제 내역 간의 불일치

여러 기업들이 ESG 캠페인을 홍보하면서 "모든 수익을 기부합니다" 혹은 "매출의 일부를 사회에 환원합니다"라는 슬로건을 내세운다. 하지만 이후 실제 후원 내역이 공개되지 않거나, 규모와 대상이 다르다는 점이 언론과 소비자에 의해 밝혀지며 비판을 받기도 했다. 이는 불매운동이나 부정적인 여론 형성과 같은 큰 리스크로 이어질 수 있다. 브랜드는 '말한 것'보다, '구조적으로 말하지 않은 것'으로 신뢰를 잃는다. 침묵도 메시지이며, 선택적인 언어 사용도 결국 정보의 왜곡이다.

(2) 솔직함이 공감을 확장한 경우: 오해 가능성이 있는 메시지를 선제적으로 수정하고 상세히 공유

"환경 포장", "무첨가 성분", "100% 자연 유래" 등으로 홍보된 문구들이 실제로는 부분적인 적용이거나 과도한 해석을 불러일으킬 수 있다는 점은 소비자 고발이나 언론 보도 등을 통해 흔히 지적되어왔다. 이런 상황에서 일부 브랜드는 빠르게 메시지를 수정하며 솔직함을 택하기도 한다. 친환경 요소를 70%만 적용했음에도 전체에 적용한 것처럼 오인될 수 있는 메시지를 발행했던 브랜드가 있다고 가정해보자. 이 브랜드는 즉시 해당 문장을 수정하고 남은 30%의 친환경 전환 일정과 방식까지 콘텐츠로 기획해 투명하게 공유한다. 이러한 솔직함과 적극적인 소통 노력은 단기적인 비용이 발생할지라도, 결과적으로 고객 반응은 "광고보다 백서가 더 믿을 만하다"라는 방향으로 바뀌며 브랜드의 신뢰도를 높일 수 있다.

(3) 수치 공개가 투명성을 만든 경우: 민감한 데이터를 감추기보다 과정 중심으로 투명하게 공개

넷플릭스를 비롯한 일부 글로벌 기업들은 DEI 보고서, 인건비 지표, 온실가스 배출량, 여성 리더십 비율 등 민감한 데이터를 공개하며 "우리는 아직 완성되지 않았다"라는 전제를 앞세운 메시지를 함께 전했다. 예를 들어, 넷플릭스는 2020년 12월 첫 번째 '다양성과 포용성 보고서'를 통해 자사의 직원 구성 비율을 솔직하게 공개하며 부족한 부분을 인정하고 개선 의지를 밝혔다. 이후 2022년 보고서에서는 이러한 노력의 진행 상황을 투명하게 공개하며 여성 리더십 비율과 소외된 집단의 고용 비율이 실제로 증가했다는 구체적인 성과를 보여주었다. 이처럼 불완전한 수치임에도 불구하고 이를 있는 그대로 공유한 태도는 단기적인 논란을 초래할 수 있지만, 장기적으로는 오히려 "과정을 믿을 수 있다"라는 신뢰로 이어졌다.

투명한 PR 메시지 구성을 위한 체크리스트

투명성은 PR 윤리의 마지막 단계가 아니라, PR 메시지 구성의 출발점이다. PR 실무자는 단순히 '사실을 숨기지 않았는가'를 넘어서 '사실이 드러나도록 구성했는가'를 스스로에게 물어야 한다. 다음의 체크리스트는 메시지 구조의 윤리성을 점검하는 도구다.

- 이 문장은 사실만 전달하고 있는가, 아니면 맥락을 제거해 진실을 흐리고 있는가?
- 비교/수치 표현이 독자에게 과장되거나 오해될 여지가 없는가?
- 긍정적인 정보뿐 아니라 부정적 요소도 '읽히도록' 구조화됐는가?
- 메시지 구조상, 의도된 은폐는 없는가?
- 이 정보는 '법적으로 괜찮다'보다, '신뢰를 줄 수 있는가'라는 질문 아래에 구성됐는가?

[한 줄 정리]
진정성은 말한 것보다 말하지 않은 것으로 판단된다. 투명성이 신뢰의 척도다.

AI가 쓰고
사람이 책임진다

AI가 보도자료 초안을 쓰고, 제안서에 들어갈 인사이트를 생성하며, 보고서에 활용할 수치를 정리해주는 시대다. PR 실무자 입장에서는 활용 가능한 도구가 늘어났고, 메시지 작성에 걸리는 시간은 단축됐으며, 콘텐츠 생산의 장벽은 낮아졌다. 하지만 스스로에게 던지는 질문은 오히려 더 어려워졌다. 기계가 메시지를 생산한다고 해도 사람의 책임은 여전히 남기 때문이다. 이제 PR 실무자는 "이 문장은 누가 썼는가?"가 아니라 "이 메시지가 우리 브랜드의 태도와 책임을 정확히 반영하고 있는가?"라는 질문을 던져야 한다.

AI의 등장으로 변화한 PR 환경과 새로운 윤리적 과제

고도화된 AI가 등장함으로써 PR 환경도 급격히 변화를 맞이했다. 이와 더불어 PR 실무자는 문장을 잘 써내는 것을 넘어서 새로운 윤리적 과제에 부딪히게 됐다.

(1) AI가 만든 문장은 누가 책임지는가?

브랜드 메시지 초안의 작성을 기계에게 맡길 수 있을지 몰라도, 최종적으로 전달된 메시지의 의미는 브랜드를 대표하게 된다. 따라서 이제 PR 실무자의 책임 영역은 문장의 생성에만 머무르는 것이 아니라 최종적으로 만들어진 메시지의 의미를 구성하고 판단하는 일까지 확장됐다. 브랜드의 태도, 뉘앙스, 위기 상황 시 대응 메시지의 온도는 기계가 판단할 수 없기 때문이다.

(2) 데이터 기반 글쓰기의 윤리적 딜레마

AI는 방대한 데이터를 요약하고 분석한다. 그렇다면 그 데이터들의 출처는 어디인가? AI가 제시한 수치와 사례는 과연 신뢰할 수 있는가? PR 실무자가 다루는 정보는 메시지의 신뢰를 만들어내는 근거다. AI를 사용한 글쓰기는 자칫 출처의 문제, 정보의 신뢰성 정도에 대한 문제를 야기할 수 있다. 특히 개인정보나 맥락이 제거된 수치 정보는 오히려 오해와 왜곡의 출발점으로 작용할 우려가 있다.

(3) AI는 가치 중립적이지 않다

AI는 학습한 데이터를 기반으로 문장을 생성한다. 따라서 AI 학습의 바탕이 된 원 데이터 안에 성별, 인종, 계층, 문화에 대한 편견이 담겨 있다면, AI가 생성해낸 문장에도 그러한 편견이 여과 없이 드러날 여지가 있다. 이를 단지 기술의 한계로만 치부할 일은 아니다. 이에 대한 문제의식이 없을 경우 브랜드의 언어가 무의식적으로 사회적 책임을 회피하도록 만드는 구조적 위험으로 작용할 수 있다.

AI 도구 활용을 위한 윤리적 실무 가이드라인

그렇다면 AI를 활용할 때 참조할 만한 새로운 윤리 기준은 없는 것일까? 다행스럽게도 전 세계는 현재 AI 활용에 대한 윤리 가이드를 발전시켜나가고 있다. PR 실무자가 반드시 숙지해야 할 대표적 기준은 다음과 같다.

(1) 생성형 AI 워터마크 및 식별 의무화 논의

AI가 만든 텍스트·이미지·영상은 특유의 워터마크(식별 신호)나 메타데이터를 삽입해 '기계가 만든 것'임을 명확히 표기하도록 요구하는 흐름이 확대되고 있다. 2024년 제정된 '유럽연합(EU) AI Act'는 AI 생성물(특히 딥페이크 등)에 대해 명확한 표시를 의무화해 투명성과 오남용 방지를 강화했다.

(2) 'EU AI Act'의 투명성 원칙

EU는 AI 기술의 안전하고 윤리적인 사용을 목표로 'EU AI Act'를 제정했다. 이 법안은 AI 시스템을 위험 수준에 따라 분류하고, 고위험 AI 시스템에 대해서는 엄격한 규제를 적용한다. 특히 투명성은 핵심 원칙 중 하나로, AI 시스템의 작동 방식, 사용 데이터, 결정 과정에 대한 명확한 정보 제공을 요구한다. 예를 들어, 채용 과정에 사용되는 AI 시스템은 지원자에게 평가 기준과 사용된 데이터를 투명하게 공개해야 한다.

(3) 국내 AI 윤리 가이드라인

대한민국 정부는 과학기술정보통신부를 중심으로 2020년 'AI 윤리 기준'을 발표하고, AI 개발 및 활용의 기본 원칙을 제시하고 있다. 인간 존엄성 존중, 사회적 책임, 투명성, 안전성 등 10대 원칙을 내세우며, AI 시스템 설계 단계부터 윤리적 고려를 반영하도록 권고한다. 국내 기업이나 기관에서 AI를 활용할 때는 이러한 가이드라인을 검토하고 준수해야 한다.

(4) 기업별 AI 사용 공개 정책

국내외 선도 기업들은 AI 기술의 윤리적 활용을 위해 자체적인 윤리 원칙을 수립하고, 전담 조직을 두는 등 투명성과 책임성을 강화하고 있다. 예를 들어, LG AI연구원과 네이버는 '인간 존중, 공정성, 투명성, 책임'과 같은 핵심 가치에 기반한 AI 윤리 원칙을 선언하고, 관련 정책과 위험 관리 체계를 홈페이지나 연례 보고서 등으로 대외에 공개하고 있다. 또한, 임직원 교육, 윤리 가이드라인 마련, 외부 이해관계자 소통 등 실질적 실행방안을 통해 AI 사용의 신뢰와 사회적 책임을 높이고 있다.

기술은 초안을 만들지만, 의미는 사람이 완성한다. 메시지의 책임, 출처의 명확성, 감정의 온도까지 결국 신뢰를 만드는 건 기계가 아니라 사람의 윤리 감각이다. 다음은 PR 실무자가 AI 활용 시 꼭 견지해야 할 윤리적 감수성에 대한 조언들이다.

(1) 편집과 구성의 책임은 사람에게 있다

AI가 작성한 초안이라도, 그 문장이 브랜드의 목소리가 되려면 사람의 해석과 판단이 필요하다. 정서적 표현, 사과와 책임의 언어는 자동화할 수 없다. 위기 대응, 감정 조율, 공감 표현은 PR 실무자의 언어적 감각 위에서만 진정성을 얻는다. 특히 브랜드의 가치관이 드러나는 메시지, 사회적 이슈에 대한 입장 표명,

고객과의 갈등 상황에서의 대응은 반드시 사람이 최종 검토하고 책임져야 할 영역이다.

(2) 출처 없는 문장은 신뢰받을 수 없다

AI가 생성한 수치, 인용, 사례, 날짜를 검증하는 것은 기본 중의 기본이다. 생성형 AI는 때로 그럴듯하지만 부정확한 정보를 생성할 수 있기 때문이다. 생성형 도구가 만들어낸 문장은 메시지 설계의 '출발점'이지 '결론'이 아니다. 특히 기자나 외부 이해관계자에게 공유되는 메시지일수록 출처의 명확성을 갖추는 것이 신뢰를 확보하는 전제 조건이다. 모든 데이터는 원본 소스를 확인하고, 인용문은 실제 발언인지 검증해야 한다.

(3) 데이터 기반 메시지에 '신뢰 기준'을 적용하라

AI는 법적으로 문제가 없는 데이터를 사용할 수 있다. 그러나 PR 메시지는 법보다 앞서 신뢰의 기준을 따르는 편이 윤리적이다. 예를 들어, 고객 행동 데이터를 바탕으로 AI가 "30대 여성 고객들이 가장 선호하는 제품"이라는 메시지를 생성했다면, 이 데이터가 어떻게 수집됐는지, 개인정보 보호 원칙을 준수했는지, 고객들이 이런 방식의 활용에 동의했는지를 점검해야 한다. 또한, 개인을 특정할 수 있는 수준의 세부 정보가 포함됐다면 해당 고객의 사전 동의를 구하거나 충분한 설명을 제공해야 한다.

(4) 책임 소재 고지(Disclosure)의 핵심은 '누가 책임지는가'이다

AI 사용을 공개해야 한다는 것은 AI 사용 여부를 일일이 공개하라는 말이 아니다. 보도자료 초안을 AI로 썼는지 여부가 중요한 문제가 아니라, 최종 메시지를 기획하고 그 의미에 책임을 질 주체가 누구인지가 핵심이다. 쉽게 말해, '이 문장은 정말 사람이 책임질 수 있는가?'를 고려하라는 뜻이다. 브랜드의 언어를 설계하는 주체가 분명할 때, 진정성도 함께 형성된다. 만약 AI가 생성한 내용에 오류나 부적절한 표현이 있다면, 그 책임을 질 담당자가 명확해야 한다.

아이러니하게도 AI 시대에 접어들면서 사람의 역할이 더 중요해졌다. 위기 상황에 대응하는 언어, 브랜드의 톤 앤 매너, 감정의 조율은 아직까지 자동화할 수 없는 영역이기 때문이다. 특히 공감, 책임, 수용의 언어는 PR의 핵심이다. 이 언어들이 진정성을 발휘하려면 반드시 사람의 언어로 완성돼야 한다.

한편, 브랜드의 톤 앤 매너는 단순한 말투가 아니라, 브랜드 정체성과 고유성의 총합이다. AI가 만들어낸 평균화된 문장 속에서는 브랜드 고유의 언어가 흐려질 수 있다. 모든 브랜드가 비슷한 AI 도구를 사용한다면, 결국 비슷한 어조와 표현을 갖게 될 위험이 있다.

AI가 콘텐츠를 대량 생성하는 시대에 PR 실무자는 메시지의 '최종 설계자'이자 윤리적 감수성을 지닌 '의미의 편집자'로 거듭

나야 한다. 즉, 언어의 정합성과 감정의 균형, 전달 방식의 적절함을 판단하고 책임지는 사람이어야 한다. 기술이 효율성을 높여주는 도구라면, 윤리와 진정성은 여전히 사람만이 지킬 수 있는 영역이다.

AI 활용 시 실무 체크 포인트

마지막으로 PR 현장에서 AI를 활용할 때 도움이 될 만한 실무 팁을 제안한다. AI로 브랜드 메시지의 초안을 생성한 후에는 반드시 다음의 3단계를 거쳐야 한다.

- **팩트 검증:** 숫자, 날짜, 인용문에 문제가 없는지 정확성을 확인할 것
- **톤 조정:** 브랜드 고유의 어조로 수정할 것
- **윤리 검토:** 편향되거나 과장된 표현은 없는지 확인하고, 모호함을 제거할 것

한편, 다음의 메시지들은 AI가 절대 대체할 수 없는 영역의 글쓰기다. 이 메시지들은 초안부터 PR 실무자가 직접 문장을 작성하는 편을 권한다.

- 위기 상황에서 내보내는 첫 번째 대응 메시지

- CEO 명의의 사과문
- 직원 해고 등 민감한 인사 관련 공지

PR 실무자는 이러한 규제 환경 변화를 인지하고, 단순히 '법을 준수하는 것'을 넘어 '책임감 있는 소통'의 관점에서 AI를 활용해야 한다. AI가 만든 메시지일지라도, 브랜드의 평판은 결국 사람이 책임진다는 사실을 잊지 말자.

> **[한 줄 정리]**
> AI가 효율성을 높여주는 도구라면, 윤리와 진정성은 여전히 사람만이 지킬 수 있는 영역이다.

팩트의 나열이
곧 진실은 아니다

좋은 PR 메시지는 단순한 정보(Fact)의 나열을 넘어, 신뢰를 형성하는 구조를 갖춘 글이다. 팩트는 객관적 사실을 의미하지만, 진실은 그 팩트에 맥락, 의도, 감정, 그리고 책임이 더해져 비로소 완성된다.

보도자료 초안에 이런 문장이 담겼다고 치자. "사실과 다릅니다." 이 표현은 사실을 바로잡겠다는 의도가 담긴 문장일 수 있지만, 충분한 설명 없이 단독으로 쓰일 경우 독자에게는 회피하거나 부인하는 인상으로 비칠 수 있다. 어떤 내용이 사실과 다른지, 무엇과 비교한 것인지가 명확히 드러나야 신뢰의 맥락을 구성할 수 있다.

진실은 팩트의 나열로 완성되지 않는다. 팩트는 진실의 일부일 뿐이며, 메시지는 맥락과 감정, 책임의 구조를 통해 완성된다.

'사실만 말했다'는 메시지의 위험성

특히 위기 상황에서는 "사실만 말했다" 하는 식의 접근이 오히려 브랜드의 신뢰를 치명적으로 떨어뜨릴 수 있다. 단순한 사실 전달에 멈춘 메시지는 독자에게 무책임하거나 감정을 외면하는 태도로 비춰질 수 있기 때문이다.

예를 들어 다음과 같은 표현은 당장의 해명처럼 보일지라도 장기적으로는 불신을 증폭시키는 결과를 낳을 수 있다.

> "사실과 다릅니다."
> "우리는 관련이 없습니다."

이 메시지들은 다음과 같이 수정돼야 한다.

> "보도된 내용 중 일부는 맥락이 생략돼 사실과 다르게 해석될 수 있습니다. 이 부분을 명확히 설명드리고자 합니다."
> "이번 사건에 직접적인 개입은 없었지만, 업계의 일원으로서 해당 문제에 대한 책임감을 느끼며 개선 논의에 함께하겠습니다."

이처럼 같은 사실을 말하더라도, 어떤 구조와 어조로 전달하는지에 따라 고객의 신뢰 정도는 완전히 달라진다. 처음에 제시한 표현들은 단순한 부정과 회피로 읽히기 쉽다. 반면에 수정된 표현들은 사실을 명확히 하되, 배경과 맥락을 설명하고, 감정적 공감과 책임 인식을 포함한다.

어떤 브랜드에서 데이터 유출 사고가 벌어졌다고 가정하자. 이때 브랜드는 두 가지 방향으로 대응 메시지를 내보낼 수 있다.

- **팩트만 나열:** "해킹 시도는 있었으나 개인정보는 유출되지 않았습니다."

- **진실을 담은 메시지:** "○월 ○일 해킹 시도가 있었습니다. 다행히 보안 시스템이 작동해 개인정보 유출은 없었으나, 일부 서비스가 30분간 중단되었습니다. 현재 보안을 더욱 강화하고 있으며, 자세한 경과는 ○일 내 공개하겠습니다."

둘 중 어떤 대응 메시지에서 더 진정성이 느껴지는가? 당연히 후자일 것이다. 후자의 메시지에는 사실을 넘어, 상세한 상황 설명(투명성), 고객에 대한 고려(공감), 그리고 문제 해결 의지(책임감)가 담겨 있기 때문이다.

같은 '팩트'를 전달할지라도 이를 대하는 브랜드의 태도와 팩트의 맥락을 포함한 메시지여야 진실이 전해진다. 한편, PR 메시지에서 중요한 것은 진실 여부만이 아니다. 독자가 '신뢰할 수 있는 태도'로 해석할 수 있는 구조를 짜는 것, 그것이 윤리적 메시지가 지녀야 할 본질이다.

메시지를 해체하라: 팩트/주장/감정 구분하기

그렇다면 팩트의 나열을 넘어 신뢰를 얻는 진실된 메시지는 어떻게 구성될까? PR 메시지는 크게 세 가지 층위로 해체하여 분석하고 재구성할 수 있다.

PR 메시지의 세 가지 층위

요소	정의	예시 문장
팩트	객관적으로 검증 가능한 정보	"고객 정보 유출은 없었습니다."
주장	조직의 해석·관점·의도	"회사는 모든 조치를 다하고 있습니다."
감정	공감·사과·감성적 언어 표현	"고객분들께 진심으로 사과드립니다."

팩트는 진실의 바닥을 깔고, 주장은 브랜드의 관점을 드러내며, 감정은 그 말에 인간적인 책임을 더한다. 세 가지 요소는 메시지 안에 뒤섞인 채 존재하며 명확히 구분되지 않는다.

따라서 PR 실무자는 메시지를 쓴 후 메시지의 내용을 팩트, 주장, 감정으로 각각 해체한 뒤 다시 조직하는 훈련이 필요하다. 신뢰는 '팩트를 나열했는가?'가 아니라, '의도를 감추지 않고 맥락을 드러냈는가?'로 결정된다.

메시지의 윤리적 구조, 어떻게 설계할 것인가?

좋은 PR 메시지를 쓴다는 것은 '말할 것'을 모아 나열하는 일이 아니라, '어떻게 말할 것인가'를 고려해 메시지를 조직하고 구성하는 일에 가깝다. 다음은 메시지를 윤리적 구조로 구성한 사례다.

윤리적인 구조로 메시지 설계하기

순서	항목	예시 문장	메시지 층위
1	핵심	"이번 서비스 장애는 우리의 책임입니다."	책임 인정 (주장)
2	근거	"서버 이중화 시스템이 작동하지 않았고…."	검증 가능한 정보(팩트)
3	감정	"불편을 드린 점 진심으로 사과드립니다."	감정적 공감 (감정)
4	조치	"복구 경과 보고서를 이번 주 내로 공개하겠습니다."	후속 조치 (주장+팩트)

'핵심 → 근거 → 감정 → 조치'의 흐름을 가진 구조로 메시지를 구성하는 것이 포인트다.

AI가 초안을 생성하는 시대에도 이러한 구조적 원칙은 더욱 중요해졌다. AI가 만든 문장이라도 최종적으로는 사람이 팩트를 검증하고, 브랜드의 태도를 반영하며, 독자와의 감정적 연결을 조율해야 한다.

이때 두 가지 차원에서 표현의 기준을 점검할 필요가 있다. 첫째, '선택적 데이터'는 왜곡될 수 있음을 염두에 두자. 둘째, 수식어는 메시지를 부풀리기 위한 장식이 아니라, 정보의 의미를 명확히 하고 독자의 이해를 돕는 역할을 해야 한다. 감탄이나 미사여구로 주목을 끌기보다, 핵심 정보의 신뢰성과 맥락을 투명하게 드러내는 데 사용돼야 한다.

윤리적 메시지 점검을 위한 실전 프레임워크

PR 실무자가 생산해내는 보도자료, 기획 기사, 소셜 콘텐츠 등 메시지의 형태는 저마다 다르지만, 진정성을 구성하는 윤리적 원칙은 언제나 같다. '팩트를 말했는가'보다 '믿을 수 있게 구조화했는가'를 묻는 프레임이 필요한 이유다.

실무자는 각 포맷별로 윤리적 기준을 내면화하고, 각 메시지마다 "이 문장은 사람의 이름으로, 즉 브랜드의 진정성 있는 태도를 담아 서명할 수 있는가?"를 스스로에게 물어야 한다. 다음은 메시지의 종류에 따른 윤리적 기준 체크리스트다.

보도자료 팩트 체크 리스트

- 수치는 정확한 출처와 기준이 명시됐는가?
- 인과관계가 단순화되거나 왜곡되지 않았는가?
- 비교 표현은 공정한 기준에서 이뤄졌는가?
- AI가 생성한 데이터는 모두 재검증했는가?

기획 기사 점검 질문

- 인용한 사례는 브랜드에만 유리한 방식으로 선택된 것은 아닌가?
- 위험 요소나 반대 관점은 의도적으로 배제되지 않았는가?
- 브랜드 고유의 관점과 책임 인식이 담겨 있는가?

소셜 콘텐츠용 윤리 미니 가이드

- 클릭을 유도하기 위한 과장된 표현이 사용됐는가?
- 공감 표현과 정보 전달이 균형을 이루는가?
- 즉시성보다 정확성을 우선했는가?

최종 점검: 모든 메시지 공통

- 이 메시지는 3개월 후에도 자신 있게 설명할 수 있는가?
- 팩트, 주장, 감정의 구분이 명확한가?
- 브랜드의 일관된 태도와 책임 의식이 반영됐는가?

정보의 나열만으로는 좋은 PR 메시지를 쓸 수 없다. '팩트', '주장', '감정'을 구조화해 의미를 구축해야 비로소 독자들로부터 신뢰를 얻을 수 있다. AI가 도구로 활용되는 시대에도 메시지의 최종 책임은 사람에게 있으며, 그 책임은 구조적 사과와 윤리적 판단을 통해 완성된다.

> **[한 줄 정리]**
> 진실은 단순한 팩트가 아니라, 태도와 맥락을 구조화한 메시지로 구성된다.

[Quick Tips]

윤리적 PR 글쓰기, 이것만 기억하자

자가 점검 체크리스트

PR 메시지를 작성한 후, 다음 질문에 스스로 답해보자.

- 이 메시지의 핵심 주장은, 객관적 근거로 뒷받침되는가?
- 감추거나 누락한 사실 없이, 독자가 이해하는 데 필요한 정보가 포함돼 있는가?
- 사실, 주장, 감정의 표현이 명확히 구분돼 있는가?
- 독자의 입장에서 오해하거나 불신할 수 있는 표현은 없는가?
- AI가 생성한 문장이라면, 최종 책임자의 판단과 윤리 기준이 충분히 반영됐는가?

기억해야 할 윤리적 PR 메시지 설계 원칙

1. 팩트는 시작일 뿐, 신뢰는 구조로 얻어진다.
→ 단순 정보 나열이 아니라, 의미와 맥락을 구성해야 한다.

2. 진정성은 완벽함이 아니라, 솔직함에서 온다.
→ 부족함을 감추지 않는 메시지가 오히려 공감을 만든다.

3. AI는 형식을 만든다. 책임은 사람의 언어로 완성된다.
→ 자동 생성 문장은 인간의 윤리 감각으로 편집돼야 한다.

4. 모든 메시지는 브랜드의 말과 행동을 연결하는 구조물이다.
→ PR 실무자는 그 연결 구조를 책임지는 사람이다. 채널이 달라도 철학은 일관돼야 한다.

5. 윤리적 기준은 평소의 메시지 구조 속에 자연스럽게 녹아 있어야 한다.
→ 신뢰는 위기 대응이 아니라, 일상의 커뮤니케이션 속에서 축적된다.

실무 상황에 대비한 점검 항목

1. 공정한 맥락 제공: 특정 관점을 유리하게만 조명하거나, 반대 사례를 누락하지 않았는가?

2. 명확한 수치 사용: 수치·비교 기준·출처가 독자 입장에서 충분히 이해 가능한가?

3. AI 활용 투명성: 생성된 콘텐츠가 주요 메시지를 구성했다면, 내부 기준에 따라 AI활용 고지 가이드라인을 점검했는가?

4. 사회적 감수성 고려: 다양성, 성별, 연령, 문화 이슈에 있어 무의식적 편향이나 배제가 포함돼 있지는 않은가?

참고 문헌

1장 목표가 분명해야 하는 PR 글쓰기

[타이레놀 사례]

· Brian Todd & Wesli Jones, "After taking one Tylenol, Mary Kellerman collapsed and died soon after. Her murder changed how we consume medicine", *CNN*, November 17, 2024.

· Christy Gutowski, "Tragedy, then triumph: How Johnson & Johnson made sure Tylenol survived the Tylenol murders", *Chicago Tribune*, October 27, 2022.

· Dr. Howard Markel, "How the Tylenol murders of 1982 changed the way we consume medication", *PBS News*, September 29, 2014, Retrieved July 31, 2025.

· Johnson & Johnson, "Our Credo", Johnson & Johnson website.

· Jojo Galvan, "The Tylenol Murders", *Chicago History Museum*, September 28, 2022.

· Paul A. Argenti, *Corporate Communication* (8th ed.), McGraw-Hill Higher Education, 2021.

· "People were terrified to take it: how much money did Tylenol lose in the 1982 scandal?", *Cosmopolitan*, May 27, 2025.

· "Public relations case study: Johnson & Johnson Tylenol crisis", *Skogrand Public Relations*, February 11, 2017, Retrieved July 31, 2025.

[삼성전자 갤럭시노트7 사례]
- '갤럭시노트7 사태 주요 일지', 〈연합뉴스〉, 2016년 10월 10일자 기사.
- 김재섭·김효진, '삼성전자, 갤럭시노트7 단종 결정', 〈한겨레〉, 2016년 10월 11일자 기사.
- 삼성전자, '갤럭시 노트7 사용자 여러분께 알려드립니다', 삼성전자 뉴스룸, 2016년 9월 10일 게시.
- 장은석, '[전문] 삼성전자 갤럭시노트7 리콜 공식 발표 및 사과', 〈서울신문〉, 2016년 9월 2일자 기사.
- 최용석, '삼성전자 "갤노트7 발화 원인은 배터리 결함" 공식 발표… 재발방지대책 공개', 〈동아일보〉, 2017년 1월 23일자 기사.
- 최재필, '[갤럭시S8, 언팩] 안전, 안전, 또 안전… '8포인트 안전성 검사' 첫 적용', 〈전자신문〉, 2017년 3월 30일자 기사.
- 최현·김지은, '[종합] 삼성전자, 갤럭시노트7 생산 일시 중단', 〈뉴시스〉, 2016년 10월 10일자 기사.
- 한지훈, '노트7 추가보상… 갤S7→S8·노트8 교환시 할부금 50% 면제', 〈연합뉴스〉, 2016년 10월 24일자 기사.
- 유튜브 채널 'TECHAERIS', 'Samsung COO Tim Baxter Note7 Apology'(갤럭시노트7 사과 및 안전 조치 발표 영상), 2016년 9월 16일 게시.
- "Samsung Recalls Galaxy Note7 Smartphones Due to Serious Fire and Burn Hazards", US Consumer Product Safety Commission(CPSC), September 15, 2016.

2장 맥락을 설계하는 브랜드 언어 전략

[넷플릭스 사례]
- 넷플릭스 코리아 X(엑스), 공식 계정(@NetflixKR).
- 메르베 알산, '넷플릭스의 글로벌 성공 비결 로컬라이제이션의 힘', 〈위글롯〉, 2023.

[파타고니아 사례]
- '이 재킷을 사지 마세요 (Don't Buy This Jacket) 블랙프라이데이, 뉴욕타임스', 파타고니아 코리아 공식 웹사이트, 2011년 11월 25일 게시.
- 안동환, '"지구가 파타고니아의 유일한 주주"… 4조원 지분 다 내놓은 창업자', 〈서울신문〉, 2022년 9월 15일자 기사.

- 이준문, '파타고니아 코리아, 오래된 옷에 대한 가치를 일깨우는 '원웨어(Worn Wear)' 캠페인 확대', 〈뉴스탭〉, 2020년 1월 21일자 기사.
- 'Patagonia's Mission Statement'(파타고니아 공식 미션 스테이트먼트), 파타고니아 공식 웹사이트.

[나이키 사례]
- David A. Holt, How Brands Become Icons: *The Principles of Cultural Branding*, Harvard Business Review Press, 2003.
- "How Nike adapts 'Just Do It' to work across cultures", *Amaranth Insight*, April, 2016.

[스타벅스 사례]
- Howard Schultz, *Pour Your Heart Into It: How Starbucks Built a Company One Cup at a Time*, Hachette Books, 1997.

[삼성전자 사례]
- 삼성전자, '[IFA 2022 삼성타운] ① Everyday Sustainability! 삼성전자가 제시하는 지속가능한 일상', 삼성전자 글로벌 뉴스룸, 2022년 9월 2일 게시.
- 삼성전자, '삼성전자, IFA 2022서 미래 세대를 위한 '스마트싱스'와 '지속가능한 기술' 대거 선보여' 삼성전자 글로벌 뉴스룸, 2022년 9월 1일 게시.

[쿠팡 사례]
- 이미경, '쿠팡 대표 "물류센터 화재 송구" 공식 입장 밝혀 [전문]', 〈한국경제〉, 2021년 6월 18일자 기사.
- 쿠팡, '덕평 물류센터 화재 관련 쿠팡 입장문', 쿠팡 뉴스룸, 2021년 6월 18일 게시.
- 홍주환, '쿠팡, 노동자 사망 "책임 없다"더니… 국회 청문회 앞두고 '합의'', 〈뉴스타파〉, 2025년 1월 23일자 기사.

[아모레퍼시픽 사례]
- 아모레퍼시픽, 〈2020 아모레퍼시픽그룹 지속가능성 보고서〉, ㈜아모레퍼시픽그룹, 2021년 6월.
- 아모레퍼시픽, 〈2022 아모레퍼시픽그룹 지속가능성 보고서〉(문화적 태도 관련), ㈜아모레퍼시픽그룹, 2023년 6월.

- 아모레퍼시픽, 'Our Values', 아모레퍼시픽 공식 웹사이트.

[배달의민족 사례]
- 변정인, '배달의민족에 'B급 감성' 없었다면?', 〈톱데일리〉, 2022년 5월 27일자 기사.
- "B급 감성으로 위로와 재미를? "배민은 이용자와 즐겁게 논다"", 〈동아일보〉, 2022년 5월 3일자 기사.

[현대자동차 사례]
- 오승일, '친환경 모빌리티 비전 실현 위한 현대차의 여정', 〈포브스코리아〉, 2020년 11월 25일자 기사.
- 주성돈, '[현대차의 지속가능경영/경영철학] 더 나은 미래를 향한 동행', 〈뉴스퀘스트〉, 2019년 6월 17일자 기사.
- 현대자동차, 'Progress for Humanity'(현대자동차 브랜드 비전), 현대자동차 공식 웹사이트.
- 현대자동차, '현대자동차, 2045년 탄소중립을 위한 '기후변화 통합 솔루션' 발표', 현대자동차 공식 웹사이트, 2021년 9월 7일 게시.
- 현대자동차, '현대자동차, 시장 선도 위한 중장기 미래 전략 『현대 웨이』 공개', 현대자동차그룹 뉴스룸, 2024년 8월 28일 게시.
- 현대자동차그룹, 〈현대자동차그룹 사회공헌활동 백서 2020〉, 현대자동차그룹 사회문화팀, 2021년 8월.
- Don Southerton, "How the 'Hyundai Way' is Shaping Automotive Innovation", *Branding in Asia*, September 9, 2024.

3장 위기를 극복하는 커뮤니케이션 전략

[무신사 사례]
- 김효혜·박홍주, '[단독] "가슴털 80%라더니 2.8%"… 깃털로 가득 채운 패딩, 네이버에서 버젓이 판매', 〈매일경제〉, 2025년 1월 6일자 기사.
- 무신사, '정책 위반 브랜드에 대한 제재 조치 및 진행 경과에 대해 안내드립니다', 무신사 뉴스룸, 2024년 12월 18일 게시.
- 성혜미, '무신사, 패딩 혼용률 속인 패션사 대표 사기죄 등 경찰 고소(종합)', 〈연합뉴스〉, 2025년 1월 23일자 기사.
- 이정화, '패딩 충전재 논란' 무신사, 입점 상품 8000개 전수조사… 패션기업 대표 고

소', 〈파이낸셜뉴스〉, 2025년 1월 23일자 기사.

[유나이티드 항공 사례]
• "United Airlines passenger forcibly removed from overbooked flight-video", *The Guardian*, April 11, 2017.
• Associated Press, "United CEO's letter to employees", *Chicago Tribune*, April 10, 2017.
• Nadia Khomami, "United Airlines to offer up to $10,000 for passengers to give up seats", *The Guardian*, April 27, 2017.
• Natalia Wojcik, "Shares of United fall for second day as controversy lingers", *CNBC*, April 12, 2017.

[서울우유 사례]
• 김성욱, '논란의 손동작 주의해달라… 서울우유, '남혐' 피하려다 '여혐' 논란 휩싸여', 〈아시아경제〉, 2024년 9월 6일자 기사.
• 옥기원, '서울우유 '여성 젖소 비유' 광고 뭇매… 결국 사과', 〈한겨레〉, 2021년 12월 9일자 기사.

[스타벅스 사례]
• 이준서, '美 스타벅스 인종차별 논란… '주문 없이 앉은' 흑인 체포', 〈연합뉴스〉, 2018년 4월 15일자 기사.
• "Starbucks CEO calls arrest of two black men at Philadelphia store 'reprehensible'", *CNN*, April 15, 2018.
• "Starbucks: Protesters call for boycott after black men arrested", *BBC News*, April 16, 2018.
• Camila Domonoske, "Starbucks Closing 8,000 Stores For An Afternoon, For Racial-Bias Education", *NPR*, April 17, 2018.
• Yi-Jin Yu, "Starbucks reversing open-door policy to 'prioritize' paying customers", *ABC News*, January 15, 2025.
• Yon Pomrenze & Darran Simon, "Black men arrested at Philadelphia Starbucks reach agreements", *CNN*, May 2, 2018.

[아디다스 사례]

· 전민재, '칸예 웨스트, 유대인 혐오 발언에 연예계·패션계 줄줄이 '손절'', 〈SBS 뉴스〉, 2022년 10월 27일자 기사.

· Faarea Masud, "Adidas cuts ties with rapper Kanye West over anti-Semitism", *BBC News*, October 26, 2022.

· Rachel More, "Adidas slashes 2022 outlook, investors pin hopes on incoming CEO", *Reuters*, November 10, 2022.

6장 디지털 환경에 최적화된 메시지 설계 전략

[아마존 사례]

· "Amazon profits increased nearly 200% since start of COVID-19 pandemic", *ResearchFDI*, January 6, 2021.

[영국 금융 서비스 사례]

· Andy Leeks, "Interactive Investor Launches SIPP that costs £5.99 per month-How dose it compare?", *Money to the Masses*, October 17, 2023.

[국제 구호단체 사례]

· UN, "Water and Gender," UN website, 2016.

· UNICEF, "This girl spends 8 hours a day doing something that takes away her childhood," UNICEF website, 2025.

[SEO 및 AI 검색 최적화 관련 자료]

· '2025년 AI 검색 최적화 실전 가이드 | 쇼핑몰을 위한 SEO + AEO + GEO 전략', NHN커머스 2025년 7월 16일 게시.

· '구조화된 FAQ(FAQPage, Question, Answer) 데이터', 구글 검색 센터.

· 최현영, '2025 SEO 트렌드', 〈ASCENT코리아〉, 2025년 3월 25일자 기사.

· 플렉스웍, '2025년 SEO 완벽 가이드: 0원으로 시작하는 검색 최적화 전략', 〈오픈애즈〉, 2025년 1월 16일 게시.

· Carlos Silva, "What Are Zero-Click Searches & How Do They Impact SEO?", *SEMrush*, May 10, 2024.

· Nicole Hallberg, "How Optimizing for Voice Search Will Impact Your SEO Plan in 2021", *Moz*, May 18, 2021.

8장 PR 글쓰기의 윤리와 책임

[파타고니아 사례]
· 김미영, '환경과 지구를 지킨다, 파타고니아', 〈한겨레〉, 2020년 1월 10일자 기사.
· 파타고니아, '왜 재활용인가?'(2025년 목표: 재생 소재 사용과 이산화탄소 배출 감축 관련), 파타고니아코리아 공식 웹사이트.
· 파타고니아, '왜 플라스틱인가?'(2025년 목표: 생산하는 제품 전체 원단 중 50% 이상을 2차 폐기물 재생 소재로 사용 계획 관련), 파타고니아코리아 공식 웹사이트.

[버버리 사례]
· "Burberry burns bags, clothes and perfume worth millions", *BBC News*, 19 July, 2018.
· "Burberry stops burning unsold goods and using real fur", *BBC News*, 7 September 2018.

[삼성전자 사례]
· 김재섭·김효진, '삼성전자, 갤럭시노트7 단종 결정', 〈한겨레〉, 2016년 10월 12일자 기사.
· 이은정, '[전문] 고동진 사장, 갤노트7 발화 원인 발표문', 〈지디넷코리아〉, 2017년 1월 23일자 기사.

[넷플릭스 사례]
· Netflix, "2022 Inclusion Report Update", October, 2022.
· Netflix, "Netflix Inclusion Report: Representation & Belonging", December, 2020.

[AI 활용을 위한 윤리 가이드라인]
· LG AI연구원, '1년간의 성과 담은 'AI 윤리 책무성 보고서' 발간', LG AI Research BLOG, 2024년 2월 6일 게시.

- 과학기술정보통신부, '과기정통부, 「인공지능(AI) 윤리기준」 마련', 과학기술정보통신부 인공지능기반정책과 보도자료, 2020년 12월 22일 배포.
- 장세민, '네이버, 국내 첫 'AI 안전성 실천 체계' 공개', 〈에이아이타임즈〉, 2024년 6월 17일자 기사.
- European Union, "Artificial Intelligence Act", 2024.

**전략의
문장들**

초판 1쇄 발행 2025년 9월 10일

지은이 김지은
펴낸이 권미경

기획·편집 김효단
마케팅 심지훈, 강소연, 김재이
디자인 THISCOVER
펴낸곳 ㈜웨일북
출판등록 2015년 10월 12일 제2015-000316호
주소 서울시 마포구 토정로 47 서일빌딩 701호
전화 02-322-7187   **팩스** 02-337-8187
메일 sea@whalebook.co.kr **인스타그램** instagram.com/@whalebooks

ⓒ 김지은, 2025

ISBN 979-11-94627-13-5 (03800)

소중한 원고를 보내주세요.
좋은 저자에게서 좋은 책이 나온다는 믿음으로, 항상 진심을 다해 구하겠습니다.

전략의 문장들
셀프 워크북

whale books

"설득과 공감은
'구조적인 전략'에서 시작된다."

1. 세 문장 구조로 메시지 구성하기 **4**

2. 정체성과 철학이 드러나는 브랜드 언어 구성하기 **10**

3. 회복을 이끄는 위기 대응 메시지 구성하기 **22**

4. 기사화 되는 보도자료 구성하기 **26**

5. 매력적인 인터뷰·기획 기사 구성하기 **32**

6. 플랫폼에 맞춤한 브랜드 언어 구성하기 **38**

7. 참여를 이끄는 내부 메시지 구성하기 **50**

8. 윤리적이고 책임감 있는 메시지 구성하기 **56**

1

세 문장 구조로 메시지 구성하기

미션 1. 상황 설정하기

다음 상황 중 하나를 선택해 메시지를 작성해보세요.
(너무 어렵게 느껴진다면 가장 익숙한 업무 상황을 선택해도 좋습니다.)

1. 신제품 또는 신규 서비스 출시 발표
2. 기업의 사회공헌(CSR) 활동 소개
3. 조직 개편, 리더십 교체 등 주요 변화 공지
4. 산업 트렌드에 대한 기업의 입장 발표
5. 자유 주제(뉴스레터, 고객 응대, 인터뷰 문안 등 실무 적용이 가능한 상황)

미션 2. 메시지 작성 전 체크리스트 확인하기

메시지를 작성하기 전, 다음 4단계 사고 과정을 거쳐보세요.

[1단계] 타깃 독자 구체화
· 누가 이 메시지를 읽을까?(구체적으로 한 사람을 상상하기)
예) 30대 직장인, 중소기업 대표, 기자, 투자자 등

_____

(15자 이내)

[2단계] 독자의 핵심 관심사

· 그들이 가장 궁금해할 것은 무엇인가? (한 가지만 선택)

(20자 이내)

[3단계] 우리의 핵심 메시지

· 우리가 꼭 전달해야 할 핵심은 무엇인가? (한 문장으로)

(30자 이내)

[4단계] 기대하는 독자 반응

· 읽고 난 후 독자가 무엇을 느끼길 원하는가? (감정을 한 단어로)
  예) 신뢰감, 기대감, 안심, 호기심, 공감 등

(5자 이내)

미션 3. 세 문장으로 메시지 구성하기

앞의 사고 과정을 바탕으로 아래 3단 구조로 메시지를 작성해보세요.

1. 헤드라인(20자 내외) : Simple 원칙 적용하기

핵심 가치와 목적이 한 줄로 드러나는 제목을 적어보세요.

예)
"○○기업, AI 기반 물류 시스템 출시"
"근무시간, 6월부터 변경됩니다"
"○○, 업계 최초 AI 번역기 출시"

_____

_____

(20자 이내)

- 체크 포인트 : 구체적 대상, 행동, 시점이 포함됐나?

2. 핵심 메시지(1~2문장) : Strategic 원칙 적용하기

브랜드의 목표와 독자의 관심사를 연결하며, 뉴스 가치가 담긴 핵심 문장을 적어보세요.

예)
"우리는 고객 응대 시간을 30% 단축하기 위해, 새 시스템을 도입합니다. 이에 따라 CS팀의 근무시간이 일부 조정됩니다."

예)

"30개 언어를 실시간으로 번역하는 이 제품은 해외 출장이 잦은 직장인들의 소통 부담을 90% 줄여줍니다."

_____

_____

_____

_____

_____

_____

(60자 이내)

- 체크 포인트: 독자의 "그래서 나한테 뭐가 좋은데?"에 답하는가?

3. 행동 유도 문장(1문장): Sincere 원칙 적용하기

공감 또는 참여를 유도하는 마무리 문장을 적어보세요.

예)

"변화에 대한 여러분의 의견을 듣고 싶습니다. 설문에 꼭 참여해주세요."
"오늘 당신이 줄인 일회용 컵 하나가, 다음 세대의 바다를 바꿉니다."
"지금 사전 예약하면 정가보다 30% 할인된 가격으로 만나보실 수 있습니다."

_____

_____

_____

_____

(30자 이내)

- 체크 포인트 : 진정성이 느껴지는가? 구체적 행동이 제시되는가?

미션 4. 최종 자가 평가로 전략 점검하기

- 이 메시지는 명확한 목적과 전략적 방향을 담고 있는가?
- 타깃 독자에게 실질적인 정보 또는 가치를 제공하는가?
- 브랜드의 핵심 가치가 자연스럽게 드러나는가?
- 뉴스 가치 또는 공유할 만한 후킹 요소가 있는가?
- 신뢰를 구축하는 데이터, 사례, 근거가 포함됐는가?

2

정체성과 철학이 드러나는 브랜드 언어 구성하기

미션 1. 상황 설정하기

다음 중 하나의 상황을 선택하거나, 실제 현장에서 겪은 상황을 자유롭게 설정해보세요.

1. 자사 브랜드의 글로벌 캠페인 론칭 메시지
2. 새로운 CEO 취임에 따른 대내외 인사 메시지
3. 신제품 출시 보도자료 vs. 고객 대상 뉴스레터
4. 국내 본사와 해외 지사의 소셜 미디어 톤 앤 매너 가이드 설계
5. 문화적 오해가 발생한 이후의 재설명하는 메시지

미션 2. 브랜드 언어 진단하기

선택한 상황으로 브랜드 메시지를 구성하기 전, 현재 브랜드 언어를 점검해보세요.

· 우리 브랜드가 자주 사용하는 단어(5개)

1. _____   2. _____

3. _____   4. _____

5. _____

· 우리 브랜드가 절대 쓰지 않는 단어(3개)

1. _____   2. _____

3. _____

· 우리 브랜드를 한 문장으로 표현한다면?

_____

_____

_____

_____

(40자 이내)

미션 3. 메시지 구성 실습하기

선택한 상황을 바탕으로, 다음 세 가지 메시지를 각각 작성해보세요.

· 브랜드의 핵심 메시지(브랜드가 말하고자 하는 본질과 가치를 중심으로)

_____

(50자 이내)

· 내부 구성원 대상 메시지
(공감과 방향 제시 중심. 조직 내부의 언어로 구성할 것)

(60자 이내)

· 글로벌 고객 대상 메시지

(문화와 맥락을 고려한, 감도 있는 표현으로 설계할 것)

_____

_____

_____

_____

(50자 이내)

예) 신제품 출시

1. 브랜드의 핵심 메시지
: "혁신은 일상을 바꾸는 작은 시작입니다."

2. 내부 구성원 대상 메시지
: "우리가 만든 변화가 고객의 하루를 바꿉니다."

3. 글로벌 고객 대상 메시지
: "Small changes, Big difference in your day"
    같은 '일상의 변화'라는 핵심 가치를 담되
    브랜드의 핵심 메시지는 철학적으로
    내부 구성원 대상 메시지는 자부심과 동기부여로
    글로벌 고객 대상 메시지는 직관적이고 개인화된 메시지로 전달

미션 4. 일관성 검증하기

작성한 세 가지 메시지를 다음의 기준으로 검증해보세요.

언어의 일관성
- 핵심 가치가 모든 메시지에 반영됐는가?
- 브랜드 톤 앤 매너가 유지되는가?
- 금기어나 어색한 표현은 없는가?

대상별 적합성
- 내부 메시지에 업계 전문용어가 적절히 사용됐는가?
- 고객 메시지가 쉽고 친근한가?
- 글로벌 메시지에 문화적 고려가 있는가?

전략적 연결성
- 세 메시지가 하나의 브랜드 스토리로 연결되는가?
- 각각 다르지만 모순되지 않는가?
- 브랜드의 미래 방향성이 드러나는가?

미션 5. 기획형 메시지 vs. 반응형 메시지 연습하기

같은 주제로 두 가지 유형의 메시지를 작성해보세요.

· 주제

[기획형 메시지] 우리가 주도하는 메시지

· 발표 시점

· 핵심 메시지

(50자 이내)

· 예상 반응

(30자 이내)

[반응형 메시지] 외부 이슈에 대응하는 메시지

· 대응 상황

· 우리 입장

(50자 이내)

· 차별화 포인트

(30자 이내)

미션 6. 브랜드 언어 가이드라인 작성하기

미래의 메시지 일관성을 위한 간단한 가이드라인을 만들어보세요.

· 우리 브랜드의 세 가지 원칙

1.

_____

_____

_____

(30자 이내)

2.

_____

_____

_____

(30자 이내)

3.

(30자 이내)

· 반드시 포함할 요소

(30자 이내)

· 피해야 할 표현

(30자 이내)

· 강조할 가치

_____

_____

(30자 이내)

미션 7. 최종 점검하기

- 브랜드 고유의 언어가 확립됐는가?
- 조직 구성원 누구나 이 원칙을 따를 수 있는가?
- 상황이 바뀌어도 적용 가능한 원칙인가?
- 경쟁사와 차별화되는 톤인가?
- 진정성이 느껴지는가?

· 5개 모두 체크 → 효과적인 브랜드 언어 구축
· 3~4개 → 일부 보완이 필요함
· 2개 이하 → 브랜드 언어의 재정립이 필요함

전략적 브랜드 언어 실무 TIP

1. **적을수록 강하다:** 핵심 가치는 3개 이내로
2. **구성원이 곧 브랜드다:** 내부부터 언어를 통일하라.
3. **일관성≠경직성:** 상황에 따른 유연함을 허용하라.
4. **측정하고 진화하라:** 브랜드 언어도 시대와 함께 변한다.

3

회복을 이끄는
위기 대응
메시지 구성하기

미션 1. 하나의 위기 상황을 선택하기

다음의 시나리오 중 하나를 선택하거나, 실제 경험한 상황을 떠올려보세요.

1. 고객 개인정보 유출로 언론 보도가 나간 상황
2. 제품 결함으로 리콜 조치가 필요한 상황
3. 리더의 부적절한 발언으로 조직 내부 불신이 커진 상황
4. 협력사와의 갈등이 공개돼 평판 위기가 발생한 상황
5. 실제 경험한 상황

(직접 입력)

이제 선택한 상황의 심각도를 평가해보세요.

- **레벨 1:** 단순 이슈(내부 조정으로 해결 가능)
- **레벨 2:** 언론 보도(외부 관심 시작)
- **레벨 3:** 사회적 이슈(여론 형성, 즉각 대응 필요)

· 선택한 레벨:

· 핵심 이해관계자:

미션 2. 3가지 메시지를 전략적으로 구성하기

다음의 가이드를 참고해 세 가지 형태의 메시지를 전략적으로 구성해보세요.

메시지 유형	전략 기준	메시지 작성 예시
외부 메시지 (보도자료, 공식 입장문)	객관적 사실 + 조직 입장 + 조치 계획 기자 및 외부 이해관계자 대상	"○○ 문제는 내부 검토 단계의 오류에서 비롯되었습니다. 본사는 즉시 시정 조치에 착수했으며, 해당 프로세스를 전면 개편 중입니다."
내부 메시지 (임직원 공지, 리더십 메시지)	맥락 설명 + 책임 공유 + 향후 방향 직원 및 내부 관계자 대상	"이 사안은 우리가 놓친 감수성과 판단 기준의 문제였습니다. 리더십은 이를 무겁게 받아들이며, 실행 시스템 전반에 대한 재설계를 시작했습니다."
회복 메시지 (브랜드 기준, 변화 선언)	새로운 기준 선언 + 실행 언어 고객 및 사회 전반 대상	"우리는 이번 사안을 통해 다시 배우고 있습니다. 앞으로의 모든 메시지는 ○○ 기준 아래에서 설계될 것이며, 이 변화는 전사 시스템에 반영될 것입니다."

· 외부 메시지 _____

· 내부 메시지 _____

· 회복 메시지 _____

미션 3. 대상별 메시지 톤 점검하기

다음의 가이드를 참고해 미션 2에서 작성한 메시지들의 톤을 점검해보세요.

외부 메시지
- 팩트 중심의 객관적 서술인가?
- 조직의 입장이 명확한가?
- 향후 조치가 구체적인가?

내부 메시지
- 맥락 설명이 충분한가?
- 직원의 역할이 명확한가?
- 리더십의 책임 의식이 드러나는가?

회복 메시지
- 변화의 기준이 명확한가?
- 실행 가능한 약속인가?
- 미래 지향적 태도가 드러나는가?

미션 4. 위기 메시지 최종 점검하기

앞에서 작성한 세 가지 메시지를 종합적으로 평가해보세요.

- 책임 인정이 명확한가?(회피 표현 없음)
- 구체적 조치가 포함돼 있는가?
- 각 대상의 핵심 관심사에 답하는가?
- 메시지 간 일관성이 유지됐는가?
- 법적 리스크는 검토했는가?
- 진정성이 느껴지는가?
- 재발 방지 의지가 드러나는가?

4

기사화 되는 보도자료 구성하기

미션 1. 실전 아이템 선택하기

다음 중 하나를 골라 보도자료 주제를 정해보세요.

1. 새로운 친환경 제품 출시(예: 패션/생활/식품 등)
2. 데이터 기반 리포트 또는 연례 보고서 발간
3. 사회공헌 활동 또는 ESG 캠페인 결과 발표
4. 기술 또는 서비스 관련 정기 프로모션
5. 자유 주제(자신의 실제 업무나 최근 프로젝트와 연결된 사례)

미션 2. 보도자료 초안 작성하기

다음 네 가지 항목에 따라 초안을 작성해보세요.

1. 헤드라인
· 기자가 제목으로 복사해 쓸 수 있을 만큼 직관적이고 구체적인가?
· 누가, 무엇을, 언제 했는가? + 수치, 차별성, 시의성 포함하기

_____

_____

_____

(30자 이내)

■ 체크 포인트: ☐ 누가 ☐ 무엇을 ☐ 언제 ☐ 수치/차별점 포함

2. 리드 문단

· 5W1H 중 핵심 3~4개를 담아 한 문장으로 요약하기
· 이 문장 하나로 '왜 지금 이 소식이 뉴스가 되는가'가 드러나는가?

(80자 이내)

■ 체크 포인트: 5W1H 중 최소 4개를 포함했는지 확인할 것

3. 본문 요약(3문장)

· 핵심 정보 → 배경 설명 → 수치·사례 순으로 배열하기
· 역피라미드 구조에 맞춰 흐름을 정리하기

① 핵심 정보 _____
② 배경 설명 _____
③ 수치/사례 _____

4. 인용구(2개/각 40자 이내)

· 하나는 브랜드 리더의 메시지: 철학이 담긴 문장으로 작성하기
· 하나는 사용자/외부의 목소리: 실제 들리는 언어로 작성하기

· 리더의 메시지 "_____

_____

_____ "

· 사용자/외부의 목소리 "_____

_____

_____ "

미션 3. 기사화 가능성 자가 진단하기

내가 작성한 보도자료 초안을 다음의 항목에 따라 평가해보세요.

- 헤드라인만 봐도 뉴스 가치가 보이는가?
- 리드 문장을 기자가 그대로 복사해서 쓸 수 있는가?
- '최고', '혁신적' 같은 광고성 수식어를 제거했는가?
- 인용구가 정보의 반복이 아닌 '왜'에 답하는가?
- 경쟁사 대비 차별점이나 사회적 의미가 명확한가?

· 3개 이상 → 기사화 가능성이 높음
· 2개 이하 → 해당 부분의 수정이 필요함

5

매력적인 인터뷰·기획 기사 구성하기

미션 1. 상황 설정하기

다음 중 하나를 선택하거나 자유롭게 정해보세요.

1. 건강기능식품 브랜드의 2030세대 대상 기획 기사 작성
2. 게임엔진 기업의 산업용 응용 사례 인터뷰 피칭
3. ESG 전환 관련 기업 리더 인터뷰 기획
4. 브랜드 철학이 반영된 디자인 전략을 다룬 기획 기사
5. 자유 선택

미션 2. 메시지 기획하기

선택한 상황에 따라 다음 중 하나를 작성해보세요.

[기획 기사를 선택한 경우]
"건강기능식품은 더 이상 성분이 아닌 '삶의 방식'으로 소비된다.
우리는 그 변화의 핵심 키워드를 디자인과 데이터로 설명하고자 한다."

· 기사 앵글(관점)

(15자 이내)

예) "MZ세대 건강관리 트렌드"

· 핵심 메시지

_____
_____
_____
_____
                                                      (40자 이내)

예) "건강기능식품은 더 이상 성분이 아닌 '삶의 방식'으로 소비된다."

· 데이터/근거

_____
_____
_____
                                                      (30자 이내)

예) "20대 구매율 전년 대비 45% 증가"

[인터뷰를 선택한 경우]

"우리는 기술을 만들지만, 그 기술이 어떻게 사회를 바꾸는가에 집중한다. 기술이 아니라 태도를 말하는 인터뷰를 기획하고 싶다."

· 인터뷰이 _____
예) "○○기업 CTO 김○○"

· 핵심 질문

_____

_____

_____

(30자 이내)

예) "기술이 사회를 어떻게 바꾸고 있다고 보십니까?"

· 기대 답변의 방향

_____

_____

_____

_____

(40자 이내)

예) "기술은 도구일 뿐, 사람이 중심이 돼야 한다."

미션 3. 메시지 완성도 자가 평가로 전략 점검하기

기획 기사 체크리스트
- 브랜드 시선이 아닌 사회적 관점에서 출발하는가?
- 데이터와 사례가 주장을 뒷받침하는가?
- 매체 독자의 관심사와 연결되는가?

인터뷰 체크리스트
- 인터뷰이가 이 주제를 말할 자격과 이유가 있는가?
- 제품 설명이 아닌 철학과 태도를 보여주는가?
- 예상 질문과 답변이 준비돼 있는가?

· 각각 3개 모두가 체크돼야 효과적인 콘텐츠다.

6

플랫폼에 맞춤한
브랜드 언어 구성하기

미션 1. 상황 설정하기

다음의 시나리오 중 하나를 택하거나, 실제 실무 중인 캠페인을 기준으로 설정해보세요.

B2C 산업군
1. 지속 가능한 소비재 브랜드의 신제품 출시
2. 패션/뷰티 브랜드의 시즌 컬렉션 공개
3. FB 프랜차이즈의 건강 메뉴 라인 확장

B2B 산업군
4. IT/SaaS 스타트업의 AI 기반 서비스 론칭
5. 제조업체의 ESG 경영 성과 발표
6. B2B 컨설팅 서비스의 산업 리포트 공개

특수 분야
7. 비영리단체의 연간 임팩트 보고
8. 교육기관의 새로운 커리큘럼 도입
9. 공공기관의 시민 참여 캠페인
10. (자유 설정) 내 브랜드/조직의 실제 캠페인

미션 2. 채널별 맞춤형 메시지 구성하기

선택한 시나리오를 바탕으로 핵심 메시지를 작성하고, 해당 메시지를 채널별 메시지 목적에 따라 재구성해보세요.

· 핵심 메시지(한 문장)

(40자 이내)

채널	메시지 목적	작성란
보도자료	공신력 확보 + 뉴스 가치	(50자)

블로그	정보 전달 + 검색 유입	(50자)
인스타그램	감정 유도 + 즉시 참여	(50자)

뉴스레터	관계 강화 + 독점 정보	(50자)
링크드인	전문성 강조 + 인사이트	(50자)

미션 3. SEO 최적화 설계하기

블로그 콘텐츠를 중심으로 검색 최적화 전략을 수립해보세요.

타깃 키워드 설정

· 메인 키워드

(30자 이내)

· 롱테일 키워드(3개)

1.

(20자 이내)

2.

_____

_____

_____ (20자 이내)

3.

_____

_____

_____ (20자 이내)

콘텐츠 구조

· H1 제목

_____

_____

_____ (30자 이내)

· H2 소제목 3개

1.

(20자 이내)

2.

(20자 이내)

3.

(20자 이내)

미션 4. 데이터 스토리텔링하기

핵심 데이터 하나를 선택해 이야기로 전환해보세요.

예) 탄소 배출 30% 감축

· 스토리 변환 1: 일상적 비유

(30자 이내)

예) "서울에서 부산까지 왕복 100번의 탄소 절감"

· 스토리 변환 2: 타깃 관련성 고려

(30자 이내)

예) "당신이 1년간 마시는 커피잔을 모두 재사용한 효과"

· 스토리 변환 3: 미래 비전 제시

_____

_____

_____

_____(30자 이내)

예) "10년 후 우리 아이들이 숨 쉴 공기가 달라집니다."

미션 5. AI 활용 체크리스트

다음 중 AI로 초안을 작성할 항목에 체크하고, 인간의 손길이 필요한 부분을 명시해보세요.

AI 활용 가능
- 보도자료 구조 초안
- SEO 키워드 제안
- 채널별 톤 변환
- 데이터 시각화 아이디어

인간의 손길 필수
- 브랜드 철학 반영 _____
- 타깃 감성 조정 _____
- 법적/윤리적 검토 _____
- 최종 톤 앤 매너 _____

미션 6. 통합 메시지의 일관성 점검하기

작성한 모든 메시지를 종합적으로 평가해보세요.

- 모든 채널에서 핵심 메시지가 일관되게 전달되는가?
- 각 채널의 문법과 독자 특성을 반영했는가?
- SEO 키워드가 자연스럽게 녹아 있는가?
- 데이터가 스토리로 효과적으로 전환됐는가?
- AI 도구를 전략적으로 활용했는가?
- 브랜드의 톤 앤 매너가 유지되는가?

· 6개 모두 체크 → 효과적인 디지털 PR 전략
· 4~5개 → 일부 채널 보완 필요
· 3개 이하 → 전체 전략 재검토 필요

디지털 PR 실무 팁

1. **채널 욕심은 금물:** 3개 채널을 제대로 운영 O, 10개 채널을 대충 운영 X
2. **SEO는 독자 우선:** 억지로 삽입된 키워드는 오히려 역효과를 낸다.
3. **데이터는 3개까지:** 너무 많은 숫자는 스토리를 죽인다.
4. **AI는 도구일 뿐:** 최종 책임은 항상 사람에게 있다.

7

참여를 이끄는
내부 메시지 구성하기

미션 1. 상황 설정하기

다음 중 하나의 상황을 선택하거나, 실제 현장에서 겪은 상황을 자유롭게 설정해보세요.

1. 유연근무제 도입/재택근무 전환
2. 조직 개편 또는 팀 통합 발표
3. 주요 시스템 변경(예: HR 시스템, 워크툴 전환)
4. 새로운 CEO 또는 리더십 취임
5. 위기 상황(서비스 오류, 고객 정보 유출, 내부 문건 유출 등)
6. 자유 주제(자신의 조직 상황에 기반한 주제)

미션 2. 수신자 분석하기

선택한 상황에서 메시지를 받을 대상을 구체화해보세요.

주요 수신자 그룹(3개 선택)

- 신입 사원(1~2년차) ■ 중간 관리자(팀장급) ■ 임원진
- 현장 직원 ■ 해외 지사 ■ 기타: _____

각 그룹의 핵심 관심사(한 문장씩)

1. _____ : _____

2. _____ : _____

3. _____ : _____

미션 3. 두 가지 버전으로 메시지 작성하기

[공지형 메시지] 정보 중심으로
제목: 핵심이 드러나는 직관적 제목
리드 문단: 핵심 정보를 담은 첫 문단(1~2문장)
본문: 주요 내용을 구조화해 작성(3~5개 항목)
마무리: 직원들이 취해야 할 행동 또는 후속 정보에 접근하는 방법을 제시

[공감형 메시지] 직원 관점 중심으로
제목: 직원 관점에서 작성한 제목
도입부: 직원들이 겪는 혼란과 우려에 공감하는 표현(1~2문장)
본문: 공지형 메시지 본문과 같은 내용을 직원 관점에서 재구성(3~5개 항목)
마무리: 직원들의 의견 제안, 대화 참여 등 반응을 유도

미션 4. 비교 분석하기

- 각 버전이 가장 효과적일 것 같은 상황과 대상은 누구인가?
- 공지형 메시지와 공감형 메시지의 장단점은 무엇인가?
- 두 버전의 메시지가 직원들에게 미칠 영향은 어떻게 다를까?
- 우리 조직은 '정확한 정보 전달'과 '정서적 공감' 중 어떤 균형을 더 중요하게 여기는가?
- 우리 조직에는 어떤 스타일이 더 적합할 것인가?

미션 5. 메시지 점검하기

작성한 메시지를 다음의 항목으로 점검해보세요.

명확성
- 한 문장에 하나의 메시지만 담겼는가?
- 전문용어나 약어를 최소화했는가?
- 핵심이 첫 문장에 드러나는가?

관련성
- 각 수신자의 관심사에 맞게 조정됐는가?
- "나와 무슨 상관인 이슈인가?"에 답하는가?
- 구체적인 행동 지침이 포함됐는가?

일관성
- 브랜드의 핵심 가치가 모든 메시지에 반영됐는가?
- 내부 메시지와 외부 메시지가 상충하지 않는가?

- 채널별로 톤은 다르되 내용은 일관되는가?

· 9개 → 효과적인 내부 메시지
· 6~8개 → 일부 보완이 필요함
· 5개 이하 → 전면적인 재구성을 권장함

내부 커뮤니케이션 실무 TIP

1. 타이밍이 반이다: 외부 발표 전 내부 공유는 필수 사항
2. 쌍방향이 정답: 일방적인 전달보다 피드백 채널을 확보할 것
3. 반복이 힘이다: 중요한 메시지는 최소 3번, 3개 채널로 공지할 것
4. 리더의 목소리: 조직의 중요한 변화는 반드시 리더십 메시지를 동반할 것

8

윤리적이고
책임감 있는
메시지 구성하기

미션 1. 상황 설정하기

다음 중 하나를 선택하거나 실제 경험한 상황을 설정해보세요.

1. 경쟁사 대비 우위를 강조하는 비교 광고/PR 메시지
2. 제품/서비스의 한계나 부작용을 포함한 균형 잡힌 발표
3. AI가 생성한 콘텐츠를 활용한 PR 캠페인
4. 민감한 사회 이슈에 대한 기업 입장 표명
5. 실적 발표 시 부정적 지표를 포함한 투명한 공개
6. (자유 설정)

미션 2. 팩트 체크 실습하기

선택한 상황의 핵심 메시지를 작성하고 분석해보세요.

· 원본 메시지(1~2문장)

(80자 이내)

메시지 요소 분석(색깔 펜으로 구분해 적기)

· 파란색(검증 가능한 팩트) _____

· 빨간색(해석/주장이 담긴 부분) _____

· 노란색(감정/수사적 표현) _____

위의 결과를 바탕으로 팩트의 비중을 계산해보세요. 전체 메시지 중 파란색(팩트) 비중이 50% 이상이어야 신뢰성을 확보한 메시지입니다.

미션 3. 투명성 점검하기

작성한 메시지의 투명성을 평가해보세요.

정보 공개 수준

- 긍정적 정보만 포함했는가?
- 제한 사항이나 조건을 명시했는가?
- 출처나 근거를 밝혔는가?

잠재적 오해 요소

· 확대 해석이 가능한 표현 _____

· 맥락 없이 오해될 수 있는 부분 _____

· 숨겨진 전제나 가정 _____

미션 4. 윤리적으로 재구성하기

같은 내용을 더 윤리적으로 재구성해보세요.

· 원본

(50자 이내)

· 윤리적으로 재구성

(60자 이내)

개선 포인트
- 과장된 표현을 사실 기반으로 수정할 것
- 일방적인 주장을 균형 잡힌 서술로 전환할 것
- 출처와 한계를 투명하게 공개할 것
- 오해의 소지가 있는 부분을 명확하게 할 것

미션 5. AI 활용 윤리 체크리스트

AI를 활용한 PR 글쓰기 시 다음의 사항들을 점검해보세요.

AI 활용 범위
- 초안 작성: 허용 / 금지
- 데이터 분석: 허용 / 금지
- 최종 메시지: 허용 / 금지

필수 확인 사항
- AI가 생성한 모든 팩트를 검증했는가?
- 브랜드 톤 앤 매너를 유지했는가?
- 저작권 침해 요소는 없는가?
- 최종 검토자가 명확한가?

미션 6. 최종 윤리성 점검하기

- 이 메시지는 3개월 후에도 자신 있게 설명할 수 있는가?
- 업계 표준과 법적 기준을 준수하는가?
- 특정 집단에 대한 편견이나 차별적 요소는 없는가?
- 공익과 상충하지 않는가?

· 5개 모두 체크 → 윤리적 PR 메시지
· 3~4개 → 일부 수정이 필요함
· 2개 이하 → 전면 재검토가 필요함

윤리적 PR 실무 TIP

1. 의심스러우면 멈춰라: 확신이 없으면 발표하지 마라.
2. 투명성이 최선의 전략: 숨기려 할수록 더 큰 위기다.
3. 단기적 성과 < 장기적 신뢰: 당장은 손해여도 정직이 이긴다.
4. AI는 도구, 책임은 인간: 모든 결과물의 최종 책임자는 나다.

전략적이고(Strategic),
명확하게(Simple),
진심으로(Sincere)
상대를 설득하라!

전략의 문장들